WOLFGANG OELSNER | GERD LEHMKUHL

SPENDERKINDER

fischer & gann

SPENDERKINDER

KÜNSTLICHE BEFRUCHTUNG
SAMENSPENDE, LEIHMUTTERSCHAFT
UND DIE FOLGEN

WOLFGANG OELSNER | GERD LEHMKUHL

Was Kinder fragen werden. Was Eltern wissen sollten

fischer & gann

HINWEIS: Die in den »Lebensskizzen« wiedergegebenen Namen sind nicht die wirklichen Namen der Personen. Es ist kenntlich gemacht, wenn jemand unter seinem tatsächlichen Vornamen genannt wird.

Bibliografische Information der Deutschen Nationalbibliothek:
Die Deutsche Nationalbibliothek verzeichnet diese Publikation in der Deutschen Nationalbibliografie; detaillierte bibliografische Daten sind im Internet über http://dnb.d-nb.de abrufbar.

Umschlaggestaltung | Layout: Gesine Beran, Turin | Hamburg
Umschlagmotive: © shutterstock/yalayama; Shutterstock/David Carill
Gesamtherstellung | Druck: Aumayer Druck + Verlag Ges.m.b.H. & Co KG, Munderfing
Printed in The European Union

ISBN 978-3-903072-16-9
ISBN E-Book: 978-3-903072-23-7

www.fischerundgann.com

INHALT

TEIL II – LEBENSSKIZZEN

TEIL III – »KINDERMACHEN« UND DIE FOLGEN

EINLEITUNG

SAMENBANK, LABOR, LEIHMUTTER – WAS DIE KINDER FRAGEN WERDEN

ELTERN IN WESTLICHEN GESELLSCHAFTEN schieben den Wunsch nach einem Kind in ihrer Lebensplanung nicht nur weiter hinaus, zunehmend wird er auch mittels medizinischer Assistenz erfüllt. Schätzungen zufolge kommt hierzulande inzwischen jede fünfzigste Geburt durch »künstliche Zeugung« zustande. Das sind rund 14.000 Babys in Deutschland und jeweils rund 1.600 Babys in Österreich und der Schweiz. »Kinderwunschzentren« haben hohe Zuwachsraten.

Seit rund fünfzig Jahren wird die heterologe beziehungsweise donogene Insemination praktiziert, bei der die Eizelle einer Frau mit dem Sperma eines Mannes befruchtet wird, der nicht der soziale Vater sein wird. Unter dem Begriff »Samenspende« ist das einstmals tabuisierte Thema inzwischen sehr präsent. Öffentlich diskutiert wird es, seit 2013 ein Gericht einer jungen Frau das Recht auf Datenkenntnis ihres bislang unbekannten genetischen Vaters zusprach.[1] Im Januar 2015 stellte der deutsche Bundesgerichtshof das Recht des Kindes auf Auskunft über die Identität des Samenspenders fest.[2]

Samenspende ist inzwischen eine etablierte Form der assistierten Zeugung. In ihrem Sog geraten auch andere Alternativen der Kinderwunscherfüllung in die öffentliche Wahrnehmung. Kaum eine Woche, in der Medien nicht über Embryonenspende, »Embryonenadoption«, Leihmutterschaft oder »Kinderwunsch-Tourismus« berichten. Zunehmend besetzen die Themen auch die TV-Unterhaltung, sei es als Reality-Wochenserie unter Titeln wie »Wunschkinder – Der Traum vom Babyglück«[3] oder als Fiktion wie die Komödie »Starbuck«[4] und deren Variationen wie »Super-Dad«, in der ein Samenspender mit einer riesigen Nachwuchsschar konfrontiert wird.[5]

Forciert durch gesellschaftspolitische Themen wie Work-Life-Balance, Frauen und Beruf oder gleichgeschlechtliche Partnerschaften und deren Kinder- oder Adoptionswünsche dominiert in der Darstellung die Perspektive der Eltern. Besonderes unverhohlen zeigte sie sich in der Kontroverse zwischen den Designern Domenico Dolce und Stefano Gabbana mit dem Sänger Elton John. Während die einen »synthetische Babys«, »gemietete Gebärmütter« und »Sperma aus dem Katalog« ablehnen und den natürlichen Lauf der Dinge akzeptieren, hält ihnen die Gegenseite ein altertümliches Denken vor, denn durch die In-Vitro-Fertilisation könnten viele Menschen ihren Traum vom Kinderkriegen erst erfüllen.[6]

Dieses Buch will hingegen die Perspektive der Kinder bewusst machen. Welche Fragen werden sie später stellen? Was bedeutet die Zeugungsweise für ihre Identitätsfindung? Was für die Familiendynamik? In unserer langjährigen pädagogischen, psychotherapeutischen und medizinischen Berufspraxis mit Kindern und Eltern in Adoptionsverhältnissen erlebten wir, wie intensiv vor allem Heranwachsende nach ihrer genetischen Abstammung fragen.

Als Autoren stellen wir »natürliche« und »künstliche« Zeugung nicht wertend gegenüber. Wir führen hier keine gesellschaftspolitische oder juristische Diskussion. Vielmehr wollen wir psychologische und pädagogische Dimensionen des Themas aufzeigen und damit diejenigen informieren, die politisch und rechtlich über die weiteren Entscheidungen zu befinden haben.

Vor allem jedoch möchten wir werdenden Eltern und den von ihnen konsultierten Fachkräften deutlich machen, wofür sie mit der Erfüllung des Kinderwunschs Verantwortung übernehmen. Sie sollten wissen, welch große Bedeutung Fragen der Abstammung bei der Identitätsfindung haben können.

Schließlich will das Buch zum gelingenden Dialog zwischen jenen Eltern und Kindern beitragen, die dank »künstlicher Zeugung« bereits Familie wurden. Die Praxisbeispiele und fachlichen Kommentierungen könnten ihre Selbstreflexion anschaulich unterstützen. Den erwachsen gewordenen Kindern mögen sie Anregung sein, »biographische Marker« in der Rückschau zu erkennen, gegebenenfalls neu zu bewerten und mögliche Verknotungen zu lösen.

Besonders aufschlussreich waren für uns die Interviews mit »Spenderkindern«. So nennen sich die inzwischen 18 bis 45 Jahre alten Erwachsenen, die sich seit 2009 im Verein »Spenderkinder« organisiert haben. Sie wurden einst per Samenspende gezeugt. Nach Schätzung verdanken in Deutschland derzeit über 100.000

Menschen ihr Leben dieser Zeugungsweise. Vermutlich nur etwa 10 Prozent von ihnen haben davon Kenntnis. Über die Interviews hinaus wurden auch publizierte Selbstzeugnisse von »Spenderkindern« aus Literatur oder Film gesichtet.

Kinder aus Leihmutterverhältnissen oder Embryonenspenden wurden nicht befragt. Auch sie gibt es hierzulande. Für Deutschland kursieren Schätzzahlen von jährlich 500 im Ausland vollzogenen »Leihmuttergeburten« sowie 1.000 bis 3.000 im Ausland erhaltener Eizellenspenden. Doch diese Methoden sind noch nicht so etabliert, dass die Kinder schon über das Grundschulalter hinaus wären. Offen gesprochen wird darüber ohnehin fast nie, denn diese Zeugungs- und Schwangerschaftsmethoden sind in den deutschsprachigen und vielen anderen Staaten verboten. Die Praktizierenden bleiben in der Anonymität. Aussagen zur Entwicklung und Dynamik solcher Verläufe sind folglich spekulativ, vermutete Analogien allerdings nicht unschlüssig, sondern eher naheliegend.

Denn Fragen stellen werden die Kinder später immer. Werden Antworten verschwiegen, verzerrt oder manipuliert, kann die Wirkung kontraproduktiv sein. Das Verheimlichte kann sich dann zum alles beherrschenden Lebensthema entwickeln. Aber auch eine missglückte oder zur falschen Zeit erfolgte Aufklärung birgt unverhältnismäßige Folgen in sich. Wenn sich das Thema verabsolutiert, sehen die Betroffenen sämtliche biographischen Ereignisse nur noch im Kontext der besonderen Zeugungsweise.

Die Journalistin Eva Maria Bachinger positioniert sich in ihrer Streitschrift »Kind auf Bestellung – Ein Plädoyer für klare Grenzen« 2015 engagiert gegen die Illusion der Machbarkeit und den Wachstumsmarkt der Reproduktionsmedizin. Sie erhält dafür Zustimmung aus dem Kreis der »Spenderkinder«.[7] Demgegenüber könnte unser Bemühen um eine sachliche, wertfreie Sicht auf die verschiedenen Zeugungsmethoden als indifferent missverstanden werden.

Eine fachliche Sicht bereichert die ethische Diskussion indes nicht minder. Sie führt zu einer entschiedenen Bejahung eines offenen, wahrheitsgetreuen Umgangs mit dem Thema. Die Transparenz von verzweigten, oft versteckten Dynamiken schärft ein Problembewusstsein für die Betroffenen. Zu denen zählen auch die Eltern. Sie sind davon mehr betroffen, als es diejenigen unter ihnen wahrhaben wollen, die in Bachingers Buch eine Provokation und im Verein der »Spenderkinder« eine Bedrohung wittern.[8]

Eine kindzentrierte Haltung ist kein Widerspruch zur Wertfreiheit; sie ist Voraussetzung für die Identitätsfindung der »Spenderkinder« und für gelingende Beziehungen unter den Beteiligten.

TEIL I
ELTERN WERDEN HEUTE

ANYTHING GOES

DER UNERFÜLLTE WUNSCH, EIN KIND ZU BEKOMMEN, machte zu allen Zeiten erfinderisch: Millay Hyatt spricht 2012 von einer »ungestillten Sehnsucht«, der mit allen Mitteln begegnet werden muss. So unternahmen und unternehmen Frauen Wallfahrten, bringen Opfer an Pilgerstätten und hoffen, dass sie hierdurch schwanger werden. Magische Vorstellungen legen die Anwendung von Hausmitteln nahe und rituelle Handlungen sind ebenfalls mit der Erwartung und Hoffnung verbunden, dass der Kinderwunsch trotz aller Hindernisse doch in Erfüllung gehen kann.

Gelingt dies nicht, sind die psychischen Belastungen für ein Paar häufig sehr hoch, lösen Gefühle von Wut, Ärger, Trauer, Neid und Ohnmacht aus, zumal das Thema allein durch eigene Anstrengungen nicht zu lösen ist: »Kinderwunsch verläuft in Phasen. Erst macht das Paar die Erfahrung, dass man im vorgestellten Zeitraum nicht so einfach schwanger wird. Dann werden Experten aufgesucht und die Hoffnung genährt, dass es mit fachkompetenter Hilfe schon bald klappen wird. Dann zeigt sich, dass auch die Medizin nicht alles lösen kann. Wir sprechen von der Hauptkinderwunschphase. Je länger der Prozess dauert, je mehr Behandlungsversuche gemacht werden, je mehr Wege begangen werden, desto mehr Kraft bindet das Ganze. Die Paare sprechen von einer sehr belastenden Achterbahn der Gefühle, einem permanenten Zustand zwischen Hoffen, Bangen und Enttäuschungen, immer wieder aufs Neue. Die Fokussierung ist enorm, andere Lebensthemen geraten in den Hintergrund. Und: Mit jedem Misserfolg rückt die finale Kinderlosigkeit näher.«[9]

Die Zeit der magischen Handlungen und Vorstellungen ist den handfesten Methoden der Reproduktionsmedizin gewichen. Auch wenn sie ein durchaus zwiespältiges Echo erfahren, verändern sie unaufhaltsam unsere Vorstellungen und Möglichkeiten, wie Kinder gezeugt und Schwangerschaften geplant werden können. Zum einen stellen diese medizinischen Methoden für viele Paare die einzige Möglichkeit dar, ein Kind zu bekommen, andererseits sind die Verfahren aufwendig, kostspielig, für die Frauen belastend und – zumindest in Deutschland – teilweise nicht legal. So kritisieren z. B. Kilitz und Plewnia,[10] dass Tausende Paare medizinische Hilfe im Ausland suchen müssen, weil Gesetze erfolgversprechende Methoden verbieten.

DONOGENE BZW. HETEROLOGE INSEMINATION

LEGAL IST IN DEUTSCHLAND die seit rund fünfzig Jahren praktizierte »Samenspende«. Ursprünglich war sie einmal als Möglichkeit einer gewissen »Samenbevorratung« gedacht, um Ehepaaren, bei denen Männer beispielsweise infolge einer Krebserkrankung zeugungsunfähig wurden, auch später noch einen Kinderwunsch zu erfüllen. Die tiefgefroren aufbewahrten Spermien werden in den Uterus der Frau zwecks Befruchtung injiziert. Da in diesem Fall der genetische Vater auch der soziale Vater sein wird, spricht man von »homologer Insemination«. Es kommt kein Dritter hinzu, »künstlich« im Sinne von medizinisch assistiert ist lediglich der Zeugungsakt.

Heterolog beziehungsweise donogen wird die Insemination genannt, wenn der Samen nicht vom späteren sozialen Vater stammt. Der Samenspender ist ein dem Paar meist unbekannter Dritter. Bei gewollt alleinerziehenden Frauen ist er ein gezielt zum Zweck der Befruchtung hinzugezogener »Zweiter«. »Kinderwunschzentren« deponieren zu späteren Befruchtungszwecken derartige Samenspenden, daher die Bezeichnung »Samenbank«. Die aktuelle Rechtssprechung verlangt eine dreißigjährige Aufbewahrungspflicht der Spenderdaten. Kindern ist das Recht zugesprochen, ab dem sechzehnten Lebensjahr Kenntnis ihres genetischen Vaters zu erhalten.

Die für dieses Buch interviewten und im Verein »Spenderkinder« organisierten Personen entstammen sämtlich einer heterologen Samenspende.

IN-VITRO-FERTILISATION, EMBRYONENSPENDE UND »EMBRYONENADOPTION«

DIE ENTWICKELTEN VERFAHREN DER ASSISTIERTEN REPRODUKTION werden nach einem gestuften Vorgehen durchgeführt: Bei der intrauterinen Insemination wird Sperma in die Gebärmutter injiziert. Ist dies nach mehrmaligen Versuchen nicht erfolgreich, bietet sich die In-Vitro-Fertilisation (IVF) an. Hierbei werden reife Eizellen nach hormoneller Stimulation den Eierstöcken entnommen und im Labor mit Samenzellen zusammengebracht. Findet dann eine erfolgreiche Befruchtung statt, werden diese Prä-Embryonen in die Gebärmutter implantiert. Darüber hinaus ist es mit einer intrazytoplasmatischen Spermieninjektion möglich, ein einzelnes Spermium in eine Eizelle zu injizieren; dabei wird zumeist ein Spendersamen verwendet.

Ein 2013 entstandenes »Netzwerk Embryonenspende« sieht sich als Vermittler zwischen Paaren, die sich ein Kind wünschen, und solchen, die durch künstliche Befruchtung entstandene überzählige Embryonen zur Verfügung stellen. Einer der Initiatoren führt hierzu aus: »Bei der Vermittlung gehen wir nicht einfach nach Warteliste vor. Wir achten auf die Augenfarbe der Eltern, die Haarfarbe, den Hauttyp, die Größe und die Blutgruppe. Sonst wird nach der Geburt getuschelt, die Mutter sei fremdgegangen. Uns geht es aber nur um das Kindeswohl. Wünsche der Eltern werden prinzipiell nicht akzeptiert, auch keine nach dem Bildungsstand der Spender, deren Musikalität oder Religion.«[11]

Die mit einer solchen »Embryonenadoption« verbundenen ethischen Fragen sind vielfältig und reichen von der Auswahl aus der Datenbank bis hin zum späteren Umgang mit der biologischen Herkunft. Der Spagat zwischen technischer Machbarkeit und juristischen sowie bioethischen Prinzipien wird immer größer. Dies spüren auch die Akteure und Anbieter auf diesem Feld. So hält z. B. die Website der San Diego Agency Informationen für künftige Eltern bereit und bietet sich als »ihr Partner für Elternschaft« an. Die Agentur versteht sich als der Maßstab bei der unterstützten

Reproduktion (Leihmutterschaft und Eizellenspende). Und weiter heißt es: »Wir bieten umfassende wertorientierte Programme sowohl für Leihmutterschaft als auch Eizellenspenden an. Wir engagieren uns für hetero-/homosexuelle Paare und/oder Einzelpersonen in den Vereinigten Staaten und weltweit.« Es handelt sich um ein »umfassendes Dienstleistungsprogramm« aus einem Team von Ärzten, Rechtsanwälten und Psychologen, und die Datenbank für Eizellenspender gehöre zu den »detailliertesten in der Branche«.

LEIHMUTTERSCHAFT

EIZELLENSPENDE SOWIE LEIHMUTTERSCHAFT sind in Deutschland nicht erlaubt. In den europäischen Ländern sind die rechtlichen Bestimmungen jedoch sehr unterschiedlich. Aus diesen Gründen hat sich ein weltweiter »Reproduktionsmarkt« etabliert, in dem sich interessierte Paare die verschiedensten Angebote und Möglichkeiten aussuchen können.

Vor kurzem hat eine Entscheidung des Bundesgerichtshofs Aufsehen erregt, die feststellte, dass »Besteller« von Kindern, die durch eine Leihmutterschaft im Ausland geboren wurden, als die rechtlichen Eltern anzuerkennen sind. Die technischen Möglichkeiten, zu genetisch eigenen Wunschkindern zu kommen, erscheinen unbegrenzt, meint Helene Bubrowski 2015 in der *Frankfurter Allgemeinen Zeitung*, auch wenn die damit verbundenen juristischen und ethischen Herausforderungen keineswegs leicht zu lösen sind. Insbesondere die Rolle der Leihmütter rückte durch einige spektakuläre Fälle in das öffentliche Interesse: Was ist, wenn während der Schwangerschaft eine enge Bindung zwischen dem Fötus und der ihn austragenden Frau entstanden ist und sie das Baby nach der Geburt nicht weggeben möchte oder das Wunschkind den Erwartungen der potenziellen Eltern nicht entspricht und sie es ablehnen? Aus den USA irritiert die Meldung, dass Paare durch Aushänge an den Universitäten nach jungen Frauen suchen, die bestimmte Eigenschaften aufweisen und prominenten Schauspielern ähnlich sehen, um von ihnen eine Eizellenspende zu erhalten. Auch nach Leihmüttern wird offensiv gesucht.

Verfolgt man die Diskussion der letzten dreißig Jahre, fällt auf, dass die Reproduktionstechniken heute weitgehend anerkannt und als eine Bereicherung der Familienplanung gesehen werden. Diese Auseinandersetzung las sich in dem 1985 erschienenen Buch »Retortenmütter – Frauen in den Labors der Menschenzüchter« noch ganz anders und deutlich kritischer. Dort ging es um die »Enteignung der Mutterschaft«, perfekte Kinder auf Bestellung sowie um die Nebenkosten und Probleme des Fortschritts. Fast alle aktuell heftig diskutierten Schlüsselbegriffe wie »Retortenbabys«, »Tiefkühlembryos«, »künstliche Befruchtung«, »Geschlechtsselektion«, »Leihmütter«, »vorgeburtliche Untersuchungen« wurden bereits damals aufgegriffen und kritisch reflektiert; oder solche wie »welche Bedeutung all diese Technologien für die Entscheidung einer Frau haben, ein Kind zu bekommen – oder kinderlos zu bleiben«.[12]

»SOCIAL FREEZING«

DIE GEÄUSSERTEN ZWEIFEL UND DEUTLICHE SKEPSIS gegenüber den neuen Technologien bezogen sich weitgehend auf die veränderte Rolle und Funktion der Frau, jedoch kaum auf die sich ergebenden Konsequenzen für die betroffenen Kinder. Diese kritische feministische Sichtweise hat sich weitgehend aufgelöst, wird aber auch in der aktuellen Diskussion nicht ganz vergessen. Heute übernehmen

Firmen für ihre Mitarbeiterinnen die Kosten für das Einfrieren der Eizellen, damit diese Karriere und Familienplanung besser in Einklang bringen können; dies findet sowohl Ablehnung als auch Zustimmung.

Die Befürworter sehen im »Social freezing« für junge Frauen die Möglichkeit, dass sie ihren Lebensweg selbstbestimmt planen können und weder auf Karriere noch späteren Kinderwunsch verzichten müssen, während Kritiker in dieser »biographischen Manipulation« einen verstärkten Druck zur Selbstoptimierung sehen. Für den Kulturredakteur Ulrich Greiner kommt die Reproduktionsmedizin »den Fantasien der Selbstermächtigung und Selbsterlösung aufs Verlockendste entgegen. Sie verspricht, jedem, der es bezahlen kann, zum Herrn oder zur Herrin des eigenen Lebens zu machen. Sie optimiert den Menschen als Kunstprodukt.«[13] Jedoch seien, wie bei allen Optimierungsprozessen, auch Fehlentwicklungen und »-produkte« nicht zu vermeiden. Aber worin könnten diese vor allem bestehen?

VERÄNDERTE FAMILIENSTRUKTUREN

FAMILIÄRE STRUKTUREN UND MUSTER werden sich auf Dauer verändern. Dank neuer Befruchtungsmethoden kann ein Kind drei Elternteile in sich tragen; mit welchen Auswirkungen auf Identitätsfindung und Bindung bleibt offen. Aber die Orientierung wird nicht nur auf Seiten der Kinder erschwert, sondern auch die Eltern werden sich fragen, welche Eigenschaften das Kind von ihnen mitbekommen hat und was fremd und unvertraut bleibt. Denn mit der Reproduktionsmedizin geht, wie Greiner[14] fürchtet, eine große kulturelle Errungenschaft, die Genealogie, verloren.

Seine genetische Herkunft nicht zu kennen – wie es bei den meisten durch Samenspende gezeugten Kindern der Fall ist – und damit als Individuum und Familie umzugehen ruft viele innere Zweifel und eine spezielle Dynamik hervor: Wo komme ich her, wo gehöre ich wirklich hin, gibt es etwas Fremdes, das nur schwer zu integrieren und zu verstehen ist? Und die generelle Frage: Was bedeutet es, »eine Familie zu sein«, spielt dabei die Abstammung noch eine Rolle, die Großeltern, gewachsene Erfahrungen über die Generationen hinweg? Wir wissen aus den Biographien von Adoptivkindern, dass Krisen und eine unberechenbare Dynamik immer dann auftreten, wenn das Familien- und Lebenskonzept hinterfragt oder brüchig wird. So erscheint es sinnvoll, von früh an das Fremde zu thematisieren, es nicht zu ignorieren oder gar zu verleugnen. Die Wahrheit wird häufig gefürchtet, weil mit ihr Trennendes in Zusammenhang gebracht wird.[15]

Durch die Möglichkeiten der Reproduktionsmedizin haben sich Planung und Ablauf von Schwangerschaften entscheidend erweitert.[16] Offen bleibt, welchen Stellenwert wir den hierdurch veränderten prä- und perinatalen Entwicklungsprozessen mit ihrem Einfluss auf das spätere Leben beimessen.

PFLEGSCHAFTSVERHÄLTNIS UND ADOPTION

RECHT GUT BEKANNT SIND HINGEGEN die Umstände und Folgen der »Klassiker« einer Kinderwunscherfüllung: Adoption und Pflegschaft. Nach den alttestamentarischen Leihmutterschaften (»Abraham und Hagar«) waren sie bis Mitte der 1960er Jahre über Jahrhunderte – zwar nicht durchgängig und überall[17] – die einzige Möglichkeit einer legalen Kinderwunscherfüllung, wenn ein Paar auf natürlichem Weg keinen Nachwuchs bekommen konnte.

Allerdings lagen die Motive für eine Adoption selten in einer Optimierung von Lebensqualität von kinderlosen Paaren. Oft waren sie eher sachlich im Dienste von Nachfolgeregelung, Vererbung oder Dynastieerhalt. Überwiegend aber waren sie notvoll und mit umgekehrter Intention wie heute begründet: Eltern wurden für Kinder gesucht. Nach Kriegs- und Krisenzeiten galt es ein Heer von verwaisten Kindern zu versorgen.[18]

Überwiegend aus jenen Zeiten gründet die Etablierung kirchlicher und anderer öffentlicher Adoptionsvermittlungsstellen hierzulande. Auf deren langjähriger Begleitung betroffener Familien beruht eine große Erfahrung, was es bedeutet, wenn Kinder anders als auf »natürliche Weise« zu ihren Eltern finden beziehungsweise Erwachsene zu Eltern eines Kindes werden.

Heute spielt die Vermittlung von schicksalhaft elternlos gewordenen Kindern eine immer kleinere Rolle, jedenfalls in den wohlhabenden Staaten. Somit gibt es hier wesentlich mehr Paare, die Eltern werden möchten, als zu vermittelnde Kinder. Zeitweise schnellte das Verhältnis bis auf 15 zu 1 hoch. Private Vermittler kamen zu den etablierten hinzu, und zunehmend wurde auch im Ausland nach Adoptivkindern Ausschau gehalten. Deutschland und viele andere Staaten reagierten darauf 1980 durch Unterzeichnung des »Haager Übereinkommens«. Das garantiert bei Auslandsvermittlung die Einhaltung rechtlicher, pädagogischer und ethischer Standards, damit Adoptionsvermittlung nicht zum kommerziellen Service pervertiert.

Neben einem geringeren »Angebot« an Kindern mag es auch am anspruchsvollen Bewerbungsverfahren für potenzielle Eltern liegen, dass die Zahlen für Adoptionen in Deutschland seit Jahren massiv zurückgehen; seit den 1990er Jahren um rund die Hälfte auf aktuell rund 4.000 im Jahr. Rechnet man davon die Zahl der sogenannten Stiefkindadoptionen von Wiederverheirateten mit Kindern aus früheren Beziehungen ab, dann sind derzeit jährlich nur rund 1.500 »echter« Adoptionen in Deutschland festzustellen.

Die Zahl der Geburten nach medizinisch assistierter Schwangerschaft – legale donogene Insemination (DI) plus illegale Leihmutterschwangerschaften, Eizellen- und Embryonenspenden – liegt weit höher. Der Verein »DI-Netz – Familiengründung durch Samenspende« gibt allein die Zahl der Schwangerschaften, zu denen durch Samenspenden verholfen wird, mit jährlich rund 12.000 in Deutschland an. Eltern erfüllen sich ihren Kinderwunsch jedenfalls zunehmend häufiger mittels Reproduktionsmedizin als durch die traditionelle Adoption.

Völlig anders – und in diesem Rahmen nicht annähernd zu problematisieren – ist der Bedarf nach Pflegschaftsstellen für Kinder. Hier suchen Jugendämter in Deutschland händeringend nach Paaren, durchaus auch gleichgeschlechtlichen, die bereit sind, ein Kind aufzunehmen, das aus den unterschiedlichsten Gründen nicht bei den eigenen Eltern bleiben kann. Rechtlich und pädagogisch sind Pflegschaften zunächst immer vorübergehend gedacht. Oft sind sie jedoch der Einstieg in ein Dauerverhältnis, vielfach erfolgt eine Adoption. Pflegeeltern, die sich mühsam um den Aufbau von Bindungssicherheit bei den Kindern bemühen, empfinden das Ziel der an sich begrüßenswerten Wiedereingliederung in die Herkunftsfamilie oft ambivalent. Die Schauspielerin Janine Kunze beschrieb in einem Buch,[19] wie sie als betroffenes Kind die Furcht vor dem Wieder-abgegeben-Werden als Damoklesschwert über der guten Beziehung zu ihren Pflegeeltern empfand.

Pflegschaftskinder sind in der Regel alles andere als »pflegeleichte Kinder«. Wer einen problembeladenen Start ins Leben hatte, wird sich kaum unproblematisch verhalten können; dies erhöht nicht gerade die Attraktivität der Vermittelbarkeit dieser Kinder. Für wohlhabende Gesellschaften könnte ihre Versorgungsbedürftigkeit zur ethischen Nagelprobe werden. Sie zwingen Menschen mit dringendem Kinderwunsch zur Aufrichtigkeit, wer im ersehnten Beziehungsverhältnis für wen da sein möchte. Bei der hohen Zahl unbegleiteter Kinder unter den aktuellen Flüchtlingsmassen dürfte sich die »Angebotseite« vermutlich auf lange Zeit als unerschöpflich erweisen.

ZWISCHEN MACHBARKEITSWAHN UND NATÜRLICHKEIT – DIE ASYNCHRONE GESELLSCHAFT

HOCHZIVILISIERTE GESELLSCHAFTEN LEBEN eine merkwürdige Asynchronität. Menschlicher Forscherdrang bringt unter freiheitlichen Bedingungen unglaublich viele und hochdifferenzierte Erkenntnisse hervor. Die werden durchaus als lebensrelevant geschätzt und kommuniziert, und Forscher ernten dafür Anerkennung und Lob, Honorare und Titel. Erstaunen lässt hingegen, wie mit dem Wissenszuwachs in der Wirklichkeit umgegangen wird. Dort schlägt er sich längst nicht ähnlich bedeutsam nieder.

Botschaften, die verstanden, gleichwohl ignoriert werden, sind manchmal Gegenstand von Witzen. Als in den 1970er Jahren in der Bundesrepublik die Anschnallpflicht in Pkws eingeführt wurde, kursierte folgender Witz: »Warum schnallen Menschen sich jetzt an, warum taten sie es nicht früher? Antwort: Jetzt kostet es 40 DM Strafe, früher kostete es nur das Leben.«

Woher kommt es, dass wir mit Erkenntnissen so widersprüchlich, mal überbewertend, mal ignorant umgehen? Forschungsergebnissen wird ja durchaus großer Raum gegeben und ihr Output ist immens. Schwer tun wir uns hingegen mit deren Integration in die Lebenspraxis. Paradox mutet es an, wie kluge Menschen konträr zu ihren Einsichten leben. Wie würden sogenannte Naturvölker damit umgehen, auf Verpackungsschachteln zu lesen »(Hiermit) fügen Sie sich und anderen Schaden zu« oder »... kann tödlich sein«? Hierzulande muss eine solche Warnung auf jede Zigarettenschachtel groß aufgedruckt werden. Nicht nur wenn es ums Rauchen geht, haben Gesellschaften Reflexe entwickelt, die sie von der Anstrengung befreien, unliebsame Erkenntnisse umzusetzen. Ihre hochgepriesene

Zivilisation bringt es auf den Gebieten des Verdrängens und Schönredens offenbar besonders weit.

DAS PIPPI-LANGSTRUMPF-PRINZIP

DIE KUNST DES »GUTEN LEBENS« liegt zuweilen darin, unbekümmert Diskrepanzen auszuhalten. Die Strategien dafür sind etabliert und vielschichtig. Auf der simpelsten Stufe kommen sie mit volkstümlichen Redensarten aus: »Nur nichts übertreiben!«, »Einmal ist keinmal«, »Die Kirche im Dorf lassen«. Mit solchen Sprüchen kann man während einer Diätkur vom Abendessen in der Kurklinik ohne schlechtes Gewissen noch mal zum »Nachtisch« an die Pommesbude gehen.

Doch auch auf hochintellektuellen Ebenen lässt es sich gut entpflichten. Gerade dort. Denn zu fast allen Erkenntnissen, Forschungsergebnissen und ihren Rankings gibt es ebenso klug erscheinende gegenteilige Aussagen.

In freiheitlichen Gesellschaften dient die Vielfalt wissenschaftlicher Ergebnisse der Wahrheitsfindung. Pluralität ist ein hohes Gut, macht das Leben aber nicht einfach. Die Wirklichkeit tut uns nicht den Gefallen, so eindeutig zu sein wie die Konzepte, die wir uns von ihr machen. Vielfalt wird der Realität eher gerecht, sie irritiert aber auch, vor allem bei Zeitgleichheit. Früher erfolgten widersprüchliche Aussagen mit größerem zeitlichem Abstand. Ein Beispiel aus dem Alltag sind die Empfehlungen bei kleinen Brandverletzungen. Jahrelang wurde propagiert, nur ja kein Wasser über die Wunde laufen zu lassen. Heute wird genau das als Soforthilfe empfohlen. Wer in den Medien Ratschläge sucht, ob für Diäten, Fitnessprogramme oder den Umgang mit unruhigen Kindern, wird heute zeitgleich mit manch Widersprüchlichem konfrontiert.

Asynchronität zeigt sich auch im politischen Raum. Da treffen Staaten, durchaus befreundet und auf zivilisatorischer Augenhöhe, konträre Entscheidungen. Beispielsweise schließt Staat A seine Kernkraftwerke, der benachbarte Staat B baut sie aus. Beide verweisen auf wissenschaftliche Standards.

Mit der wachsenden Wissensvielfalt und der größeren Entscheidungsfreiheit gehen auch Unsicherheiten einher. Der Mensch schwimmt, wo er lieber festen Boden unter den Füßen hätte. Angesichts der heutigen Informationsvielfalt und -dichte geschieht das häufiger als früher. Problematisch wird es, wenn die Vielfalt zur Beliebigkeit verleitet. Auch wissenschaftlicher Ergebnisse kann man sich wie eines Steinbruchs bedienen. Dann lockt das »Pippi-Langstrumpf-Prinzip« selbst noch Erwachsene: »Ich mach mir die Welt, wie sie mir gefällt.«

Dieses Prinzip ist auch in der Reproduktionsmedizin zu Hause. Sowohl die Eltern als auch die assistierenden Mediziner sind sonst völlig auf der Höhe ihrer Zeit, doch wenn es um die Gewichtung biologischer und sozialer Einflüsse geht, verharren sie gerne in Überzeugungen der 1970er Jahre, als Kindererziehung von einer Beeinflussungseuphorie durch Umwelt und Erziehung geprägt war. Nahezu alles Wünschenswerte in der Menschwerdung schien machbar, wenn alle einsichtig, motiviert und liebevoll sind. Den Dämpfer bekam diese Sicht nicht nur durch die Realität, sondern auch durch Ergebnisse der Genforschung. Klar wurde, dass mehr als nur Augen- und Haarfarbe vererbt werden.

Gesellschaftliche Pendelbewegungen haben den Drall zu heftigen Gegenausschlägen. Psychologie und Pädagogik warnen nun wiederum vor einer übermächtigen biologischen Sichtweise. Im Milieu der Reproduktionsmedizin aber scheint eine kontroverse Diskussion erst gar nicht ernsthaft geführt worden zu sein. Die

50 Prozent an Erbmasse, die der anonyme Samenspender mitgibt, scheinen hier keine Rolle zu spielen; jedenfalls nicht mehr nach der Befruchtung. »Vor der Geburt präsentieren Samenbanken die Vorzüge der Spender, werben mit deren Gesundheit, Intelligenz und Fähigkeiten. Nach der Geburt aber wollen viele die Genetik schnell wieder vergessen«, entlarvt Kerstin Kuhlmann[20] im *Spiegel* die Praxis der Samenbanken. Ab dann zählt nur »die Liebe«.

Für das spätere Selbstbild der Kinder wird der Spender ignoriert, er »soll eine anonyme Figur bleiben, im Bewusstsein der Kinder möglichst nicht existieren«.[21] »Was ich nicht weiß, macht mich nicht heiß«, empfiehlt ein Reproduktionsmediziner, als er gefragt wird, ob Kinder Kenntnis vom Samenspender haben sollen oder nicht.[22] Natürlich erfülle er Eltern gegenüber seine Informationspflicht, verweise letztlich aber auf deren Entscheidungsfreiheit. Möglichen Fehlentscheidungen gibt er schon vorab wissenschaftliche Absolution. Denn über die Bedeutung des genetischen Elternteils, so beschwichtigt er, »sind sich die Familientherapeuten nicht im Klaren«.[23]

Wer die »Nichtexistenz« des biologischen Erzeugers propagiert, leistet einer Haltung Vorschub, wonach auch spätere Fragen der Kinder am liebsten gar nicht aufkommen sollen. Sie sollen »nicht der Rede wert sein«. Eine identifikatorische Spurensuche der Heranwachsenden wird damit von vornherein erschwert. Der Weg zum »genetischen Erblasser« wird sich über Schein- oder Lügenpfade quälen müssen. Das Bemerkenswerte an dieser Haltung ist, dass sie von derselben gebildeten Gesellschaft vertreten wird, die sonst jeglichen fremden Einfluss auf ihren Nachwuchs hochsensibel beäugt.

Nichts möchten moderne Eltern bei Schwangerschaften dem Zufall überlassen. Ergebnisse der Pränatalforschung finden in

Elternzeitschriften große Beachtung. Auch Ernährung, Arbeitsrhythmen und Freizeitverhalten werden in der Schwangerschaft nach neuesten Erkenntnissen umgestellt. Sogar Aromen und Musikauswahl im Haus sollen dem zukünftigen Baby atmosphärisch beste Startchancen bereiten. Schon vorgeburtlich soll eine ganz individuelle »Familienhandschrift« einen fördernden Einfluss ausüben.

Wie viel Verdrängungsenergie ist angesichts dieses Wissens nötig, um ein Kind von einer »Leihmutter« austragen zu lassen? Zumal wenn diese in Verhältnissen lebt, die meistens weit unterhalb des Milieus der »Auftraggeber« angesiedelt sind. Prekäre Lebenssituationen der Leihmütter sind schließlich ein Hauptmotiv, aus dem heraus Frauen sich auf solchen Handel einlassen.

Den eigenen Wissensstand blendet man auch bei der Samenspende aus. Der »Zulieferer« von immerhin der Hälfte des Zeugungsmaterials braucht offenbar weder Gesicht noch Namen haben. Allerdings werden an ihn gewisse Erwartungen gestellt. Dies zu überwachen wird an die Fachkräfte delegiert, die eine gewissenhafte Auswahl der Spender gewährleisten sollen. Hier ist Vertrauen in die beteiligten Reproduktionsärzte nötig, etwas »Passendes« zu finden. Dies gelingt keineswegs immer perfekt, wie eine weiße Amerikanerin feststellen musste, die versehentlich mit Spermien eines schwarzen Spenders künstlich befruchtet wurde.[24]

Das Asynchrone zeigt sich mitunter im Banalen: Da wird der anonyme Samenspender als bedeutungslos heruntergespielt und gleichzeitig wird »Babys erstes Fotoalbum« angelegt, dessen Seiten mit biographischen Rubriken beginnen: »Das sind meine Großeltern.«

Doch die Fotodokumentation des Babys beginnt inzwischen längst vor der Geburt. »Eine gute Mutter macht ein Womb-

Selfie«, so ist ein Beitrag der Ärztin und Wissenschaftsjournalistin Martina Lenzen-Schulte in der *Frankfurter Allgemeinen Zeitung* überschrieben.[25] »Nicht nur Deutschland sucht den Superstar-Fötus. Weltweit stellen sich Schwangere mit den Sonogrammen ihrer Babys in Ultraschall-Wettbewerben der Konkurrenz«, so beginnt ihre Rezension von Daniel Hornuffs »Kulturgeschichte der Schwangerschaft«. Die Eventkultur verlangt nach der Sichtbarwerdung und dem Sich-bemerkbar-Machen des Ungeborenen.

VON DER GENTECHNIK ZUM GENOM-DESIGN

VON BEGINN AN STEHEN DIE MUTTER UND IHR FÖTUS unter Beobachtung und Optimierungsdruck. Die Pränataldiagnostik boomt und gibt Auskunft über mögliche Erbschäden des Ungeborenen. Mittels Mitochondrienspende lassen sich schwere Erbkrankheiten vermeiden, und die genetische Optimierung und Programmierung des Menschen wird sicher weitergehen – wir sind auf dem Weg des Programmierens von Menschen.

Auch wenn vor der Manipulierung des menschlichen Genoms und entsprechender Züchtungsprojekte gewarnt wird, umgibt sie eine seltsame Faszination.[26] Zu verführerisch erscheinen die Versprechungen der Bio-Ingenieure: ein langes Leben, das Beherrschen von Krankheiten wie Krebs und Demenz, die Verbesserung vielfältiger Eigenschaften. Auch wenn dieser Fortschritt durchaus kritisch hinterfragt wird, aufhalten lassen wird er sich kaum. Umso wichtiger ist ein gesellschaftlicher Diskurs über die Grenzen der Anwendbarkeit und Nutzung molekularbiologischer Möglichkeiten. Der Biologe und Wissenschaftsjournalist Joachim Müller-Jung stellt fest: »Aus Gentechnikern sind Genom-Designer geworden. In der schon in hunderten Labors verwirklichten Allianz mit Stammzellforschern, die jede beliebige Zelle des Körpers – eben auch die Keimzellen Ei und Spermien – quasi wie ein Computerprogramm reprogrammieren und ineinander verwandeln können, ist aus einer groben Mikrotechnik ein mächtiges Instrument, ein Werkzeug potenziell evolutionärer Macht, geworden.«[27]

Die Phantasie der »Selbstbemächtigung und Selbsterlösung« durch die Reproduktionsmedizin, von der Ulrich Greiner[28] spricht, überrascht daher kaum, da ein nicht erfüllter Kinderwunsch einen starken Antrieb darstellt, alles zu unternehmen, dies zu ändern. Dabei ertragen die Paare und insbesondere die Frauen häufig zeitaufwendige, quälende Prozeduren. Es ist oft ein Leidensweg sowohl körperlich als auch emotional, auf den sie sich begeben, und keineswegs eine leichtfertige Entscheidung. Dennoch wird sie getragen und gestützt von dem festen Glauben und der Erwartung an die Effizienz der neuen medizinischen Technologien und der Vorstellung, der Natur nachhelfen zu können.

Zur Trauer über die Unfruchtbarkeit kommen heute noch der Selbstanspruch und die Erwartung der Gesellschaft hinzu, dagegen etwas zu unternehmen, dies beeinflussen zu können: »Das Wort Schicksal ist aus der Öffentlichkeit verschwunden. Dass etwas unabänderlich sein soll, ist unerträglich geworden«, konstatiert der Philosoph Ralf Konersman 2015 in *DIE ZEIT*. Antiquiert wirkt heute ein Begriff wie Demut, wenn ein Paar sich bemüht, einen unerfüllten Kinderwunsch psychisch zu bewältigen. Obgleich erst vor zwanzig Jahren formuliert, klingt es wie aus einer anderen Zeit, wenn die Psychoanalytikerin Gisela Zeller-Steinbrich in ihrem Buch »Wenn Paare ohne Kinder bleiben« schrieb: »Sie haben sich geeinigt und kennen die Grenzen dessen, was sie versuchen wollen – und sie sind bereit, bei Erreichen dieser Grenze ein Nicht-

Kommen des Kindes zu akzeptieren. Das mildert die Hypothek des Kindes.«[29]

Die Widersprüchlichkeit der Normen und Werte einer vom Fortschrittsglauben besessenen Gesellschaft zeigt sich auch darin, dass einerseits die Befruchtung und genetische Manipulation im Reagenzglas als wichtige Errungenschaft gefeiert, andererseits aber genmanipulierte Lebensmittel vehement abgelehnt und Kampagnen gegen ihre Verbreitung unternommen werden. Es wird deutlich, wie sehr wir unsere Haltungen und Vorstellungen den jeweiligen Bedürfnissen anpassen: Unsere Ernährung verlangt nach Freiland-Eiern, Bio-Gemüse und Natürlichkeit, bei unseren Kindheits- und Gesundheitswünschen sind hingegen alle technischen Mittel und molekularbiologischen Methoden recht, die wir sonst entschieden bekämpfen, um das gewünschte Ergebnis zu erreichen.

Diese Zwiespältigkeit zeigt sich auch bei der Planung und Gestaltung von Schwangerschaften. Werdende Eltern richten ihr Leben neu aus, leben gesünder, verfolgen die Entwicklungsschritte des Embryos genau, unternehmen alles, um Gefahren und Risiken für ihn zu vermeiden, besuchen Schwangerschaftsgymnastik und Elternkurse, kurzum: Sie bauen bereits eine enge Bindung und einen emotionalen Kontakt zu dem ungeborenen Kind auf. Zwar handelt es sich um eine geplante, gewünschte Entscheidung der Eltern, doch die Taktvorgabe kommt letztlich vom heranwachsenden Kind. Die damit verbundenen sozialen und emotionalen Veränderungen, die Auswirkungen auf Partnerschaft und Beruf sind Folge dieses Prozesses. Sie stehen nicht an dessen Anfang.

Durch die Reproduktionsmedizin verändert sich ein natürlicher Ablauf; die Familienplanung lässt sich jetzt besser manipulieren. Das Einfrieren von Eizellen, das sogenannte »Social freezing«, soll den Frauen den Zeitdruck nehmen, um z. B. einen passenden Vater zur Familiengründung zu finden, berufliche Ausbildungen abzuschließen und die Karriereplanung zu erleichtern.[30] Facebook und Apple erregten mit ihrem Angebot Aufsehen und Kritik, Mitarbeiterinnen das »Social freezing« zu finanzieren.

Während dies von den Befürwortern als Chance für die Frauen angesehen wird, als verstärkte Autonomie, sehen die Kritiker darin die »Zumutung einer biographischen Manipulation« durch die Konzerne, eine »Enteignung der Gegenwart durch die Zukunft«.[31] Denn die Zumutung dieser biographischen Manipulation bestünde im Zweifel darin, den gegenwärtigen Kinderwunsch ins Leere laufen zu lassen, im Vertrauen auf ein Verfahren, dessen Ausgang ungewiss ist. Dies trifft umso mehr zu, je später die Schwangerschaft geplant wird, da sie dann eher mit einem erhöhten Risiko für Mutter und Kind verbunden sein kann. Aus neurowissenschaftlicher Sicht erscheint das »Social freezing« geradezu kontraproduktiv für einen ungestörten und komplikationslosen Schwangerschaftsverlauf. Martina Lenzen-Schulte[32] kommt durch aktuelle Forschungsergebnisse zu der Auffassung, dass Elternschaft sowohl für Mütter wie Väter einen Booster-Effekt darstellt. Den sollten sie sich schon früh im Erwachsenenalter gönnen und auskosten. Hinzu kommt, dass die meisten Paare das Alter als Fruchtbarkeitskiller unterschätzen, wie eine holländische Studie zeigt, denn mit jedem Lebensjahr sinkt die Wahrscheinlichkeit einer Schwangerschaft immer schneller, sowohl bei der natürlichen wie der künstlichen Befruchtung.[33]

Der Zwiespalt zwischen biologischen und emanzipatorischen, zwischen emotionalen und ökonomischen Aspekten wird nicht immer harmonisierend zur Deckung gebracht werden können. Auch die sozialen Auswirkungen auf familiäre Strukturen werden erheblich sein. Noch sind sie nicht abschließend zu beurteilen. Der Tatsache, dass Paare immer später Eltern werden mit etwaigen negativen biologischen Folgen für Mutter und Kind stehen eine größere Planungsfreiheit sowie bessere berufliche Förderung und Aufstiegschancen von Frauen gegenüber. Noch wird in der öffentlichen Diskussion heftig darüber gestritten, ob dies größere Freiräume für das Firmeninteresse bedeutet oder aber für die Mitarbeiterinnen.

Ein Königsweg scheint nicht absehbar. Das macht die Entscheidung von Paaren zur Umsetzung ihres Kindeswunschs nicht einfacher. Aber entschieden werden muss, wenn die biologische Uhr den Takt vorgibt.

ZWISCHEN VERMUTUNG, ERFAHRUNG UND WISSEN – EINE POSITIONIERUNG

UNSER WISSEN ÜBER LEBENSLÄUFE, an deren Start Samenspende, Leihmutterschaft oder andere medizinische Interventionen standen, ist noch recht dürftig. Die medizinischen Möglichkeiten sind noch zu jung, als dass die betroffenen Personen und ihre Verwandten auf breiter Basis in Langzeitbeobachtungen begleitet worden wären. Vor allem waren die meisten Methoden bis vor kurzem noch weitgehend tabuisiert. Die Geschehnisse um Zeugung und Geburt genießen verständlicherweise grundsätzlich Intimitätsschutz. Im Fall von medizinischer Assistenz kommt nun zweierlei hinzu: bei manchen ein Beschämungs- und Unzulänglichkeitsgefühl, »auf natürlichem Wege nicht zustande zu bringen«, was andere mit Leichtigkeit hinbekommen. Andere wiederum fürchten eher Strafverfolgung als Ansehensverlust, weil die Methode, die ihnen zu Nachwuchs verhalf, in ihrem Rechtssystem verboten ist.

Unabhängig von bislang vereinzelt vorliegenden kleineren Studien über Kinder der Reproduktionsmedizin, von denen einige im Kapitel »Was über Spenderkinder und ihre Eltern bekannt ist« erwähnt werden,[34] sind wir allerdings jetzt schon von zwei Aspekten überzeugt, die zu beachten sind, wenn wir an die Perspektive der Kinder denken. Überzeugt sind wir davon, dass Kinder, die mit Hilfe gezeugt wurden, ebenso wie alle anderen Kinder fragen werden, woher sie kommen, wer und was sie prägte, und dass sie sich als Subjekt wahrnehmen und sich sträuben, Objekt anderer zu sein. Absolut gesehen mag die Aussage banal erscheinen. Zur Besonderheit wird sie, wenn wir uns vor Augen halten, zu welch besonderer Dynamik der Umgang mit der besonderen »Entstehungsweise« eines Kindes führen kann. Was wir davon nicht ableiten können und wollen, sind allgemeine Prognosen über die weitere Entwicklung des einzelnen Kindes oder über seine künftige Verortung in Sozialgemeinschaften. Unsere prognostische Zurückhaltung speist sich aus der gleichen Quelle wie unsere Überzeugung von dem, was wichtig ist. Sie beruht auf jahrzehntelang gesammelten Erfahrungen mit Familien im therapeutischen Kontext. Die allermeisten Eltern bedienten sich nicht der Zeugungshilfen moderner Medizin. Wenn doch, dann war uns das meistens nicht bekannt. Aber alle beschäftigten sich zu verschiedenen Zeitpunkten mit den Fragen ihrer Herkunft. Bei Heranwachsenden ist sie – auf dem Weg zur eigenen Identitätsbestimmung – eine Kernfrage.

Für viele ist ihre Herkunftsfrage mit schlichten Informationen der Eltern erledigt. Andere hingegen forschen weiter, die einen interessiert, andere mit mehr Nachdruck. Wieder andere begnügen sich mit Vermutungen. Sei es, weil sie es nicht genauer wissen oder weil sich mit Vermutungen erträglicher als mit der Wahrheit leben lässt. Auch Verdrängen, Verleugnen, Ignorieren sind Antworten. Der Umgang mit den Fragen ist derart variantenreich, dass eine allgemeine Wenn-dann-Prognose für die diversen Zeugungsvarianten seriös nicht zu stellen ist.

Die Herkunftsfrage beschäftigt jene Menschen besonders intensiv, die ihre Zeugung nicht einem Sexualakt verdanken oder nicht dem Akt jener, die sie später Eltern nennen werden. Die Frage nach den Wurzeln stellen ausgeprägt jene Kinder, die nicht von der Frau ausgetragen und geboren wurden, zu der sie Mama sagen. Damit können »Leihmutter-Kinder« gemeint sein. Doch die kennen wir nicht. Wegen des Verbots dieser Praxis sind sie hierzulande meist unbekannt. Gut bekannt sind hingegen Kinder mit »zweiter Mama« aus Adoptionsverhältnissen, zunehmend auch aus Patchworkfamilien. Die Vignetten zu Jan, Sabine, Rebecca und Johanna in den nachfolgenden Kapiteln stehen exemplarisch für diese Konstellationen.

RASANTE GESELLSCHAFTLICHE DYNAMIK

»KINDER ENTSTEHEN HEUTE NICHT MEHR ZWINGEND DURCH SEX«, titelte das Ratgebermagazin einer Tageszeitung.[35] »Die Zukunft der Zeugung«, hieß es dort, sähe eine steigende Beanspruchung von technischen, medizinischen, sozialen Unterstützungsmethoden vor. Weltweit lebten inzwischen rund fünf Millionen Kinder dank »assistierter Empfängnis«. In Wellen spülen die Medien Fertilitätsthemen hoch. Spektakuläres wie der »schwangere Mann« bleibt dabei zahlenmäßig völlig unbedeutend. Ebenso die Forderung nach einem »Adoptionsrecht für gleichgeschlechtliche Paare«. Doch als politisch noch offenes Thema findet Letzteres immer wieder Platz in der Öffentlichkeit.

Hin und wieder geraten auch die hierzulande verbotenen Leihmutterschaften in die Schlagzeilen.[36] So, als im Oktober 2014 ein australisches »Bestellerpaar« ein von der thailändischen Leihmutter ausgetragenes Kind nicht »abholen« wollte. Oder jene 65-jährige Berlinerin, die sich als bereits 13-fache Mutter in der Ukraine befruchtete Eizellen einpflanzen ließ und im Frühjahr 2015 Vierlinge gebar.

Anders ist es bei der Masse der per Insemination im Labor gezeugten Kinder. Sie sind keine Meldung wert, weil die Methode inzwischen medial uninteressantes Alltagsgeschehen ist.

Bei den Themen Nachwuchs und Partnerschaft ist viel in Bewegung. Kaum mehr als ein, zwei Generationen sind vergangen, seit etwa konfessionsübergreifende Partnerschaften noch

»Mischehen« genannt wurden oder Homosexualität unter Strafe stand. Die eruptiven Veränderungen postmoderner Gesellschaften begrenzen sich nicht nur auf Kommunikation, Produktion oder Kommerz. Auch gesellschaftspolitische und ethische Wertesysteme sind von starker Dynamik. Was künftige Generationen unter »üblich« verstehen werden, bleibt abzuwarten. Bleiben wird jedoch, das ist unsere Überzeugung, dass in Bezug auf Kinderwunsch nicht nur der Blick der Eltern gelten darf. Wer Kinder wirklich ernst nehmen will, muss verantwortliches Handeln auch an ihrer Perspektive ausrichten.

Dies gilt umso mehr, da – wie die Soziologin Elisabeth Beck-Gernsheim es formuliert – von »neuartigen transnationalen Verwandtschaftsverhältnissen« auch eine Faszination und die Vision und Phantasie einer »friedlicheren Weltordnung« ausgeht: »Ob das schwule Paar aus Oslo, das im Labor eigenes Sperma mit den Eizellen einer Ukrainerin mixen und Embryonen von einer indischen Leihmutter austragen lässt; ob die 60 Jahre alte Bankerin in New York, die nach erfolgreicher Karriere ihren Kinderwunsch entdeckt und in einschlägigen Katalogen sich einen kalifornischen Samenspender und eine russische Eispenderin aussucht – mit Hilfe der globalisierten Reproduktionsmedizin werden Weltbürger in einem ganz neuen Sinne gezeugt.«[37]

ERFAHRUNGEN AUS ANDEREN KINDSCHAFTSVERHÄLTNISSEN

IN UNSEREN BERUFSFELDERN DER PSYCHOLOGIE, Pädagogik und Medizin haben wir von Kindern und Eltern viel darüber erfahren, wie wichtig ihnen die Fragen nach der Herkunft sind. Und von denen, die wir über lange Zeit therapeutisch begleiteten, erfuhren wir, welch besonderen Stellenwert die Herkunftsfrage im Lebensverlauf einnehmen kann. Sie können gleichermaßen schmerzhaft sein als auch zur Kreativität anstacheln. Spannend, aber auch tückisch, ist es, zu sehen, wie sich solch drängende Themen verstellen, manchmal auch verstecken können. Dem Bewusstsein der Betroffenen können sie sich damit entziehen – und beherrschen sie gerade dadurch unbewusst. Denn Verstecke unentdeckt zu halten verschlingt viel Energie.

Wie etabliert solche Verstecke und Verstellungen häufig sind, ist unter anderem daran zu sehen, dass Kinder kaum wegen Fragen nach ihrer Herkunft zu einer Psychotherapie vorgestellt werden. Rat und Behandlung werden gewünscht etwa wegen Konzentrationsschwäche, wegen emotionaler oder sozialer Probleme, wegen Antriebsschwäche oder Überaktivität, wegen selbstschädigendem Verhalten oder dauerhaften Stimmungsschwankungen. Manchmal entdecken die Ratsuchenden erst im Verlauf einer Therapie, dass hinter ihren Symptomen Fragen ihrer ungeklärten Herkunft stecken.

In den Praxen bekommen wir auch nicht diejenigen zu Gesicht, die ihrer Herkunftsfrage nicht mit Worten nachgehen. Stattdessen treibt sie ihre Suche zu künstlerischen, wissenschaftlichen, zu merkantilen oder sozialen Aktivitäten, durchaus auf hohem Niveau, an. Die Betreffenden würden sich wehren, wenn ihren Erfolgen eine biographische Motivsuche unterstellt würde. Und es ist ihr gutes Recht, sich unerbetenen Deutungen oder Dechiffrierungen zu widersetzen. Dass jedoch solche Zusammenhänge – unbewusst – existieren können, wird gelegentlich sichtbar durch die, die vom erfolgreichen Leben auf Bühnen, in Schulen, Hörsälen, Laboren, im Sport oder Management erschöpft sind; wenn sich ihre Betriebsamkeit als energieverzehrende »Flucht nach vorne« entlarvt, als abgewehrte Angst vor Leere und Wurzellosigkeit.

Schließlich lernten wir noch viele Kinder und deren Familien kennen, die nicht von Beginn der Schwangerschaft an, sondern über Pflegschaft oder Adoption zueinanderfanden. Bedeutung und Auswirkung ihrer Bindungsprozesse werden besonders deutlich, wenn sie als Erwachsene erzählen, wie sie als Kinder ihre Adoptivfamilie erlebten, wie sehr sie die Suche nach identifikatorischen Merkmalen beschäftigte. Manchen wurde das zum Lebensthema.[38]

Keinen Vater, keine Mutter zu haben ist nicht nur biologisch unmöglich. Es scheint auch psychisch nicht darstellbar zu sein. Noch im Alter nagen biographische Lücken an der Identität. Ungeklärte Herkunftsfragen bringen Unruhe in Lebenskonzepte. Je jünger der Mensch ist, desto konkreter will er sich ein Bild von seinen Erzeugern machen. Babys müssen das sogar. Solange sie noch nicht zu abstrakten Vorstellungen in der Lage sind, müssen sie die, die sie versorgen, wortwörtlich be-greifen, sie müssen sie ganz real sehen, hören, riechen, spüren. Ist das nicht möglich, »halluzinieren« sie einen Kontakt. In der Not treten sie in innere Beziehung zu einem »Phantom«. Phantasien und sehnsüchtige Idealisierungen besetzen dann die Leerstellen.

Man darf davon ausgehen, dass gerade die assistiert gezeugten oder ausgetragenen Kinder besondere Bedingungen vorfinden. Einerseits ist ihnen als dem langersehnten Nachwuchs die Zuwendung ihrer Eltern mehr als gewiss. Auch Wirtschaftsverhältnisse, Bildungsniveau und Willensstärke ihrer Eltern sind in der Regel solide. Andererseits kann sich bei den Eltern eine erhöhte Unsicherheit, vielleicht sogar Angst über die biologischen Anlagen des Kindes einschleichen, mit einer Verunsicherung ihrer eigenen Rolle, denn sie sind ja nicht die alleinigen Erzeuger. Eine weitere – meist unbekannte – Person war beteiligt. Welche Dynamik bringt das in die Fragen nach der Herkunft?

»BIN ICH HIER RICHTIG?«

ENTWICKLUNGSPFADE VORHERSAGEN KÖNNEN WIR NICHT, über die Sicht- und Denkweisen von Kindern informieren können wir sehr wohl. Auch über ihre Phantasien hinsichtlich Herkunft, Zugehörigkeit, familiärer Abstammung. Die kindlichen Vorstellungen sind längst nicht immer rational, im Vorschulalter meist gar nicht. Das ist keine Besonderheit von »Spenderkindern«. Die Phantasie, als Baby im Krankenhaus vertauscht worden zu sein, haben beileibe nicht nur »Kuckuckskinder«. Das Sujet greifen Märchen und Mythen seit Urzeiten auf, natürlich verklausuliert. Auch fragen Kinder oft und scheinbar unvermittelt, ob denn bei ihnen »alles stimmt«, ob sie da, wo sie leben, »auch richtig sind«. Solche Fragen bleiben meist unspektakulär, sie erledigen sich oft von selbst. Sie bekommen allerdings eine spezifische Qualität, wenn ihr Leben einer »nachgeholfenen Schwangerschaft« zu verdanken ist oder wenn ihre frühesten Beziehungen problematisch waren. Auf die Frage »Bin ich hier richtig?« bieten sich Betroffenen mehr Antworten an als anderen Kindern.

Kenntnisse über kindliche Herkunftsphantasien zu haben ist hilfreich. Damit umzugehen bleibt indes anstrengend. Jedoch die Phantasien zu ignorieren macht es nicht weniger anstrengend; naiv und fahrlässig wäre es obendrein. Allerdings sind Gesellschaften darin geübt, anstrengende Erkenntnisse nicht wahrhaben zu wollen.[39] Es klingt paradox, doch es erscheint einfacher, wenn Identitätsprobleme verlagert werden. Etwa, wenn beunruhigende Phantasien und unerledigte Fragen der Kinder sich in schulischen Konzentrationsschwierigkeiten zeigen. Diese sind zwar auch anstrengend, doch damit kann man umgehen. Dagegen gibt es Förderprogramme, Therapien, notfalls auch Medikamente.

Versorgungs- und Konsumgesellschaften bleiben gerne bei vertrauten Mustern.

Die auftretenden Dynamiken verlangen allerdings Aufmerksamkeit und Mühe, um an ihren »Originalschauplätzen« bearbeitet und gelöst zu werden. Beispiele aus der Praxis können dabei unterstützend wirken. Es lohnt auch, Erkenntnisse aus der Entwicklungspsychologie und der Bindungsforschung zu berücksichtigen. Diese Anstrengung sollte man sich zumuten, sie ist zu bewältigen. Eigentlich lässt die Verantwortung für den Lebensweg der Kinder gar keine andere Wahl.

ERGEBNISSE DER PRÄNATALEN BINDUNGSFORSCHUNG

WELCHE BEDEUTUNG KOMMT DER VORGEBURTLICHEN ENTWICKLUNG ZU?

ES IST INZWISCHEN UNBESTRITTEN, dass ein Embryo bereits im Mutterleib wichtige emotionale Erfahrungen macht und Fähigkeiten entwickelt, die für sein weiteres Leben wegweisend sind. »Wir lernen vor der Geburt, was wir von der Welt zu erwarten haben«, fasst Janus[40] die hierzu vorliegenden empirischen Befunde zusammen und mahnt an, die zunehmende Zahl von Interventionen in Schwangerschaft und während der Geburt auf ihre psychologischen Folgewirkungen besser zu untersuchen.

Dank moderner Bildgebungsmethoden wie z. B. dem Ultraschall wurden umfassende Einblicke in die frühen Entwicklungsphasen des Embryos gewonnen. Er nimmt bereits eine aktive und ihn emotional prägende Beziehung zur Mutter auf, erlebt ihren Stress und ihre Belastungen mit und reagiert entsprechend. Das Ungeborene verfügt über umfangreiche sensorische Wahrnehmungen, es kann fühlen, tasten, riechen, hören und schmecken.[41] Diese Empfindungen und Reaktionen nehmen im Laufe der Schwangerschaft zu und differenzieren sich immer mehr aus.

Sehr früh entsteht eine enge Interaktion zwischen Mutter und Embryo. Die Schwangerschaft bewirkt eine eigene Entwicklungsdynamik: Der Embryo sendet Signale, sie werden von der Mutter registriert, diese antwortet darauf, spürt, was für ihr werdendes Kind belastend oder beruhigend ist. Es können bereits Lautmuster, Stimmen und Geräusche registriert, erinnert und nach der Geburt wiedererkannt und zugeordnet werden. Gleiches gilt für Gerüche und Geschmacksreize. Ausgehend von diesen frühen wechselseitigen Erfahrungen und einem intensiven Austausch geht es für die Soziologin Marianne Krüll nicht mehr um den Gegensatz zwischen einer festgelegten biologischen Natur des Menschen einerseits und umweltabhängigen Einflüssen andererseits: »Es geht darum, sich ein Bild davon zu machen, wie unendlich flexibel die Natur des Menschen ist, wie wir schon als Embryo unter dem Einfluss unserer Umgebung zu einem bestimmten Organismus mit bestimmten ›Bedürfnissen‹ wurden, wie unser Nervensystem darauf angelegt ist, uns die größtmögliche Offenheit und Reaktionsfähigkeit gegenüber unserer Umwelt zu bieten, wie unsere Sinne sich durch die Aufnahme von Reizen verändern und strukturieren.«[42]

Für den Pränatalforscher Ludwig Janus kommt den vorgeburtlichen und den Erfahrungen während der Geburt eine lebensgeschichtliche Bedeutung zu. Er verweist auf den Pädagogen Johann Heinrich Campe, der schon Anfang des 19. Jahrhunderts feststellte, dass die vorgeburtliche Zeit ein »unseliger Unterricht im Leiden« sein kann.[43]

Wenn die vorgeburtliche Zeit zu prägenden emotionalen Erfahrungen beim Kind führt, wobei die Einstellung und Befindlichkeit der Mutter sowie die sie beeinflussende Umgebung dazu entscheidend beitragen, kann es nicht ohne Bedeutung sein, wie und unter welchen Umständen die Schwangerschaft geplant und erreicht wurde. Diese psychosozialen und psychodynamischen Aspekte werden von der Reproduktionsmedizin bislang nur am Rand berührt. Das primäre Ziel, einen Schwangerschaftswunsch zu erfüllen, lässt kaum Raum für darüber hinausgehende Fragen. Diese werden als weniger bedeutsam angesehen, und man hofft, sie schon irgendwie bewältigen zu können, wenn erst einmal das Hauptziel erreicht ist.

Emotionalität und Befindlichkeit der Mütter bilden das prägende Milieu des werdenden Kindes und beeinflussen sein späteres Verhältnis zur Gesellschaft und zu sich selbst. Somit besitzen etwaige Belastungen während der Schwangerschaft eine hohe Relevanz. Die psychologischen Auswirkungen auf die Zeit nach der Geburt und das sich neu etablierende Familiensystem sind immens. Das Geschehen ist hochkomplex, die Einflussgrößen sind vielfältig, die Langzeitwirkungen weitreichend.

Angst und Phantasien beschäftigen und beunruhigen auch die werdenden Eltern: Entsprechen die Wunschkinder den an sie gerichteten Erwartungen? Welche Auswirkungen ergeben sich für ihre Elternschaft und inwieweit wird das spätere Familienklima durch die reproduktionsmedizinischen Maßnahmen mitbestimmt?

Ein besonderer Stellenwert kommt hierbei dem Bindungsverhalten zu. In den letzten Jahren konnte durch eine Vielzahl von Untersuchungen bestätigt werden, dass die Qualität der Bindung zwischen Säugling und Mutter die weitere Entwicklung eines Kindes entscheidend beeinflusst. Bindung wirkt wie ein immerwährendes emotionales Band zwischen Säugling und Mutter. Die Mutter vermag durch ein »feinfühliges Verhalten« die Signale des Kindes wahrzunehmen, zu erkennen und darauf angemessen zu reagieren. Das Kind verspürt Sicherheit, und durch die vielen Interaktionserlebnisse bildet der Säugling im Laufe des ersten Lebensjahres »innere Modelle des Verhaltens und der damit verbundenen Affekte von sich und der Mutter aus, sogenannte »innere Arbeitsmodelle«.[44] Einige Bindungsaspekte sind beim Menschen bereits ab der Geburt vorhanden; so besteht bei den Neugeborenen z. B. eine Vorliebe für die Stimme und den Geruch ihrer Mütter und sie sind sofort in der Lage, Bindungsverhalten zu zeigen.[45]

Bislang wissen wir kaum etwas, ob und wie sich die Reproduktionsmedizin auf das Bindungsverhalten und die frühe Mutter-Kind-Interaktion auswirkt. Dass sie in besonderer Weise zu erheblichen emotionalen Belastungen und Einschränkungen der Befindlichkeit führen, zeigen die Berichte betroffener Frauen.

Die klinische Erfahrung belegt eindrucksvoll, wie wichtig Bindungsmuster für den ganzen Lebensweg sind, die bereits in der Zeit vor der Konzeption und Schwangerschaft beginnen und weit in das Erwachsenenalter hineinreichen.[46]

Allerdings stehen alle Eltern vor der Herausforderung, eine emotional stabile Beziehung zu ihren Kindern aufzubauen, feinfühlig auf deren Signale zu reagieren, um so eine sichere Bindung zu erreichen. Eine Manipulierung der »Natürlichkeit« dieser Vorgänge mag zu Unsicherheiten und Ängsten führen, denen sich die werdende Mutter häufig gar nicht bewusst sein wird, weil das Ziel einer erfolgreichen Schwangerschaft alle Bedenken an den Rand drängt. Dabei wird es kaum unerheblich sein, unter welch schwierigen Bedingungen die Schwangerschaft zustande kam.

ASPEKTE DER ENTWICKLUNGSPSYCHOLOGIE

AN ZUWENDUNG WIRD ES DEN IM LABOR GEZEUGTEN KINDERN nicht fehlen; sie sind sehnlichst erwünscht. Ihre Eltern nahmen vielfältige Mühen auf sich, durchstanden zermürbende Prozeduren und investierten beträchtliche finanzielle Mittel. Gleiches gilt für Eltern, die ein Kind nach langwierigem Adoptionsverfahren bekamen. Allesamt sind das gute Gründe anzunehmen, dass diese Kinder bei reflektierten Eltern in wirtschaftlich soliden Verhältnissen wohlumsorgt aufwachsen.

Wenn es trotzdem spezifische Probleme geben kann, müssen sie nicht den Familienverhältnissen oder erzieherischen Fehlern geschuldet sein. Sie können in Besonderheiten der kindlichen Entwicklung liegen, die auf dem Hintergrund einer Samenspender-, Laborzeugung oder Leihmutterschwangerschaft ein Potenzial an Irritationen beinhalten.

ABHÄNGIGKEIT ALS URERFAHRUNG

AUCH KINDER, DIE 40 SCHWANGERSCHAFTSWOCHEN ausgetragen wurden, kommen als »Frühgeburt« zur Welt. Medizinisch ist diese Aussage natürlich falsch. Richtig ist jedoch, dass ab der 41. Woche kein Kind allein weiterexistieren könnte.

Menschen sind am Lebensanfang sehr lange auf die Unterstützung Erwachsener angewiesen. Kein Säugling kann sich selbst ernähren und wärmen, geschweige denn fortbewegen. Als hilflose Wesen benötigen wir über lange Zeit die Fürsorge anderer. Die lässt uns überleben. Diese Feststellung ist banal. Sie ist aber auch schicksalhaft, stellt sie doch Abhängigkeit als menschliche Urerfahrung fest. Schicksalhaft ist das für unser späteres Autonomiestreben.

Denn Abhängigkeitserlebnisse können ängstigen und kränken.

Babys können noch sehr wenig, aber sie können andere beeinflussen. Beispielsweise ist es Erwachsenen kaum möglich, sich ihrem Lächeln zu entziehen; dies läuft unbewusst ab. Die biologische, psychische und soziale »Frühgeburt Mensch« verfügt über ein Repertoire von Fähigkeiten, die wir umgangssprachlich »unbewusst«, »intuitiv« oder »reflexhaft« nennen. Unbewusst bedeutet nicht wirkungslos; mit einem Lächeln kann der Machtlose »die Mächtigen« sich gewogen machen.[47]

Im »Brennglas« moderner Neugeborenenforschung können im Babylächeln und -schreien vielschichtige Interaktionsmuster erkannt werden, auch Elemente unbewusster Strategie. Sie zeigen, dass schon Neugeborene mit differenzierten Kompetenzen ausgestattet sind. Sie befähigen bereits die Kleinsten zu wirksamer Einflussnahme auf ihre Mitwelt. Das hebt ihre Ohnmacht als abhängige Wesen nicht auf. Denn sie sind darauf angewiesen, dass diese Mitwelt überhaupt präsent ist und verfügbar ist, um die Signale des Babys auch wahrzunehmen.

Schlimmer als unangemessenes Verhalten der Erwachsenen sind für die Kleinen Ungewissheiten über deren Verfügbarkeit. Wer ganz früh unzuverlässiger, unsteter Betreuung ausgesetzt ist, entwickelt keine konstanten Erfahrungen, aus denen sich nach und nach eine eigene Position formt, auf die er sich verlassen kann. In Heimen in früherer Zeit war eine häufige Frage der Kinder am Frühstückstisch: »Wer hat heute Abend Dienst?« Sie fragten das nicht aus Vorteilsdenken; es war ihnen zwangsläufig zur Lebensstrategie geworden. Bindungsunsicher aufwachsenden Menschen ist die Vorausschau anstehender Kontakte so wichtig wie Piloten die Wetterprognose. Antizipierbare Interaktionen mindern die Angst vor Unbekanntem.

ANGSTMINDERUNG DURCH BENENNEN DER BEDROHUNG

UNBERECHENBAR MÄCHTIGE KRÄFTE ENTFACHEN ANGST. Wer ihnen gegenüber wehrlos ist, mindert seine Angst, indem er versucht, sich die Macht »vertraut zu machen«. Er gibt ihr einen Namen und möglichst auch ein Gesicht.[48] Schicksale erscheinen besser berechenbar, wenn ein Urheber benannt werden kann. Unbenennbarkeit hingegen steigert Angstzustände. Die Psychoanalyse nennt diese sehr frühe, sehr tief sitzende Angst zutreffend »namenlose« Angst. Dies führte in der Menschheitsgeschichte unter anderem zur Geburtsstunde von Gottheiten.[49] Wenn für das bedrohliche Grollen am Himmel Götter ausgemacht werden können, lassen diese sich womöglich mit Wohlverhalten und Opfergaben gütig stimmen. Der Mensch erlebt sich dann nicht nur als ohnmächtig.

Vernachlässigte Kleinstkinder ohne Geborgenheitserfahrung erleben Vernichtungsängste. Erwachsene empfinden in solchen Situationen Atemnot und Herzrasen. Auch Babys könnten »vor Angst sterben«. Damit das nicht passiert, greift das Unbewusste zu einem »Trick«. Das Kind gaukelt sich mit Schaukelbewegungen, der sogenannten Jaktation, vor, »jemand« sei da und wiege es. Da solch ein »Selbstbetrug« Spannungszustände wie Hunger oder Schmerz in Wirklichkeit natürlich nicht spürbar auflöst, steigern die Kinder ihr Verhalten; manche schlagen dann mit dem Kopf gegen die Wand. Die »meldet zurück«, dass da doch noch etwas ist, das sie umgrenzt. Schmerz gibt – so eigenartig das klingen mag – auch Halt. Vom »Nichts« umgeben zu sein wäre schlimmer als der körperliche Schmerz.[50]

Schaukelbewegungen sind gelegentlich auch bei gut versorgten Kindern zu beobachten. Ihr Unbewusstes provoziert diese Bewegungen etwa beim Gewahrwerden von Alleinsein oder beim Erleben von »Machteinbuße«, wenn nicht alle Forderungen sofort erfüllt werden. Solche Selbststimulierungen sind Übergangshandlungen. Sie sind meist unbedenklich und enden beim Eintreffen einer Bezugsperson.

MAGISCHES DENKEN ALS ANGSTBEWÄLTIGUNG

SIND KINDER MIT HINREICHEND SICHEREN BINDUNGEN bis ins Spielalter der Vorschuljahre gekommen, ist eine andere Art der »Selbsttäuschung« bei der Erkundung der Welt und bei der Angstbewältigung zu beobachten. Mittels ihrer Phantasie werden die Kinder nun »Zauberer«. Die Fachsprache nennt diese kreative Entwicklungsphase treffend »magische Phase«. Sie umfasst die Zeit, die mal als klassisches Kindergartenalter galt, zwischen drittem Lebensjahr und Schuleintritt.

Magisches Denken und Spielverhalten kann Ohnmacht schnell in Allmacht verwandeln. Kinder tun das nicht, um »omnipotent« zu sein: Ihr magisches Umformen ist eine Entlastungsphantasie. Nun haben Kinder schon so viel von der Welt verstanden, dass sie die riesige Diskrepanz ahnen, die ihnen noch zur autonomen Selbstbehauptung fehlt. Aus einem permanenten Kleinheitsgefühl aber kann kein Kind eine selbstbewusste Welterschließung betreiben. Dann spielt man doch mal eben den »König der Welt«.

Je weniger Angst Kinder vor realer Bedrohung haben müssen, desto souveräner können sie sich späterhin von ihren Größenphantasien freiwillig verabschieden. Ihr sozialer, kognitiver und motorischer Reifezuwachs lässt sie erkennen, dass ihre Phantasiegebilde der Realität nicht standhalten. Bis zum Einschulungsalter haben die meisten erfahren, dass man mit sechs Jahren schon einmal auf einem Thron sitzen darf, ihn aber immer wieder verlassen oder mit anderen teilen muss.

»GLITZERWORTE« IRRITIEREN DIE KINDLICHE WAHRNEHMUNG

EINE WICHTIGE VORAUSSETZUNG FÜR REALITÄTSEINSICHT und Sozialvertrauen ist, dass Kinder ihren Wahrnehmungen trauen können. Dass das, was sie sehen und spüren, mit der Realität übereinstimmt. Auch mit der Realität, die die Erwachsenen repräsentieren. Jene ist aber nicht immer so eindeutig, wie es deren Worte vorgeben.

»Glitzerworte« nennt Christa Wolf in ihrem Roman »Kindheitsmuster« jene Signalworte, die Familiengesprächen plötzlich eine andere Richtung geben. Bei »Glitzerworten« öffnet sich hinter den ausgesprochenen Wörtern eine weitere Bedeutungsebene. Eingeweihten ist sie bekannt, doch Kinderohren können sie nicht entschlüsseln. Aber empfänglich sind sie dafür, so wie Christa Wolfs Protagonistin Nelly. Kinder, die mit wechselnden Frühbeziehungen ins Leben starteten, fahren ihre Antennen dann besonders hoch aus.

Erwachsene verraten sich bei solchen Gesprächen auf subtile Weise. Bei Themen wie Zeugung und Geburt, Bindung und Trennung, auch beim Thema Geld und Ehre, kann ihre Stimme plötzlich ein anders Timbre bekommen. Augen beginnen zu glänzen oder sich zu trüben. Wangen röten, Gesten ändern sich. Auch wenn Kinder das »verklausulierte« Verhalten der Erwachsenen nicht erraten, so spüren sie doch, dass das Gehörte nicht die ganze Wahrheit sein kann. Mehrere inzwischen erwachsene »Spenderkinder« berichteten im Interview von solch einem Schlüsselerlebnis in ihrer Kindheit, das in ihnen den Verdacht aufbrachte, »hier stimmt was nicht«.[51]

Wenn Kinder wiederholt an ihren Wahrnehmungen zweifeln, weil das Gehörte nicht das Gemeinte ist, können Spannungszustände entstehen. Kinder, erst recht jene in der »magischen

Phase«, lösen sie per Phantasie. Sie setzen aus dem, was sie von der Welt schon wissen, ihr eigenes Erklärungspuzzle zusammen. Vorkommende Brüche werden von der Phantasie geglättet. Später werden die unvollkommenen Phantasiegebilde durch die Realität korrigiert.

FAMILIENMYTHEN UND IHRE REALE WIRKUNG

EINE MAGISCHE REALITÄTSDEUTUNG kann sich jedoch über die entsprechende Entwicklungsphase hinaus halten, wenn die kindliche Sinndeutung sich weiterhin bestätigt sieht. Denn Eltern, die beispielsweise eine Samenspenderzeugung tabuisieren, werden sich noch bei weiteren Gelegenheiten »verräterisch« verhalten. Vielleicht überblättern sie hastig Illustriertenseiten zu dem Thema, werden ungehalten oder salbungsvoll, wenn die Kinder Fragen zu entsprechenden Fernsehbeiträgen stellen. Sie »eiern um das Thema herum«, wie Jugendliche es schonungslos nennen.

Eine magische Deutung kann sich im »Familienmythos« verfestigen. Hat sie sich bei den Betroffenen erst einmal etabliert, wird sie so schnell nicht mehr hinterfragt. Semantische oder logische Ungereimtheiten werden ignoriert und durch Behelfskonstrukte ähnlich passend gemacht, wie unsinnig scheinende Textstellen in Liedern.[52] Mythen sind zwar irreal, doch ihre Wirkung kann sehr real sein. Psychologisch erklärt sich das mit dem Wunsch, Reales und Ideales deckungsgleich zu erleben.

Gegen eine Desillusionierung des Mythos wehren Kinder sich mit Nichtwahrhabenwollen, Erwachsene mit Fanatismus. Arthur Kermalvezen zitiert in seinem Buch über sein Leben als »Spenderkind« seine ebenfalls durch donogene Insemination gezeugte ältere Schwester. Als junge Frau erinnert sie: »Ich lebte völlig in meiner Phantasie, dass ich irgendwo einen zweiten Vater hatte. Wenn zu Hause etwas nicht stimmte, half mir das. Alle Kinder tun das irgendwann einmal, aber in meinem Fall als DI-Kind stimmte es eben, dass irgendwo mein Erzeuger herumlief. ... Ich habe mich in diese Traumwelt geflüchtet. ... Ich lebte mehr in meinen Träumen als in der Realität in Bezug auf die Art meiner Zeugung.«[53]

GEGENPOLIGE STREBUNGEN IN ZIELEN UND BEZIEHUNGEN

BINDUNGSSICHERHEIT IST EIN GUTER SCHUTZ gegen verletzende Unwägbarkeiten in zukünftigen Beziehungen. Doch anfällig wird die Dynamik von Beziehungen stets bleiben. Auch hier liegt der Grund nicht immer in den äußeren Konstellationen, sondern im menschlichen Sosein mit seinen widersprüchlichen Strebungen. Der Psychoanalytiker Fritz Riemann sieht sie – vereinfacht gesagt – in zwei Gegensatzpaaren ausgemacht: dem Streben sowohl nach Dauer als auch nach Wandel sowie im gegenläufigen Streben nach Nähe wie nach Distanz. Davon leitet er – wiederum vereinfacht gesagt – vier »Grundformen der Angst«[54] ab.

Weil Menschen Dauerhaftes, am liebsten Ewiges, ersehnen, werden Veränderungen, auch Fortschritt, gefürchtet. Weil aber auch Wandel ersehnt wird, fürchtet der gleiche Mensch auch den Stillstand, die Festsetzung und Endgültigkeit. Letztlich fürchtet er mit der Festlegung seine Unfreiheit.

Im Beziehungsleben machen es uns die Gegenpole Selbsthingabe und Selbstwerdung schwer. Der Wunsch nach dem Du, nach der Gemeinschaft, lässt uns Isoliertheit, Einsamkeit, Trennung, Distanz und Verlust fürchten. Der andere Pol ist das Streben nach Selbstbestimmung und Autonomie. Deshalb werden Abhängigkeiten gefürchtet. Aus Angst vor einem Ich-Verlust werden dann Bindungen gescheut.

Im Innerpsychischen und im Beziehungsgeschehen geht es also selten so eindeutig zu wie in der Mathematik. Dort ergibt 2 x 2 immer 4. In der Logik der Psyche, der Psycho-Logik, wird letztlich auch »4« als Ergebnis herauskommen. Zwischendurch stellt es sich aber auch anders dar, etwa als »Wurzel aus 16« oder als »20 : 4 – 1«. Das ist auch nicht falsch, aber eben kompliziert.

Das wenig Eindeutige und Vorhersagbare macht das Seelenleben anstrengend; es hält es allerdings auch lebendig. Der Variantenreichtum unseres Beziehungserlebens findet ein Pendant im Variantenreichtum von Beziehungskonstellationen. Neue Formen wie Patchworkfamilien, frühe Mehrfachbeziehungen und auch diverse medizinisch assistierte Herkunftskonstellationen gehören heutzutage dazu.

Damit Kindern der Spagat zwischen Beglückung und Zumutung gelingt, ist es hilfreich, wenn ihre Eltern, aber nicht minder die weiteren »Miterzeuger« und die im Labor tätigen Helfer einiges über kindliche Entwicklungsphasen und psychische Konstellationen wissen. Denn sie bilden die Folie ab, vor der Herkunftsphantasien, Beziehungssehnsüchte, Erlebens- und Verarbeitungsweisen jener Kinder zu verstehen sind.

WAS ÜBER SPENDERKINDER UND IHRE ELTERN BEKANNT IST

DAS VERFAHREN DER »ASSISTIERTEN EMPFÄNGNIS« ist keine Randerscheinung mehr. Andreas Bernard stellt in seiner umfangreichen Recherche »Kindermachen – Samenspender, Leihmütter, Künstliche Befruchtung« die neuen Reproduktionstechnologien vor. Durch die Reproduktionsmedizin sei der »Prozess menschlicher Fortpflanzung, die Sphäre der intimen Paarbeziehung schlechthin«,[55] geöffnet und beträchtlich erweitert worden. Diese Konstellation sei schwer in das überlieferte Bild der Kernfamilie zu integrieren. Dabei ließe sich zum jetzigen Zeitpunkt noch nicht eindeutig beantworten, wie stark sich die Verfahren, insbesondere die donogene Insemination auf unsere Vorstellungen von Familie und Herkunft auswirken werden.

Ob die medizinische Weiterentwicklung Biographien befreit oder verunsichert, bleibt ebenfalls eine offene Frage. Die Vermutung ist nicht unberechtigt, dass sie uns »auf dem Weg zur vaterlosen Gesellschaft«[56] voranbringt. Alexander Mitscherlich sprach bereits vom unsichtbaren Vater und ging von der überragenden Bedeutung der primären Familiengruppe für die individuelle Sozialisierung und damit für die Verfassung der Gesamtgesellschaft aus.[57] Die hiermit verbundene emotionale und sachbezogene Entfremdung sei eng an das Verschwinden des Vaterbildes geknüpft.

Mit Selbstverständlichkeit sprechen beispielsweise die »Deutsche Gesellschaft für Kinderwunschberatung« und die »Deutsche Vereinigung von Familien nach Samenspende« von »pluralen Familienrealitäten« und fordern Gesetzessicherheit[58] bei Samenspenden für lesbische Paare und alleinstehende Frauen. In Österreich ist dies seit Januar 2015 gesetzlich verankert; andernorts weiß »frau« auch ohne Rechtssicherheit Wege zum Kind.

Es bleibt festzuhalten: Das Band zwischen den Generationen wird brüchiger. »Der neue Mensch«, so Jessen in *DIE ZEIT*,[59] »befreit sich von allen Fesseln der Natur.« Dabei verlieren soziale und kulturelle Herkunft an Bedeutung.

Wie tiefgreifend diese Vorstellungen bereits in der Gesellschaft verankert sind und auf Akzeptanz stoßen, zeigt eine Befragung des Deutschen Ethikrates zum Thema »Fortpflanzungsmedizin in Deutschland«, die im Vorfeld einer Jahrestagung im Mai 2014 durchgeführt wurde. Auch wenn dieses Meinungsbild keineswegs repräsentativ ist und ein nur geringer Rücklauf an Fragebögen vorliegt (175 von 2.500), ergibt sich eine eindeutige Tendenz: Methoden der Reproduktionsmedizin werden überwiegend als hilfreich und notwendig angesehen.

Auf die Frage, ob die Erzeugung von »3-Eltern-Babys« durch Vorkern- oder Spindeltransfer zur Vermeidung mitochondrialer Erkrankungen[60] in Deutschland zulässig sein sollte, antworten 52 Prozent mit ja. Sie begründen dies unter anderem damit, dass hierdurch körperliche, soziale und psychische Leiden von Kindern vermieden, Erbkrankheiten eingedämmt und der Wunsch von Eltern nach einem gesunden Kind erfüllt werden kann. 24 Prozent der Befragten sprechen sich dagegen aus und begründen dies mit Identitätsproblemen der Kinder, deren problematischer rechtlichen Zuordnung und einem schwierigerem familiären Zusammenleben.

Hinsichtlich der künftigen Zulässigkeit von Eizellenspenden in Deutschland antworten 63 Prozent mit ja und 27 Prozent mit nein. Dafür würde sprechen, dass Eltern selbstbestimmter handeln und sich ihren Kinderwunsch erfüllen können; das Leid durch ungewollte Kinderlosigkeit würde vermieden. Das Erleben der

Schwangerschaft und die soziale Bindung zum Kind seien für eine Mutter wichtiger als eine genetische Verwandtschaft. Als problematisch werden die Identitätsprobleme der Kinder, eine unklare Mutterschaft und die Gefühle der Spenderin zum Kind genannt.

Zusammenfassend lässt sich feststellen, dass der rasante medizinische Fortschritt in der Praxis angekommen und angenommen ist. Für die meisten der Befragten überwiegen die Vorteile der Reproduktionsmedizin. Die von dem Kulturjournalist Ulrich Greiner[61] kritisch hinterfragten »Phantasien der Selbstermächtigung und Selbsterlösung« werden zu realen Programmen der Selbstverwirklichung.

Aus Sicht der sich solcherart selbst Ermächtigenden ist es logisch, dass Auflagen unerwünscht sind, die die Autonomie der elterlichen Entscheidung bei einer Samenspende einschränken könnten. Anregungen seitens der »Spenderkinder«, hier ein Beratungsverfahren wie bei Adoptionen gesetzlich zu verankern, lehnt der Elternverband »DI-Netz e.V.« ab.[62] Beratung wird derzeit unter anderem im »Beratungsnetzwerk Kinderwunsch Deutschland – BKiD« angeboten. Nicht immer ist trennscharf zu erkennen, inwieweit diese auch Teil des Geschäftsmodells von Kinderwunschzentren sind.

ERGEBNISSE VORHANDENER STUDIEN

AUF DER WEBSEITE DES VEREINS »SPENDERKINDER« findet sich ein sorgfältig recherchierter, umfassender aktueller Beitrag mit der Überschrift »Psychologisches«, in dem sich alle wissenschaftlichen Studien zum Thema Spenderkinder, Eltern und Spender finden. Unter Bezug auf diese systematische Übersicht soll auf einige relevante Studien näher eingegangen werden.

Zunächst ist jedoch festzuhalten, dass die vorliegenden Untersuchungen insgesamt große methodische Schwierigkeiten aufweisen, die sich vor allem aus den Stichprobenzusammensetzungen und deren mangelnder Repräsentativität ergeben. Es werden hier immer nur spezielle Personengruppen erreicht, sodass sich starke Verzerrungseffekte ergeben können. In einem Blockeintrag machen sich auch »Spenderkinder« hierzu Gedanken: »Wahrscheinlich nehmen daher eher aufklärende Eltern, Eltern mit einer positiven Familiensituation, offene Spender und an ihrer Abstammung interessierte Spenderkinder an den Studien teil. Fast unmöglich ist es, die Situation von nicht über die Zeugung durch Samenspender aufgeklärten Spenderkinder zu untersuchen. Oft sind die Teilnehmerzahlen gering oder die Rekrutierung der Teilnehmer erfolgt über einschlägige Netzwerke wie das Donor Siblings Registry.«[63]

Hinzu kommt, dass es sich häufig um Online-Befragungen handelt, die vollständig anonym erfolgen, sodass man nicht weiß, unter welchen Umständen die Beantwortung erfolgte. Dabei können die durch standardisierte Fragebogen erhobenen Befunde nur ein sehr grobes Bild vermitteln. Auswirkungen auf das Erleben, die emotionale Befindlichkeit und das soziale Leben lassen sich besser durch qualitative Forschungsmethoden erfassen, beispielsweise durch offene oder halbstrukturierte Interviews. Es bleibt mit Lampe und Schüssler festzuhalten, dass psychosozialen Aspekten in der Fortpfanzungsmedizin eine zunehmend wichtige Bedeutung beigemessen wird.

Welche Fragestellungen standen bislang im Fokus empirischer Untersuchungen? Vor allem die Themen Information und Aufklärung mit den daraus resultierenden Reaktionen und Folgen. Findet sie überhaupt statt und wenn ja, in welchem Alter, verändern sich hierdurch die emotionalen Bindungen innerhalb der

Familie und führt dies zur Suche nach dem Spender, nach den eigenen biologischen Wurzeln? Erste Informationen lieferte die »European Study of Assisted Reproduction Families«, deren Daten 1996 beziehungsweise 2002 veröffentlicht wurden: Weniger als 10 Prozent der Kinder wurden über die vorgenommene Samenspende aufgeklärt; Hinweise für psychologische Probleme oder erhöhte familiäre Konflikte fanden sich nicht.[64]

Die in den letzten Jahren publizierten Daten aus anderen Studien stellen eine steigende Aufklärungsrate bis knapp 40 Prozent fest.[65] Dies spricht dafür, dass – auch dank der öffentlichen Diskussionen – das Thema weniger tabuisiert und ein offenerer Umgang damit möglich wurde. Dieser wirkt sich positiv auf die familiären Beziehungen aus, während Geheimhaltung ein Klima unerklärter Spannungen und Ablehnung hervorruft.[66] Verschiedene Autoren weisen darauf hin, dass bei einer späten Aufklärung Reaktionen von Wut, Verbitterung und Aggression hochkommen. Die Spenderkinder fühlen sich getäuscht, in ihrer Identität und in ihrem Selbstbild verunsichert. Oft entsteht der Wunsch, mehr über den Spender und seine Eigenschaften zu erfahren. Spät aufgeklärte Spenderkinder durchlaufen also häufig eine Phase der erhöhten Verunsicherung und einer schmerzhaften Neuorientierung.[67]

Die Botschaft der meisten Studien ist eindeutig: Je früher die Aufklärung erfolgte, desto besser gelingt es den Spenderkindern, mit ihrer Situation zurechtzukommen, keine negativen Gefühle gegenüber ihren Eltern zu entwickeln und eine stabile Identität zu bilden.[68] Während also eine frühe Aufklärung als entlastend und hilfreich erlebt wird, ruft sie zu einem späteren Zeitpunkt eher Wut, Misstrauen, Enttäuschung und das Gefühl, hintergangen worden zu sein, hervor.[69]

Die Haltung gegenüber dem Spender ist geprägt von Neugier, Interesse und einem Wunsch der Kontaktaufnahme, aber auch von einer gewissen Zurückhaltung, nicht in das Leben des Spenders eindringen zu wollen.[70] Vor allem interessiert, wie der Spender aussieht. Doch auch nach Eigenschaften wird gesucht, die die Kinder bislang in ihrer Familie vermissten. Entsprechende Erfahrungen konnte Blyth aus einer qualitativen Studie mit acht Spenderkindern im Alter von inzwischen 44 bis 65 Jahren, die sowohl um die Identität des Spenders als auch die Existenz ihrer Halbgeschwister wussten und zu ihnen Kontakt aufgenommen hatten, berichten. Als besonders wertvoll und hilfreich wurde erlebt, dass ein tieferes und besseres Verständnis ihrer genetischen und sozialen Eigenschaften möglich wurde; diese Kenntnis führte zu einer veränderten Selbst- und Identitätseinschätzung.[71]

Und was wissen wir über die Spenderkinder-Eltern? Die Qualität der Eltern-Kind-Beziehung ist durch die besondere Art der Zeugung nicht beeinträchtigt. Sie verhalten sich so wie andere Eltern.[72] Auch hinsichtlich der emotionalen Wärme und des Engagements finden sich keine Unterschiede.[73] Andererseits besteht eine Dynamik zwischen den Eltern, die gekennzeichnet ist durch Schuldgefühle, Angst vor Stigmatisierung und Sorge, dass der soziale Vater zurückgewiesen würde, wenn die Wahrheit herauskäme.[74] Dieses Klima der Anspannung, Geheimhaltung und Unsicherheit kann auch ein Grund dafür sein, warum es zu höheren Scheidungsraten bei Eltern von Spenderkindern kommt.[75]

Wenn Eltern ihre Kinder nicht über deren Zeugung durch Samenspende aufklären, dann geschieht dies aufgrund der Befürchtung, es könne so zu psychischen Belastungen und negativen Gefühlen beim Kind kommen.[76] Darüber hinaus bestehen häufig Ängste, dass sich die Offenlegung negativ auf die Beziehung zwischen sozialem Vater und Kind auswirkt. Allerdings führte die Existenz dieses Familiengeheimnisses aus Sicht der Eltern andererseits zu Spannungen und Schuldgefühlen.[77]

Eine Vielzahl von Studien beschäftigt sich mit dem günstigsten Alter für den Zeitpunkt der Aufklärung. Auch wenn Kinder erst ab einem Alter von sieben Jahren das Konzept der Vererbung verstehen,[78] spricht vieles dafür, wesentlich früher darüber zu reden und dies als fortlaufenden Prozess zu verstehen. Offen über die Zeugung zu sprechen trägt zu einer positiven, unverkrampften stabilen Beziehung zum Kind, aber auch zwischen den Eheleuten bei.[79]

AUSBLICK AUF FORSCHUNG UND BERATUNG

DER PSYCHOLOGE TEWES WISCHMANN[80] sieht aufgrund der noch unbefriedigenden empirischen Datenlage einen erhöhten Forschungsbedarf. Nach den vorliegenden Daten sowie nach Aussagen von Fachkräften gäbe es keinen Zweifel daran, dass eine möglichst frühzeitige und gegebenenfalls stufenweise Aufklärung des Kindes im Interesse einer stabilen Identitätsbildung unbedingt stattfinden soll.[81] Auch eine durch die Medien besser informierte Öffentlichkeit trüge zur Akzeptanz von reproduktionsmedizinischen Behandlungsmaßnahmen entscheidend bei und ändere auch allmählich das Aufklärungsverhalten betroffener Eltern. Folgende Aspekte seien von besonderer Bedeutung:

- Kinder nach Gametenspende (Geschlechtszellenspende) entwickeln sich in der Regel psychisch, motorisch und sozial unauffällig in ihren Familien. Notwendig seien aber weiterhin prospektive Studien zu den Familien nach donogener Insemination. Insbesondere gibt es nur wenige Informationen, wie die sozialen Väter mit ihrer Rolle zurechtkommen.

- **Auch wenn eine Vielzahl von Studien darauf hinweist, dass sich eine frühzeitige Kindesaufklärung nach donogener Insemination positiv auf die Familiendynamik und persönliche Entwicklung auswirkt, besteht bei den »Spenderkinder«-Eltern große Unsicherheit und Zurückhaltung darüber, ob, wann und wie ein solcher Schritt vollzogen werden sollte.**
- **Bislang gibt es nur wenig Informationsmaterial für Kinder nach donogener Insemination beziehungsweise Eizellen- oder Embryonenspende. Es könnte für die Betroffenen und ihre Eltern eine große Hilfe darstellen und dazu beitragen, sich mit dem Thema offener und unverkrampfter auseinanderzusetzen.**

Wichtig ist auch, mehr über die zugrunde liegenden Motive der Eltern zu erfahren, um Beratungskonzepte für eine frühzeitige Aufklärung anzubieten.

Zu einer anderen Bewertung möglicher psychischer Probleme im Zusammenhang mit assistierter Zeugung kommt eine groß angelegte Studie, die 2015 in der Zeitschrift *Human Reproduction* veröffentlicht wurde. Die Autoren werteten eine Befragung von fast zweieinhalb Millionen Personen aus, die zwischen 1969 und 2006 in Dänemark geboren wurden. Bei den Eltern von 124.269 Personen, das sind rund 5 Prozent der Gesamtzahl, war eine Fertilitätsbehandlung durchgeführt worden. Die Autoren stellten fest, dass diese Kinder häufiger von psychiatrischen Erkrankungen wie Schizophrenie, affektiven Störungen, ADHS und Abweichungen in der psychischen Entwicklung betroffen waren als die Vergleichsgruppe der Nachkommen von Müttern ohne Fertilitätsprobleme. Das Risiko der Kinder, wegen irgendeiner psychischen Störung aufzufallen, war im Mittel um 23 Prozent größer.[82]

Der aus der Studie herauslesbare signifikante Zusammenhang zwischen Fertilitätsproblemen/-maßnahmen und späteren psychischen Belastungen verliert allerdings seine erhellende Kraft im sehr Unspezifischen der Aussage.[83] Beispielsweise können die Autoren nicht differenzieren, welche reproduktionsmedizinischen Maßnahmen mit welchen Folgen durchgeführt wurden. Allerdings verdienen die Ergebnisse Beachtung als Hinweis auf offensichtlich anfällige dynamische Prozesse im Zusammenhang mit Fertilitätsmaßnahmen.

RECHTLICHE UND ETHISCHE ASPEKTE

RECHTSLAGE

IN DEUTSCHLAND STELLTE BEREITS 1989 das Bundesverfassungsgericht fest, dass zum »Persönlichkeitsrecht auch die Kenntnis der eigenen Abstammung« gehört.[84] Dennoch wurden Spenderdaten lange Zeit geheimgehalten. Mit dem 2007 verabschiedeten Transplantationsgesetz wurde festgeschrieben, dass alle Unterlagen im Zusammenhang mit menschlichem Gewebe mindestens 30 Jahre lang aufzubewahren sind. Ein wegweisendes Urteil des Oberlandesgerichts Hamm vom 6.2.2013[85] gab einer jungen Frau recht, die den Namen ihres biologischen Vaters erfahren wollte, obwohl diesem bei der Samenspende Anonymität zugesagt worden war.

Die Urteilsbegründung des Oberlandesgerichts Hamm nannte den Anspruch auf Kenntnis der eigenen Abstammung ein fundamentales Recht. Für einen jungen Menschen sei es entscheidend zu wissen, wer seine biologischen Eltern seien: Denn, so das Gericht, »wir spiegeln uns in unseren Eltern«.

Aktuell finden Neuregelungen und Neubewertungen statt, wobei nach Auffassung des Juristen Jens Kersten[86] das Fortpflanzungsmedizinrecht in Deutschland noch sehr restriktiv geregelt ist. Es reflektiere den sozialen Wandel in der Entwicklung und Bewertung von Ehe und Partnerschaft sowie Familien- und Eltern-Kind-Beziehungen nur unzureichend. Der Druck der Betroffenen führe jedoch zu permanenter Fortschreibung und Aktualisierung der Rechtsprechung.

Im September 2015 entschied der deutsche Bundesgerichtshof in einem speziellen Fall, der unter dem Aspekt neuer Partnerschaftsmodelle häufiger auftreten könnte. Der Lebensgefährte einer Frau, der in die künstliche Befruchtung seiner Freundin durch Samenspende eines Dritten einwilligte, ist zu Unterhaltsleistungen für das daraus hervorgegangene Kind verpflichtet, auch wenn er nicht mit der Mutter verheiratet ist und er die Vaterschaft für das Kind nicht anerkannt hat. »Daraus ergibt sich für den Mann gegenüber dem Kind die Pflicht, wie ein rechtlicher Vater für dessen Unterhalt zu sorgen. Die Einwilligung des Mannes richtet sich auf die Begründung einer der Vaterschaft entsprechenden Verantwortung und besteht in der Einwilligung in die künstliche Befruchtung mittels Samenspende eines Dritten.«[87]

In Österreich trat 2015 das Fortpflanzungsgesetz[88] in Kraft. Neben der für Ehepaare zuvor schon zulässigen heterologen Insemination erlaubt die Gesetzesnovelle nun nicht nur diese, sondern auch Eizellenspende und Samenspende Dritter bei der In-Vitro-Fertilisation für Paare in Lebensgemeinschaften oder eingetragenen Partnerschaften. Dokumentations-, Auskunfts- und Aufbewahrungspflichten sind nach deutschem und österreichischem Recht ähnlich. Österreich macht indes neben einer dezidierten medizinischen Aufklärung und empfohlenen psychologischen Beratung eine vorausgehende notarielle Konsultation hinsichtlich der rechtlichen Folgen den Beteiligten zur Pflicht.

SICHT DER ETHIK

AUCH WENN DIE RECHTSLAGE EINDEUTIG IST, ergeben sich doch eine ganze Reihe ethischer Fragen: Können die Eltern verpflichtet werden, ihr Kind über die Art der Zeugung aufzuklären? Und wenn ja, zu welchem Zeitpunkt sollte dies geschehen? Welche möglichen Verpflichtungen kommen auf den biologischen Vater zu? Welche weiteren Erwartungen werden von den Spenderkindern an ihn gerichtet?

Der Theologe und Ethiker Reiner Anselm spricht von unvermeidlichen Ambivalenzen, die mit der modernen Reproduktionsmedizin verbunden seien. Unter einer güterethischen Perspektive zeige sich, dass der Wunsch nach Elternschaft und Familiengründung dem des Einsatzes reproduktionsmedizinischer Maßnahmen vorausgehe und »es durchaus plausibel erscheinen lässt, zurückhaltend mit der Forderung nach einer umfassenden Aufklärung des Kindes und seiner Herkunft umzugehen.«[89] Für Anselm steht die soziale Ausgestaltung von Familien in einem Komplementaritätsverhältnis zueinander, wobei die leitenden Prinzipien familiären Zusammenlebens in der sozialen Realität lebendig werden, weniger in der Genealogie.

Die fehlende genealogische Verortung müsse durch eine verstärkte Aufmerksamkeit für die Stabilität der nun allein tragenden sozialen Beziehungen kompensiert werden. Nach dieser Sichtweise sollte der Frage nach dem Umgang mit dem Herkunftsrecht des Kindes keine zu hohe Bedeutung beigemessen werden: »Wichtiger erscheint es, die Struktur des Gutes ›Familie‹ in soziale Praxis zu übersetzen und so über den Entwicklungsprozess der Kinder, idealerweise aber über die ganze Dauer des Zusammenlebens als Familienverband, die Verlässlichkeit erlebbar werden zu lassen, die den leitenden Gütern ›Elternschaft‹ und ›Familie‹ entspricht.«[90]

Viele Eltern werden dieser Argumentationskette folgen und eine Aufklärung des Kindes deswegen zurückhaltend, zögernd oder gar nicht ansprechen wollen. Doch häufig stärken sie damit gerade nicht den gewünschten familiären Zusammenhalt. Unsere Gespräche mit Betroffenen sowie die hierzu vorliegende Literatur verdeutlichen, dass dieses »Familiengeheimnis« dabei auch im Geheimen wirkt. Lange bevor es vermutet oder gelüftet wurde, gab es vielfältige Konflikte und emotionale Spannungen. Die Kinder ahnten, dass irgendetwas nicht stimmt. Es waren diese frühen Ahnungen oder die unverhältnismäßigen Reaktionen der Eltern auf eigentlich unverdächtige Bemerkungen der Kinder, die diese früh dazu anregte, ihre biologischen Wurzeln zu überprüfen und zu hinterfragen.

Die Argumentation Anselms, es handele sich bei Kindern, »die mit der Hilfe der Reproduktionsmedizin gezeugt, empfangen und geboren werden, stets um Wunschkinder«, ist zutreffend. Davon jedoch abzuleiten, dass diese Konstellation Schwierigkeiten in späteren Entwicklungsphasen kompensieren könne, ist pädagogisch und psychologisch nicht haltbar. Auch »leibliche« Wunschkinder entwickeln sich nicht immer so wie gewünscht. Gerade weil sie so sehr herbeigesehnt wurden, steht ihr Aufwachsen unter ganz besonderem Druck.

Tobias Fischer meint in seiner Dissertation »Ethische Aspekte der Donogenen Insemination«, zur »Aufklärung von DI-Kindern« lasse sich lediglich ein Zwischenfazit ziehen. Zu mehr legitimiere die relativ schmale Ergebnislage von Studien vorerst nicht. Methodisch sind sie ohnehin problematisch, da sie gegebenermaßen nur betroffene Eltern und Kinder erfassen können, die das Thema nicht tabuisieren. Es »wird in der Verantwortung der Eltern bleiben, ihr Kind aufzuklären oder dies zu unterlassen«.[91] Die derzeit anzutreffende Haltung von Eltern fasst er so zusammen: »Die überwiegende Mehrheit der heterosexuellen Paare klärt die Kinder jedoch nicht auf, weil sie eine andere Gewichtung der vorhandenen Interessen vornehmen.«[92] Nachvollziehbar ist, dass gleichgeschlechtliche Paare bedeutend offensiver über beanspruchte Samenspenden reden, und dies nicht nur den Kindern gegenüber.

Die Labilität der Studienergebnisse hindert Fischer nicht daran, ein ethisches Zwischenfazit auszurichten und für eine frühe Aufklärung des DI-Kindes zu plädieren. Im Blick hat er dabei die lebenslange Beziehung von Eltern und Kind: »Diese Beziehung ist nicht zuletzt durch das Erwachsenwerden des Kindes einer ständigen Veränderung unterworfen, die auch die Entscheidungsgewalt der Eltern mit jedem Schritt zur Selbständigkeit des Kindes weiter zurückdrängt.«[93] Ähnlich prozessual argumentiert die Vorsitzende des Deutschen Ethikrates, Christiane Woopen: »Die Einheit mit den Eltern steht in dieser ersten Phase der kindlichen Entwicklung im Vordergrund. Gleichzeitig und zunehmend wird das Kind aber zu einer anderen Person mit ihren eigenen Interessen und Ansprüchen.«[94]

TEIL II
LEBENSSKIZZEN

ERWACHSENE ALLMACHT UND KINDLICHE OHNMACHT

»SPENDERKIND« STINA VERLANGT EMPATHIE, ADOPTIVKIND RUANA EMPÖRT SICH, UND EIN »SPENDERKATALOG« VERSPRICHT GÖTTLICHES

»Es geht um Empathie«

VON ZWIESPÄLTIGKEITEN, MACHT UND OHNMACHT wird in der Lebensskizze von »Spenderkind« Stina oft die Rede sein. Auch von ihren Forderungen nach einem gesetzlich garantierten Informationsanspruch der Kinder. Der bedeutet ein Anonymitätsverbot für die Spender. Um das zu erstreiten hat die inzwischen 35-jährige Juristin mit Mitbetroffenen den Verein »Spenderkinder« gegründet.

Nicht weniger am Herzen als die juristische Klarheit liegt Stina, nun selber Mutter eines Kleinkinds, dass den betroffenen Kindern Respekt und Empathie entgegengebracht werden. Sie trifft damit eine Diktion, die auch für Adoptionsverhältnisse gilt. Dort gibt es einen schon tradierten Blick auf Kinder, deren soziale Eltern nicht, zumindest nicht vollständig, die biologischen Eltern sind. Adoptivkinder stellten schon immer entsprechende Fragen; nun sind solche auch von Spenderkindern zu hören.

Bei Adoptivkindern treten besonders im Jugendalter kritische Einschätzungen auf. Dies scheint unvermeidbar, denn im Laufe des Zusammenlebens kommt es zwangsläufig zu kniffligen Punkten, unabhängig, wie die Beteiligten zuvor miteinander umgegangen sind. Auch unabhängig davon, ob die Erziehungsverantwortung der Eltern bisher eher angemessen oder eher unzulänglich war. Ob die kritischen Punkte allerdings zum nachhaltigen Bruch führen oder gut gelöst werden können, hängt selbstverständlich von der bisherigen Beziehung und von der pädagogischen Kompetenz der Eltern und etwaiger Helfer ab.

Die tückische Dynamik in Adoptions-, Samenbank- oder Leihmutterverhältnissen liegt im offensichtlichen Willkürakt begründet und in der hierbei nötigen Einbeziehung anderer Menschen, Ämter, Helfer; Umstände also, die nicht vorkommen, wenn zur Zeugung der Akt zweier Menschen ausreicht. »Machbarkeit« ist dann keine Frage. Wird sie aber zu einem Problem, kommen Macht und Ohnmacht ins Spiel. Die 18-jährige Ruana, einst aus Rumänien adoptiert, wird es in eigener drastischer Wortwahl auf den Punkt bringen. Auch Stina wird von Macht und Ohnmacht, noch mehr aber von Respekt und Empathie reden. Diese Begriffe werden zu Schlüsselbegriffen, die allen Beteiligten helfen können, die Ambivalenzen auszuhalten, vielleicht sogar sich mit ihnen auszusöhnen.

Stinas Geschichte

Stina, 35 Jahre, Juristin, verheiratet, Mutter einer Tochter von eineinhalb Jahren

Für die junge Frau ist die Richtung klar. Kaum hat sie ihr rot-weißes Fahrrad abgestellt, sagt sie's grad heraus: »Es geht um Empathie!« Sie meint Empathie für Kinder, die mittels Samenspende eines Unbekannten gezeugt wurden, so wie sie vor 36 Jahren. Die Identität des Mannes war den Ärzten bekannt, aber nicht denen, die es am ehesten betrifft: der Mutter und dem Kind. Heute sind vor allem die Kinder auf der Suche nach jenen Daten, ohne die sie keine Antworten auf offene Fragen ihrer Biographien finden können. »Die Informationen gehören den Betroffenen!«, fordert Stina, und dafür engagiert sie sich. Sie hat mit fünf weiteren Betroffenen 2009 aus einem Netzwerk den Verein »Spenderkinder« gegründet; hierfür nutzt sie ihre juristischen Kompetenzen und initiiert Musterprozesse.

Am meisten schaudert Stina die Haltung der beteiligten Ärzte: deren Kälte, deren mangelnde Empathie. Sie solle doch froh sein, auf der Welt zu sein, wurde ihr gesagt, alles andere sei doch weniger wichtig. Wichtig seien vor allem die sozialen Eltern. »Wer so daherredet«, empört sich Stina, »ahnt nicht, will auch nicht ahnen, wie ohnmächtig es einen macht, wenn man nichts über seine Wurzeln weiß.«

Stina erfuhr erst mit 26 Jahren, dass sie durch eine Samenspende gezeugt wurde. Sie kam gerade mit ihrem Freund aus einem Urlaub zurück und konnte sich nicht vorstellen, warum die Mutter plötzlich so geheimnisvoll tat und sie zu einem Gespräch bat. Dann erzählte die Mutter Stina über ihre Zeugung. Sie tat das von sich aus, ohne erkennbaren Druck; aber sie hatte über acht Jahre lang mit dieser Entscheidung gerungen.

Von selbst wäre Stina nie auf das gekommen, was sie nun hörte. Es war nicht schön, doch es erleichterte sie: die Wahrheit über ihre Zeugung mittels Samenspende. Nun verstand Stina, warum sie sich in ihrer Familie oft fremd gefühlt hatte und ihre Eltern sich manchmal seltsam verhalten hatten.

Stina konnte sich in der Familie nicht wiedererkennen. Obwohl sie optisch halbwegs in sie hineinpasste, hatte sie bemerkt, dass sie ganz andere Interessen und Themen beschäftigten als ihre Eltern. Besonders während der Pubertät war ihr der Vater fremd geworden. Einmal fragte sie ihre Mutter, ob sie seine Tochter sei. Die reagierte überrascht, wischte aber alle Zweifel weg. Stina fiel auf, dass der Vater ihre Beziehung zur Mutter immer eifersüchtig beobachtet hatte. Wenn die drei zusammen waren, fühlte er sich oft außenstehend; verstärkt wurde dies dadurch, dass er in einem anderen Bundesland arbeitete und seine Familie nur am Wochenende sah.

»Das Schlimmste ist die Ohnmacht«

Die Mitteilung über den Zeugungsvorgang war das bis dahin schlimmste Ereignis in Stinas Leben. Fassungslos und verunsichert begann sie sich wie von außen zu betrachten. Sie schaute sich ins Gesicht, um zu prüfen, ob es ihres sei. Dann schrieb sie die Klinik und den Arzt ihrer Eltern an, um zu erfahren, wer ihr genetischer Erzeuger sei. Sie erhielt nur ausweichende Antworten. Dass die Daten nach zehn Jahren vernichtet worden seien, will sie nicht glauben. Ein Jahr lang unterbrach Stina den Kontakt zu ihren Eltern – auch, um sich auf ihr Examen konzentrieren zu können. Intensiv beschäftigte sie sich währenddessen mit Fragen ihrer Herkunft. Hinzu kommt noch ihre Vermutung, dass es 20 bis 30 Halbgeschwister gibt. Gerne würde sie Näheres hierüber erfahren.

Das Schlimmste für Stina ist ihre Ohnmacht. Die Ohnmacht, die alle »Spenderkinder« kennen, wie sie meint. Und auf der anderen Seite ist es die »Macht der anderen«. Die Macht der Reproduktionskliniken über Informationen, die sie den Kindern vorenthalten, obwohl diese einen Anspruch auf sie haben. Es widerstrebt ihrem Gerechtigkeitssinn, dass elementare Rechte der Kinder verletzt werden, weil ihnen der Zugang zu ihren biologischen Vätern und Halbgeschwistern verwehrt wird.

Und es geht ihr um die dahinterstehende Haltung der beteiligten Erwachsenen: Deren willkürlicher Umgang mit Verschweigen und Einbeziehen stellt eine Bevormundung der Kinder dar. Dieses Auseinanderklaffen von Macht und Ohnmacht definiert die Ziele des Vereins »Spenderkinder«: Werben für mehr Empathie für die besondere Situation von »Spenderkindern« und die Durchsetzung ihrer Rechtsansprüche. Das bedeutet Transparenz, Datenspeicherung und verantwortungsvolle, ehrliche Eltern, denen die Informationen ebenso zugänglich sein müssen.

Die Zurückhaltung und Widerstände potenzieller Samenspender kann Stina teilweise nachvollziehen; die sehr unterschiedlichen Motivationen und Haltungen zur heterologen Insemination sind ihr bekannt. Sie versteht auch den Wunsch von Paaren nach einem Kind und deren Schmerz über Unfruchtbarkeit. Doch diese Beweggründe legitimieren keine Beschränkung des Informationsanspruchs der durch Samenspende gezeugten Kinder. Stina ist froh, dass durch den Verein »Spenderkinder« und andere Aktivitäten ein offenerer Umgang mit dem Thema möglich geworden ist. »Das hätte ich mir vor zehn Jahren so nicht vorstellen können.«

»Selbstermächtigung« als Schlüssel zur inneren Aussöhnung

Der Blick auf ihre ganz persönliche Biographie macht Stina klar, dass ein Aussöhnen mit der eigenen Biographie als »Spenderkind« bedeutet, Zwiespältigkeiten zu akzeptieren. Wissen zu wollen, wer der genetische Vater und etwaige Halbgeschwister sind, und sich vielleicht damit abfinden zu müssen, dass sie dies möglicherweise nie herausfinden wird. Die Schwierigkeit, andere Menschen von der Bedeutung der Abstammung zu überzeugen, ohne den Stellenwert des sozialen Vaters herabzusetzen. So hat sie nach ihrer Heirat den Familienamen ihres sozialen Vaters behalten.

Als die Großeltern mütterlicherseits erfuhren, dass Stina durch eine Samenspende gezeugt wurde, war deren Reaktion: Für uns macht das doch keinen Unterschied. Stina verstand einerseits, was die Großeltern damit ausdrücken wollten, andererseits fühlte sie sich durch diese Bestätigung der genetischen Zugehörigkeit zur mütterlichen Seite aber auch nicht genügend ernst genommen. Schließlich legte diese Antwort auch nahe, dass es für die Verwandten väterlicherseits sehr wohl eine Rolle spielen könnte. Stinas Interesse gilt heute einzig der mütterlichen Linie; deren ostpreußische Herkunft interessiert sie. Ihrem Vater fühlt sie sich verbunden, doch die Genealogie seiner Familie interessiert sie nicht mehr als die fremder Menschen.

Das Aktivwerden im Verein »Spenderkinder« ist Ausdruck dessen, was Stina »Selbstermächtigung« nennt. Zu den Schlüsselelementen gehören die DNA-Tests, mit denen die Mitglieder von »Spenderkinder« selbst herausfinden können, ob sie vielleicht sogar miteinander verwandt sind. Vier Halbgeschwisterpaare haben sich über den Verein schon gefunden; auch einige Samenspender haben sich registrieren lassen. Kaum ein Medienbericht über Samenspenden kommt ohne eine Erwähnung des Vereins »Spenderkinder« aus.

Die Kenntnis über ihre Zeugung nötigte Stina Energien ab, um aus dem Gefühl eines Objekts wieder ihren Subjektstatus zurückzugewinnen. In diesem Zusammenhang stößt sie sich an dem Begriff »Wunschkinder«. Dies ist eine Formulierung, die die pure Elternsicht entlarvt. Kinder geraten dabei einzig in die Objektrolle. Das entbindet die Paare davon, sich in deren spätere Gefühle hineinzuversetzen.

Was würde Stina, inzwischen selbst Ehefrau und Mutter eines »traditionell« gezeugten Kindes, anders machen? Spontan und sicher kommt ihre Antwort: »Ich würde nie vergessen, dass man durch eine Zeugung mit Samenspende dem Kind eine mögliche Belastung mitgibt. Egal wie früh das Kind davon erfährt. Aber je früher es die Kinder erfahren, umso besser. Dann können Eltern und Kinder ohne das Geheimnis zwischen ihnen offen und ehrlich miteinander umgehen. Je später die Mitteilung erfolgt, umso stärker wird das Verhältnis zu den Eltern emotional gestört und belastet.«

Und dann fallen noch mal ihre Schlüsselwörter: Respekt, Gerechtigkeit und natürlich Empathie. Nur wenn alle Beteiligten, vor allem die Eltern, in der Lage sind, Empathie für die Kinder und deren spezielle Situation aufzubringen, kann dem Fremden und Unbekannten Raum gegeben werden. Dann können Kinder auch das Fremde in sich akzeptieren lernen. Dann verliert es seine »Schatten«, die ansonsten lähmend über der Familie liegen.

Ruanas Empörung

Ruana, 18-jährige Abiturientin, im Alter von zwei Jahren aus Rumänien adoptiert, lebt bei gut situierten Adoptiveltern in einer westdeutschen Großstadt

SITUATIONEN, DIE OFFENBAR NICHT ZU VERMEIDEN SIND, gelten seit Zeiten der griechischen Tragödie als Dilemma. Wer darin steckt, kann nicht vermeiden, sich nach einer Seite hin schuldig zu machen. Den meisten Menschen bleiben Dilemmata im Leben nicht erspart. Wer für einen anderen Menschen Entscheidungen treffen muss, weil der andere sie noch nicht (oder nicht mehr) treffen kann, kann schnell in eine solche Zwickmühle hineingeraten. Es gehört zur Lebensreife, damit umgehen zu können. Aber »unfallträchtig« bleiben solche Situationen immer. Doch wer um ihre Existenz weiß, kann sie besser meistern.

Die Adoptiveltern der gerade volljährig gewordenen Ruana sahen sich unversehens einem drastischen Vorwurf der Tochter ausgesetzt, der zerstörerisch wirken kann. Wenn die Beteiligten sich des Dilemmas bewusst werden, in dem sie stecken, können sie versuchen, versöhnt aus der Situation herauszukommen. Ruana fährt mit dem drastischen Vorwurf vom »Kinderkauf« schweres Geschütz auf. Das ist nicht untypisch für das affektive Potenzial, mit dem Jugendliche auf ihre »manipulierte Biographie«

blicken, einerlei wie und wodurch dieser Eingriff in ihre Existenz begründet sein mag, ob durch Adoption oder Möglichkeiten der Reproduktionsmedizin.

Machbarkeit und Macht

OHNMACHT UND MACHT SIND DIE POLE, die am Anfang eines Adoptionsverhältnisses stehen. Ohnmächtig ist das Kind, wenn es von den Herkunftseltern abgegeben wird. Wirkmächtig ist es, wenn es die neuen Eltern für sich einnehmen kann. Die Eltern ihrerseits erleben Ohnmacht im unerfüllten Kinderwunsch. Im Bewerbungsverfahren zittern sie angesichts der wenigen zu vermittelnden Kinder erneut um ihre Chancen, und im Eignungsverfahren müssen sie die Entscheidungshoheit der Behörden akzeptieren. Ihnen hingegen bleibt die Entscheidungsmacht, ja oder nein zu sagen, und zu wissen, dass sie die Lebensweichen für einen Menschen stellen. Manche Eltern erschrecken vor so viel Verantwortung. Damit ihnen nicht Willkür vorgeworfen werden kann, nehmen sie sich später bei vielen Entscheidungen des Alltags in Deutlichkeit und Klarheit lieber zurück.[95]

Das Erleben von Macht und Ohnmacht ist in diesem Zusammenhang stets gegeben und liegt im Verfahren selbst begründet, unabhängig von der jeweils individuellen Haltung der Beteiligten. Wobei »Macht« von den meist sehr reflektierten Eltern nicht im Sinne einer Omnipotenzphantasie bewusst angestrebt wird; sie könnten allerdings dazu verführt werden. Denn gerade anfänglich sind sie verpflichtet, alles richtig zu machen.

Dabei facht der »Bewerbungsfragebogen«,[96] den potenzielle Eltern für die Adoptionsvermittlungsstellen ausfüllen müssen, die Dynamik um Macht und Ohnmacht geradezu an. Dort ist zuerst anzukreuzen, ob ein Adoptiv-, Pflege- oder Pflegekind in Kurzzeitpflege erwünscht ist. Bei aller Sensibilität, die den Vermittlungsdiensten im Umgang mit zukünftigen Adoptiveltern attestiert werden darf, suggeriert ein Formular mit der Einleitung »Wir wünschen uns …« und drei Auswahlkästchen eine Auswahlkompetenz wie bei einem Katalog. Es entsteht der Eindruck, der »Besteller« müsse alles fortan nur richtig machen.

Manche Paare meinen, ihre wirtschaftliche Situation optimal darstellen zu müssen. Andere sind bemüht, ihr soziales Engagement herauszustellen. Dies besonders bei Antworten, die nach der Einstellung und Bereitschaft der Bewerber fragen, ein Kind aus belastetem Milieu (von »Straffälligen, Prostituierten, Minderbegabten«; »Herkunftsfamilien mit Drogen-, Alkoholproblematik, HIV, psychischen Erkrankungen«) aufzunehmen. Andere Paare wiederum fürchten, als nicht belastbar genug zu erscheinen, wenn sie die Frage verneinen, ob sie sich die Erziehung eines behinderten Kindes zutrauen.

Des Weiteren enthält der Auskunftsbogen Fragen nach etwaigen späteren Kontaktwünschen vonseiten der Herkunftsfamilie. Natürlich ist das eine Kernfrage für Adoptiveltern und fairerweise werden sie ausdrücklich nach ihrer Sicht dazu befragt. Dies sind aber Szenarien, deren emotionale Dimensionen zu jenem Zeitpunkt nur vermutet werden können. Beispielsweise, was es heißt, die Herkunftsfamilie des Kindes »mitzuadoptieren«. Oder welch kränkende, konkurrierende Momente mitschwingen können, wenn kinderlose Adoptiveltern sich vergegenwärtigen, dass diese »Schattenfamilie« sich als zeugungs- und gebärfähig erwies, mochten deren soziale Umstände auch in desolatem Zustand gewesen sein.

Der Katalog-Effekt: »Menschen aussuchen«

DAS FORMULAR FRAGT AUCH die elterlichen »Vorstellungen zum Kind« ab. Ein legitimer Vorgang, ist es doch einleuchtend, dass alle leichter miteinander auskommen können, wenn die Wünsche der Eltern hinsichtlich »Geschlecht/Alter/Nationale Herkunft/Sonstiges« (so die Rubriken im Formular) vom Kind »erfüllt werden«.[97] Natürlich können nicht alle Vorstellungen der Eltern berücksichtigt werden. Doch allein die Möglichkeit, sich für das Geschlecht des Kindes entscheiden zu können, gibt hier den Menschen eine Macht, die sie sonst nicht haben. In den Religionen wird diese Macht ausschließlich einem Schöpfer zugesprochen.

Reproduktionsmediziner gehen mit solchen »Wunschlisten« wesentlich offensiver um. Die Spender- und Empfängerpaare füllen Dokumente aus, mittels derer unter anderem Augen- und Hautfarbe, Blutgruppe und Körpergröße abgeglichen werden. »Unser Ziel ist, dass die Kinder den Eltern so ähnlich wie möglich sehen«, sagt Hans-Peter Eiden,[98] Mitbegründer des »Netzwerks Embryonenspende«. So will man mögliche Zweifel über die Nachkommenschaft erst gar nicht aufkommen lassen.

Mit jeder Schwangerschaft sind elterliche Wünsche an den Nachwuchs geknüpft. Gerade um das Geschlecht des Kindes drehen sich oft Hoffen und Bangen, Erfüllung und Enttäuschung. Und gegen ihre eigene Einflusslosigkeit begehren Menschen seit jeher auf, sei es mit medizinischen Tricks oder Beschwörungsritualen. Letztlich aber ist das biologisch gesetzte Ergebnis schicksalhaft anzunehmen. Adoptivbewerber, jedoch noch eher die Antragsteller in Reproduktionszentren, können diesen Schicksalszuweisungen ausweichen, zumindest etwas mehr als »traditionelle Eltern«. Es ist auch diese vermeintlich »übermenschliche Machtfülle« ihrer Eltern, gegen die manche Adoptivkinder später aufbegehren; sie sollten damit aufhören, »Gott« zu spielen, schleudern sie ihnen entgegen.

Böser noch als ein »göttlicher Kontext« wirkt eine Banalisierung und Kommerzialisierung des Kinderwunschs. Die britische Feministin und Schriftstellerin Laura Penny geht mit dem, was sie als Zeitgeisterscheinung bei ihren Geschlechtsgenossinnen festzustellen glaubt, schonungslos um, wenn sie sich im Kulturteil der Zeitung *Der Tagesspiegel* anlässlich einer Lesung so zitieren lässt: »Ich habe gerade wirklich das Gefühl, dass so ungefähr jede Frau, die ich kenne, schwanger ist. Ein Baby zu haben, scheint heute eine Lifestyle-Wahl zu sein. Etwas, das man sich leisten können will wie eine neue Homme-Tasche oder Louis-Vuitton-Schuhe.«[99]

Ruana: »Kinder verkaufen ist eine Sauerei!«

AN DIESER STELLE SOLL NUN RUANA ZU WORT KOMMEN. Wichtig ist die Vorbemerkung, dass bei ihr und ihren Eltern von einem insgesamt gelungenen Adoptionsverhältnis gesprochen werden kann. Deswegen begeben sie sich nach Ruanas Abitur gemeinsam auf Spurensuche in das Herkunftsland der 18-Jährigen, nach Rumänien. Wie arglos und guter Dinge die Reisenden waren, ist unter anderem daran zu erkennen, dass sie einem recherchierenden Reporter gestatteten, sie bei der Suche nach Ruanas Wurzeln zu begleiten.

Nach dem Besuch des Kinderheims, dem sie entstammte, ist Ruana derart überwältigt von den dortigen Missständen und angerührt vom Schicksal der Kinder, dass sie dem Reporter sehr emotionale Sätze aufs Band spricht und diese auch zur Sendung für ein großes Publikum freigibt:[100]

»Wenn man dann in ein reiches Land kommt – und das finde ich gerade so schlimm, das sehe ich an mir, ich habe alles in den Arsch gesteckt bekommen, alles, was ich wollte –, wenn man aus einem armen Land in ein reiches Land kommt, mit allem, was man möchte, dann kann man als Kind nicht damit umgehen, selbst wenn man noch so klein ist. Deswegen finde ich das gerade so schlimm, dass Kinder so mal eben verkauft werden. Ich finde, das ist 'ne Sauerei.«

Überwältigt von den Eindrücken holt Ruana zu einem Rundumschlag gegen ihre wohlhabenden Eltern aus. Dabei will sie diese weder beleidigen noch sich wirklich bei ihnen beschweren. Die Eltern müssen in diesem Moment jedoch als Blitzableiter dafür herhalten, dass es a) solches Unrecht in der Welt gibt, dass es b) von Menschen gemacht ist und dass c) sie zu den Mächtigen gehören, die mit der Geste »Daumen rauf« oder »Daumen runter« quasi gottähnliche Entscheidungen treffen konnten. Es ist auch Ausdruck ihrer eigenen Beschämung, dass sie sich hat »kaufen lassen« und sich den »Köder auch noch schmecken« ließ. Später konnte Ruana ihre Sichtweise rational relativieren. Doch in jenem Augenblick empfand sie Schuld wegen ihres Treuebruchs gegenüber den damaligen Mitleidenden; sie mussten im Elend bleiben, während Ruana am gedeckten Tisch platznehmen konnte.

Man muss sich hüten, die Äußerungen der jungen Frau als ihr endgültiges Wort zu deuten. Man stelle sich den umgekehrten Fall vor, Ruanas Adoptiveltern hätten sie seinerzeit, nach der »Besichtigung«, nicht aus dem Elendsviertel zu sich holen wollen. Dann wäre es verständlich, wenn Ruana – so sie je davon erfahren hätte – das Zurückgelassenwerden als »Sauerei« hätte empfinden können. Sie hätte dann über ihr vorenthaltene Entwicklungsmöglichkeiten klagen und den entgangenen besseren Umständen nachtrauern können.

Dieser Gedanke verweist auf das Dilemma. Adoptionsverhältnisse führen Betroffene fast immer dort hinein. Dort können sie jedoch auch wieder herauskommen, wenn sie sich nicht, im Affekt, in böse Zuschreibungen verbeißen. Helfen kann dabei die Erkenntnis, dass sich Kinder, Jugendliche ganz besonders, gegen eine übermächtige Entscheidungsbefugnis von Eltern wehren. Sie wehren sich, Objekt von Menschenhand zu sein. Denn es gibt Lebensdimensionen, die sie nur »vom Schicksal« zu akzeptieren bereit sind.

Ruanas Beispiel zeigt noch einen weiteren Aspekt aus den Adoptionserfahrungen auf. Für die »Samenspenderkinder« trifft er nicht zu. Umso mehr könnte er sich bei Kindern aus Leihmutterverhältnissen bemerkbar machen. In den Augen der adoptierten Kinder können die schicksalsmächtigen, »gottähnlichen« Adoptiveltern deren leibliche Eltern als Menschen von geringerem Einfluss, geringerer Bedeutung, geringerer Macht hinstellen. Auch von geringerem Wert? Was ist dann mit dem Kind, das schließlich von jenen abstammt? Erhält es seinen Wert nur durch das Engagement der Adoptiveltern? Nicht abwegig ist die Vermutung, dass Kinder aus Leihmutter- oder Embryonenspendeverhältnissen zu ähnlichen Gedanken kommen können. Meist war eine prekäre Situation für ihre biologische oder austragende Mutter Anlass, »sich zu verkaufen«.

Für Kinder sind solche Gedanken mit Loyalitätskonflikten verbunden, meist auch mit Schuldgefühlen.[101] Wie eine Bußbereitschaft für empfundenen Verrat wirkt Ruanas Bekenntnis, lieber in der Solidargemeinschaft ihres Herkunftslandes Armut aushalten zu wollen. Unbewusst fühlen sich Adoptivkinder im

Heranwachsendenalter oft berufen, ihre Herkunftsfamilie zu rehabilitieren. Im frühen Wunsch nach eigenen Kindern möchten manche demonstrieren, dass ihr »Clan« es auch besser zu machen in der Lage ist.[102]

Dass Kinder, Jugendliche und noch eher junge Erwachsene wie Ruana schließlich auch Schuldgefühle bekommen können, weil sie »so bösartig über ihre guten Adoptiveltern gedacht haben«, offenbart das Dilemma der Verhältnisse. Empathie ist auch hier der Schlüssel, der aus der Sackgasse befreien kann.

GRÜBELN ÜBER GENE – WENN HERKUNFT ZUKUNFT PRÄGT

REBECCA GRÜBELT, STEFANIE GEWINNT, UND EIN KÖNIGSSOHN IST GÄRTNER

»ZUKUNFT BRAUCHT HERKUNFT«. Der Titel des philosophischen Essays von Odo Marquard[103] wird häufig als Zitat bemüht, gerne bei Festreden. Auch Variationen des Zitats sind populär. »Keine Zukunft ohne Herkunft« überschreibt Wolfram Weimer einen Artikel über die Charaktereigenschaften von Wirtschaftsregionen im *Handelsblatt* und versteht Herkunft als Stärke: »Regionen ohne eine bürgerliche Traditionslinie sind anfälliger für Ideologien, Passivitäten oder lähmende Moden des bürokratischen Gouvernantenstaates.«[104] Im Kontext von Bildungspolitik kann allerdings auch Stagnation gemeint sein: »Wenn Herkunft über die Zukunft entscheidet.«[105]

Herkunft ist nicht nur für Systeme bedeutend. Sie beflügelt auch Individuen – und kann sie ebenso lähmen. Existent ist die Frage jedenfalls. Und wann immer Menschen nach ihrer Herkunft fragen, ist das Biologische nicht auszuklammern. Selbst in Phasen übermäßiger Betonung von Erziehungs- und Umwelteinflüssen – etwa in den 1968er Folgejahren – ist die Frage nach dem Einfluss der Gene nie bedeutungslos geworden. Spätestens, wenn es um Gesundheit und Aussehen geht, ist sie da. Kinder haben sich zu allen Zeiten verglichen und feststellen wollen, von wem sie wohl Körpergröße, Haar- oder Augenfarbe geerbt haben. Und für Erwachsene blieb die Frage nach etwaigen familiären Vorerkrankungen selbstverständlich – nicht nur in Arztpraxen.

Unklarer ist es bei Eigenschaften, die diffus dem »Charakter« zugeschrieben werden. Ihm wird eine prägende Formung durch die Lebensgeschichte, durch Mit- und Umwelt zuerkannt. Doch besonders in ambivalenten Situationen drängt sich auch hier die Frage nach dem Einfluss der Gene auf. Sei es als Motivation oder als Bedrohung, sei es als Entschuldigung oder sich selbst erfüllende Prophezeiung.

Märchen und Mythen kennen Gene nicht als Begriff, aber sie handeln oft von dem, wofür sie stehen, von der Prägung durch die genetische Herkunft. Das Königskind, das versehentlich als »Müllerkind« bei armen Leuten aufgezogen wurde, findet letztlich doch die seiner Herkunft gemäße Lebenssaufgabe. Meist bekommt der vermeintliche Underdog das Königreich. Zuvor muss er allerdings die Qualitäten seiner Herkunft bei Bewährungsproben zeigen. Ein solcher »Held« rundet dieses Kapitel ab. Das Märchengenre rückt die Herkunftsfrage nicht in die Nische kindlicher Phantastereien. Vielmehr zeigt es, dass sie zu den Urfragen von Menschen gehört.

Die Protagonistinnen der folgenden zwei Lebensszenen, Rebecca und Stefanie, sind indes zwei ganz und gar reale Wesen, die mitten im Leben stehen. Sie sind junge Frauen, reflektiert und gesund, und leben in durchaus gesicherten Verhältnissen. Dies sei bemerkt, um jeglichen Anklang, es handele sich um spektakuläre Fälle, zu vermeiden. Rebecca wuchs als Kind einer Patchworkfamilie mit einem Stiefvater auf. Stefanie erlebte als »Spenderkind« quasi drei Väter, von denen sie aber keinen so nennen mag. Beide Frauen beschäftigt ihre genetische Herkunft nicht übermäßig. Doch in labilen Lebenssituationen drängt sie sich weit nach vorn und kann gar zum Weichensteller werden – mal blockierend, mal motivierend.

Gelungenes Patchwork – doch die Gene irritieren

PATCHWORKFAMILIEN SIND HEUTE eine übliche Familienkonstellation. Unzählige Kinder leben bei Eltern, von denen einer nicht ihr genetischer Erzeuger ist. Und unzählige Erwachsene erziehen Kinder, die nicht mit ihnen blutsverwandt sind. Ein gesellschaftlicher Makel wie einst lastet nicht mehr auf ihnen. Dass sie verantwortungsvolle Erziehung und stabile Entwicklungen ermöglichen, müssen sie in unserer Gesellschaft nicht mehr beweisen. »Stiefmütterlichkeit bedeutet, sich glücklich um andere zu kümmern«, prononciert die Psychologin Katharina Grünewald[106] eine Aussage in ihrem Buch »Glückliche Stiefmutter – Geht's mir gut, geht's allen gut«.

In der nachstehenden Vignette geht es um einen Stiefvater und seine Stieftochter. Den beiden geht's gut. Mehr noch, alle Mitglieder der vierköpfigen Patchworkfamilie schätzen sich im Grunde glücklich, dass die Familie so ist, wie sie ist. Faktisch war der Stiefvater von Anfang an der soziale Vater. Allerdings wollten die Mutter und der Erzeuger des ersten Kindes ursprünglich einmal eine Ehe schließen. Erst während der Schwangerschaft verwarfen sie das. Und schon da lernte die Frau ihren zukünftigen Partner kennen, der dann Stiefvater des Mädchens wurde.

Der genetische Vater ist in diesem Fall also von vornherein bekannt. Weiterer Kontakt zu ihm war möglich und erwünscht. Darüber herrschte unter den drei Erwachsenen Einvernehmen. Alle waren reflektiert und gutwillig. Deswegen verlief das Familienleben auch gut. Doch gelegentlich gab es Probleme und akute Krisen. Die Tücken einer Situation mit »zwei Vätern« lassen sich bewältigen. Doch sollte nicht unterschätzt werden, dass das anstrengend und problemanfällig ist. Bei weniger Empathie, Besonnenheit und Stabilität, als die hier Beteiligten es aufzubringen vermochten, hätte mit Brüchen gerechnet werden müssen. So blieb es »nur« anstrengend.

Rebecca grübelt über ihre Gene

Sie könne sich keinen besseren Vater vorstellen, meint die Studentin Rebecca. Er, Jochen, sei immer für sie da gewesen; damals schon, als sie zu Kindergeburtstagen quer durch die Stadt gefahren wurde. Und nun kam er für ihren Umzug aus der WG mit dem Familien-Kombiwagen von weit angereist. Rebecca rechnet es ihm hoch an, dass kein Wort des Vorwurfs ihren derzeitigen Schritt begleitet. Rebecca bricht zum zweiten Mal einen Studiengang ab. Und nun will sie auch noch zur Schauspielschule wechseln! Das würden andere Familien nie akzeptieren. Nein, da hat sie mit ihrem Vater Glück. Überhaupt habe sie klasse Eltern.

Jochen, Studienrat für Geschichte und Sport, kurz vor dem Fünfzigsten, ist gerne für seine Tochter da. Freunde beneiden die beiden um ihr gutes Verhältnis. Enge Freunde wissen, dass Jochen nicht Rebeccas leiblicher Vater ist. »Secondhand-Vaterschaft« nannte er flachsend damals seine Elternrolle. Johanna war bereits von Bernd schwanger, als Jochen sie kennenlernte. Die spürte schon im dritten, vierten Schwangerschaftsmonat, dass das mit Bernd nichts geben würde. Vielleicht hatte sie die zukünftige Mutterrolle weitsichtiger, kritischer gemacht. Jedenfalls entdeckte sie an dem gut aussehenden Gewinnertyp immer mehr unangenehme Seiten. Die Maske seines Charmes verbarg die Fratze nackter Ichbezogenheit. Während sie sich gerade in der neuen Situation Einfühlung gewünscht hätte, zeigte er sich launisch, reizbar, zunehmend auch unzuverlässig. Seine anstehende Vaterschaft hatte er indes euphorisch gefeiert.

Dass Bernd zwanzig Jahre später wegen manisch-depressiver Symptomatik die Existenz seiner Rechtsanwaltskanzlei akut gefährden würde, konnte nicht vorausgesehen werden. Dass es aber keinen guten Verlauf nehmen würde, sah Johanna sehr klar. Später beglückwünschte sie sich für ihre Entscheidung zur Trennung. Und noch heute ist sie froh, dass Bernd das damals akzeptierte. Bald darauf ging er eine neue Ehe ein, die aber schon seit Langem wieder geschieden ist.

Johanna heiratete Jochen, als Rebecca zwei Jahre alt war und stundenweise in die Kindertagesstätte kam und sie ihre Arbeit als Rechtsanwaltsgehilfin wieder aufnahm. Kennengelernt hatten sie sich, als sie hochschwanger war. Es imponierte Johanna, wie rücksichtsvoll er war, indem er auf ihre Belange als junge Mutter einging und sie zugleich spüren ließ, dass er sie begehrte. Die Mutter unterstützen, die Frau umwerben, dem Baby sich liebevoll zuwenden – Jochen war der richtige Mann für Mutter und Kind.

Rebecca kannte es nicht anders: Jochen war ihr Papa. Natürlich hatte man ihr schon früh erklärt, dass ein anderer Mann Mama »seinen Samen gegeben« habe. Johanna und Jochen war nie in den Sinn gekommen, Rebecca ihren biologischen Vater zu verschweigen. Hin und wieder traf Rebecca ihn auch. Auf ihr Familienleben hatte das keinerlei Auswirkung.

Jochen wollte Rebecca adoptieren, doch diesem Schritt stimmte Bernd nicht zu; Unterhalt zahlte er dennoch nicht oder nur sporadisch. Rebecca lernte diese Seite an ihm mit zunehmendem Alter kennen. Vor kurzem noch musste sie im Konkursverfahren gegen Bernd als Gläubigerin aussagen. Sie entlastete ihn und trat von all ihren Ansprüchen zurück.

Rebecca konnte keine Wut Bernd gegenüber empfinden. In einzelnen Situationen ja, da schrie sie ihn schon einmal an. Nicht, dass sie Mitleid mit ihm gehabt hätte; sie verstand ihn eigentlich. Irgendwie war er ihr in seiner chaotischen Art auch nah. Dies umso mehr, je älter sie wurde. Hatte sie nicht gerade mit dem Studienabbruch auch eine Art von Konkurs hingelegt? Hatte sie sich nicht auch übernommen? Hätte Bernds Berufung nicht auch mehr im Künstlerischen gelegen? In Gesellschaften konnte er so faszinierend sein. Jochen war herzensgut und korrekt.

Wie stand es mit ihr? Galt sie bei anderen nicht auch als gewinnend, humorvoll, unterhaltsam? Von den langen Phasen von Traurigkeit sollten die anderen nichts mitkriegen. Tagelang konnte sie sich in ihrem Zimmer einigeln. Ist das Manisch-Depressive vererbbar?, fragte sie sich und hoffte, dass Jochen nie ahnen würde, dass sie manchmal so dachte. Er ist so gut. Aber was hat sie von ihm?

»Mit Vernunft komme ich bei ihr nicht weiter«, sagte sich Jochen in letzter Zeit sehr oft, als Rebecca ankündigte, zum zweiten Mal einen Studiengang abzubrechen. Mit Engelszungen hatte er auf sie eingeredet. Doch das Ergebnis hieß immer nur: Schauspielschule. Dabei hatte seine Tochter von dort nicht einmal eine Zusage. Seine Tochter? Natürlich! Jochen hatte aufgehört, über diesen Gedanken noch zu erschrecken. Rebecca war seine Tochter, er ihr Vater. Punkt. Aber da war noch Bernd. Dessen Erbgut hatte Rebecca, und Bernd war manisch-depressiv; ein Blender, der auch in guten Zeiten nicht zahlen wollte und nun die Kanzlei in den Sand gesetzt hatte.

Reale Wirkung des Irrealen

AN DIESER STELLE BLENDEN WIR UNS AUS DER FAMILIE AUS. Es geht nicht um die Story. Der Ausschnitt aus einer allgemein gelungenen Stiefkindkonstellation sollte deutlich machen, dass Fragen nach der Genetik kommen, unabhängig von der Qualität der Beziehung in einer Familie. Sie sind der Stoff, aus dem sich »Schattenidentifikationen« speisen. In deren Folge können vom genetischen Vorfahr psychologische Selbstdiagnosen abgeleitet werden, die als »sich selbst erfüllende Prophezeiungen« in den Lebenslauf eingreifen. Rebecca legitimierte auf diese Weise ihre Wechsel bei der Studien- und Berufswahl. Damit verstieß sie gegen die Vernunftargumente ihres sozialen Vaters. Vom Lebensstil ihres genetischen Vaters ging ein starker Sog der Identifikation aus. Der erschien verlockend, obwohl Rebecca sah, dass er ihn ins Desaster führte.

Irreales kann durchaus reale Wirkung entfalten. Mehr als für den Einzelnen gilt das oft für ein Kollektiv, wie Volksmythen zeigen. Eindeutig werten lässt sich das nicht, weil die Grenzen zwischen konstruktiver und destruktiver Wirkung nicht statisch sind. Mythen können Kräfte freisetzen und sie können Vorurteile zementieren. »Schattenidentifikationen« können beflügeln und sie können lähmen. Es bleibt offen, ob Rebecca in der Schauspielkunst ihr Lebensglück finden wird. Dies mag gelingen; wer in dem Metier Erfolg will, darf Risiken nicht scheuen. Ebenso ist aber vorstellbar, dass sie dem Achterbahnkurs ihres genetischen Vaters zwischen Größenwahn und Konkurs folgt.

Unabhängig, ob sich aus der DNA von Rebecca und ihrem biologischem Vater Bernd je eine Disposition für manisch-depressive Entwicklung wird nachweisen lassen, ist die »Option im Kopf«, sich mit »dem anderen Vater« zu identifizieren, ausreichend, um dessen Lebensmodell zu folgen. Einkalkuliert werden muss diese Möglichkeit in Patchworkverhältnissen immer, unabhängig von deren Qualität. Das macht solche Beziehungen so anstrengend. Sie zu ignorieren oder kleinzureden, erhöht indes die Gefahr des Scheiterns. Das konnte die Familie von Jochen und Rebecca verhindern.

Das folgende Interview mit »Spenderkind Stefanie« wird zeigen, dass eine Identifikation per »Option im Kopf« durchaus konstruktive Bildungsziele setzen und motivierend begleiten kann.

Stefanies Geschichte

Stefanie ist 28 Jahre alt. Gezeugt wurde sie in einer deutschen Universitätsklinik. Eine drei Jahre jüngere, inzwischen verstorbene Schwester stammte von einem anderen Spender. Ausgebildet wurde Stefanie als Krankenschwester, war einige Jahre im Beruf aktiv, holte das Abitur nach und studiert nun Erziehungswissenschaften. In einer westdeutschen Universitätsstadt lebt sie mit festem Freund. Stefanies Haltung zur donogenen

Insemination ist klar: »Ich bin dafür, sonst gäbe es mich doch nicht!« Sie ist aber gegen Anonymität und steht damit hinter dem Forderungskatalog des Vereins »Spenderkinder«. Aufklärungsarbeit motiviert sie auch zu einem Interview über ihr Leben als »Spenderkind«.

Drei Erzieher – doch kein »Vater«

Zwei Ergebnisse überraschen, wenn die groß gewachsene junge Frau mit gewinnender Offenheit ihr bisheriges Leben bilanziert. Das erste ist bei »Samenbankkindern« allerdings nicht ganz unüblich. Sie spricht von drei Männern, die bislang für sie Vaterrollen einnahmen, doch keinen von ihnen mag sie »Vater« nennen. »Dazu fehlt immer was«, meint sie. Verblüffender ist das zweite Resümee: Derzeit scheint es in ihrem Familiensystem nur »Gewinner« zu geben. Jedenfalls ist in den Schilderungen der jungen Frau niemand zu erkennen, der sich durch die Laborzeugung vor 28 Jahren heute als traurig oder benachteiligt sehen müsste. Doch der Reihe nach.

»Ich weiß, ich werde jünger eingeschätzt«, sagt sie, als sie den fragenden Blick des Gesprächspartners bei der Begrüßung bemerkt. Stefanies natürliches Styling, ihre Unkompliziertheit in Sprache und Gestik lässt sie eher wie eine Studienanfängerin erscheinen. Zum Studium zog sie in eine mittelgroße Universitätsstadt zwei Stunden entfernt vom ländlichen Gebiet, in dem sie aufwuchs.

Eine Berufsanfängerin ist die 28-Jährige keineswegs. Nach dem Realschulabschluss machte sie eine Ausbildung zur Krankenschwester, merkte aber bald, dass das »nicht ihr Ding« war. Viel lieber hätte sie Medizin studiert, »aber Abitur zu machen war in unserer Familie eine Etage zu hoch«. Als sie es später nachmachte, war sie die erste in der Verwandtschaft. Zuvor ging sie noch für ein Jahr als Au-pair-Mädchen in die USA. Auch das galt bei ihr zu Hause als unüblicher Schritt. Im ambulanten Krankenpflegedienst legte sie ein Finanzpolster für das bevorstehende Studium an und studiert nun bereits im dritten Semester Erziehungswissenschaften.

Stefanie wuchs in einem arbeitsamen, schlichten Elternhaus auf. Die Mutter, Einzelhandelskauffrau, bekam mit Mitte zwanzig Torschlusspanik hinsichtlich Partner und Kinderwunsch. Aus dieser Stimmung heraus, meint Stefanie, sei sie letztlich bei ihrem Vater »hängengeblieben«. Mit 26 Jahren heiratete sie den Gleichaltrigen, der nach dem Volksschulabschluss bis heute als Industriearbeiter tätig ist. Seinem vom Fußballhobby geprägten Lebensstil passte sich die Mutter an. Stefanie schildert den Vater als gutherzig, aber ohne Tiefgang, weder emotional noch intellektuell. Aber er war treu, als Mann wie als Familienvater. Doch ähnlich wie Stefanie mit ihrer Berufswahl habe die Mutter »immer gewusst, dass das noch nicht alles sein kann«.

Die Zeugungsfähigkeit des Vaters galt als nicht ausgeschlossen, sei wegen einer Hodenanomalie aber schon vor der Ehe angezweifelt worden. Einer Samenspende stimmte er zu, wie Stefanie meint, »ohne recht zu verstehen, um was es ging«. Seine Eltern hätten nie davon erfahren. Angeblich maß er dem besonderen Akt keine besondere Bedeutung bei. »Hauptsache ein Kind«, habe er wohl gedacht. Als Stefanie als erstes Kind kommt, ist die Mutter 29. Mit 32 bekommt sie ein zweites Mädchen, ebenfalls per Samenspende aus dem gleichen Labor, jedoch von einem anderen unbekannten »Spender«. Der Kinder wegen bleibt sie nun die nächsten Jahre zu Hause.

Stefanie ist kurz vor der Einschulung, als die Eltern sich scheiden lassen. Der Freund der Mutter wurde bald ihr zweiter Mann. Die Mädchen blieben bei der Mutter, doch mit deren neuem Partner verstand Stefanie sich nie gut. Ihn mag sie erst recht nicht Vater nennen. Schon bald spürte sie, dass diese Beziehung nicht glücklich verlief; auch sie führte zur Scheidung. Zu ihrem sozialen Vater unterhielt Stefanie Besuchskontakt. Etwas widersprüchlich klingt es, wenn sie einerseits meint, vom Vater nicht viel gehabt zu haben, andererseits aber von vielen gemeinsamen Unternehmungen erzählt. Möglicherweise war des Mädchens Meinung auch von der Sicht der Mutter gefärbt. Ihr war der Mann nie »gut genug«.

Offenlegung und Folgen

Stefanie war zehn, als ihre Mutter sie nach der Rückkehr von einem Vater-Wochenende beiseite nahm, die jüngere Schwester ins Bett schickte und verkündete: »Ich muss dir was sagen.« Ein aktuelles Motiv für den Aufklärungsakt mochte Stefanie nicht erkennen. Die Mutter »habe es wohl loswerden wollen«; offenbar hatte sie sich auch etwas Mut angetrunken.

Stefanie war über die Information geschockt. Nie hatte sie einen Verdacht gehabt; auch keine »Vertauschungs- oder Adoptionsphantasien«. Da sie dem Vater glich, die Schwester der Mutter, gab es nie einen Anlass, an etwas zu zweifeln. Auch der Verdacht auf »Affären« der Eltern war nie ein Thema.

Stefanies Irritation währte nur kurz. Bald schon führte die Offenbarung Mutter und Tochter enger zusammen. Als dann die jüngere Tochter mit zehn Jahren an einem Aneurysma starb, fühlte sich die inzwischen 14-jährige Stefanie für ihre Eltern geradezu verantwortlich. Auch für den Vater, der nach der Scheidung getrennt von den Kindern lebte. Der habe wohl gewusst, dass die Tochter inzwischen die Wahrheit kannte, sprach aber nie mit ihr darüber. Stefanie schwieg ebenso. Heute meint sie, sie hätten sich damals gegenseitig zu wenig zugetraut. Der neue Partner der Mutter kam für solche Themen ohnehin nicht infrage.

Stefanie fühlte sich nicht nur schon früh für ihre Eltern verantwortlich, sie machte auch ihre eigenen Lebensthemen am liebsten mit sich selbst aus. So auch die Frage, was es bedeutet, ein »Samenspenderkind« zu sein. Nach außen hatte sich ihre Erschütterung zwar rasch gelegt, doch das Thema beschäftigte sie fortan unentwegt.

Zunehmend drängten sich Phantasien über den unbekannten Spender auf. Zwar rechnete sie im Alltag nicht permanent mit einer Zufallsbegegnung, doch als »Phantom« wurde er für ihre Autonomiebestrebungen nun wichtig. Er wurde für sie Ansporn und Legitimation. Denn nun, so schloss Stefanie, tat sich ihr die Möglichkeit auf, sich von »ihrer Herkunft«

fortzuentwickeln. Oft schon hatte sie das gewollt, sich aber nicht getraut. Der ungeschriebene Familienkodex »Das macht man bei uns nicht« oder »Das schafft unsereiner nicht« hatte so manchen Impuls blockiert.

»Bemerkbar« machte sich der unbekannte Spender schon bei Stefanies USA-Plan. Abitur und Studium sollten dem folgen. Sie dachte, ihr Wille zum Weiterkommen entstamme vielleicht den Genanteilen des Spenders. Weil sie wusste, dass unter den Samenspendern oft Studenten waren, gab ihr der phantasierte akademische Vater »aus dem Off« zu verstehen, dass ihre Schritte und Ziele nicht falsch waren. Er wurde ihr imaginärer Unterstützer. Stefanie war vernünftig genug zu wissen, dass solches Denken irreal war. Doch die Auswirkung der Phantasien gefiel ihr. Entlastend war auch der Gedanke, dass sie einen anderen Spendervater hatte als ihre verstorbene Halbschwester. Das mindert ihre Sorge, für ein Aneurysma erblich vorbelastet zu sein.

Kennenlernen des Spendervaters

Vor einem halben Jahr lernte Stefanie ihren Spendervater tatsächlich kennen. Der Mann, Jürgen, ist ein heute 60-jähriger Mediziner, der in gleichgeschlechtlicher Partnerschaft, wirtschaftlich bestens aufgestellt, in einer deutschen Großstadt lebt. Als Medizinstudent sei er über zehn Jahre lang in großem Umfang Samenspender gewesen. Als er nach dem Samenspender-Urteil von 2013 durch die Medien erfuhr, wie wichtig den Kindern die Kenntnis des Spendervaters ist, ließ er sich 2014 bei »Family Finder« mit einem DNA-Test registrieren. Dort hatte auch Stefanie sich registrieren lassen. Bald bekam sie auf ihre Anfrage eine Antwort.

Stefanie nimmt sogleich Kontakt zum Samenspender auf. Er antwortet unmittelbar und lädt sie ein, ihn am Wohnort zu besuchen. Dreimal innerhalb des nächsten halben Jahres ist Stefanie mit ihrem Freund bei ihm zu Gast. Es sind Besuche, die alle Beteiligten als bereichernd und angenehm empfinden. Die jungen Leute sind angetan vom Großstadtmilieu und dem Niveau, auf dem sie dem Mann und dessen Partner begegnen. Stefanie fühlt sich durch dessen akademische Bildung aufgewertet und in ihrem bisherigen Bildungsstreben bestätigt. Aus der diffusen »Schattenidentifikation« ist eine konkrete Beziehung geworden. Erfreut stellt sie fest, dass sie dem genetischen Vater äußerlich gleicht.

Sympathisch findet Stefanie auch die »familiäre Erweiterung«. Einen 36-jährigen genetischen Halbbruder hat sie bereits über Jürgen kennengelernt; weitere Halbgeschwister könnten noch aufzuspüren sein. Wenn sie von »Bruder« und »Geschwister« spricht, klingt das wie ein Erzählen über vertraute Verwandte. Ein eingrenzendes »genetisch« schwingt jedenfalls selten mit. Stefanie gefällt die neue Konstellation auch deswegen, weil ihre eigene Familie klein ist. Vor allem ist die Leerstelle, die durch den frühen Verlust ihrer Schwester entstanden war, durch »Zugewinn« von Halbgeschwistern nun wieder gefüllt.

Entlastend ist für Stefanie, dass der Spendervater keine konventionelle eigene Familie hat. Es hätte ihr Skrupel bereitet, wenn die Suche nach ihren Wurzeln zu Irritationen bei anderen geführt hätte. Durch ihr plötzliches Auftauchen wird niemand geschockt. Die Besuche bei ihrem Spendervater verursachen Stefanie keinerlei Schuldgefühle.

Derzeit nur Gewinner

Schuldgefühle empfindet Stefanie auch nicht gegenüber ihrer eigenen Familie. Im Gegenteil. Ihre Spendersuche entfachte eine Dynamik, die derzeit nur Gewinner erkennen lässt. Auch ihre Mutter und ihr sozialer Vater scheinen von der neuen Situation zu profitieren.

Die Mutter lässt sich gerne von Stefanies Besuchen beim Spendervater berichten. Offensichtlich freut sie sich für ihre Tochter über deren neue Teilhabe an einem anderen Bildungs- und Gesellschaftsmilieu. Stefanies

Erzählen klingt so, als rehabilitiere ihr eigener Kontaktzuwachs die Sehnsucht ihrer Mutter »nach Höherem«. Nach zwei Beziehungen mit Männern aus schlichtem Milieu, nach zwei Trennungen scheint der Bericht der Tochter der Mutter einen neuen Lebensimpuls zu geben. Auch nimmt sie wieder Tätigkeiten auf. Es klingt, als sei sie durch die Kenntnis des Samenspenders sozial aufgestiegen; schließlich trug sie »sein Kind« aus.

Der soziale Vater sieht sich auf keinen Fall als Verlierer der neuen Situation. Stefanie berichtete ihm vom Kennenlernen des »Spenders«. Es war das erste Mal, dass beide über das Thema sprachen, und Stefanie war überrascht, wie bereitwillig ihr Vater darauf einging. Stefanie schont ihn aber mit Schilderungen vom gehobenen Lebensstandard des Samenspenders. Der soziale Vater freut sich über die Klugheit und Gewandtheit seiner Tochter, wenn die im »gehobenen Milieu« mithalten kann. Demnach hat er ja – trotz Scheidung und geringerer sozialer Stellung – kein schlechtes Erziehungsergebnis zustande gebracht.

Der soziale Vater besuchte Stefanie nun sogar an ihrem Studienort und schien stolz zu sein, dass die Tochter als Erste seiner Familie es zu akademischer Bildung gebracht hat. Stefanie will nicht ausschließen, dass es auch an der Schlichtheit und – wie sie sagt - Oberflächlichkeit ihres Vaters liegen mag, dass er gegenüber dem genetischen Erzeuger keine Eifersuchtsgefühle verspüre. Vielleicht habe sie ihn bislang aber auch unterschätzt. Stefanie freut sich jedenfalls, dass er und sie sich besser verstehen, seit sie Kontakt zum Spendervater hat.

Gewinner der Konstellation scheint auch der Samenspender zu sein. Das nunmehrige Auftauchen seiner »Spenderkinder« scheint er geradezu zu genießen, sie bereichern den Auftakt zu seiner dritten Lebensphase. Wirtschaftlich ist er bestens gestellt, und dass er Beziehung und Bindung schätzt, zeigt seine Partnerschaft. Auch von seinem Wunsch nach Kindern hat er Stefanie erzählt. Mit Stefanie stellte sich für ihn unverhofft ein, was gleichgeschlechtliche Paare gesellschaftspolitisch aktuell zu erstreiten versuchen, nämlich Kinder zugesprochen zu bekommen. Es ist ein »spätes Kinderglück«, das nun ganz konkret für ihn erlebbar wird.

Stefanie spürt, dass er – sein Lebenspartner nicht minder – Kontakt zu jungen Menschen als bereichernd erlebt. Da er seine damalige Spendertätigkeit offensiv kommuniziert, ist es für ihn vielleicht auch sinnstiftend, sich einer genetischen Nachkommenschaft gewiss sein zu können. Was er Stefanie über die Motive seiner Spendertätigkeit als Student berichtet, lässt durchaus eine Art »Mission« durchschimmern. Die Begegnung mit seinen Samenspender-Kindern animiert den Spendervater offensichtlich zu einem Mäzenatentum, wenn er Stefanie und ihren Freund einlädt. Vielleicht eine kleine Wiedergutmachung dafür, dass er nun eine erwachsene Tochter bekommt, ohne je die Mühen schlafloser Nächte, des Windelwechselns und von Elternpflegschaftsabenden investiert zu haben?

Königskinder und Auserwählte

»ICH HABE SCHON AN SEINEN GOLDENEN HAAREN GESEHEN, dass er kein Gärtnerjunge ist«, so heißt es am Schluss der Geschichte vom »Eisenhans«. Im gleichlautenden Märchen der Brüder Grimm[107] vermählt sich eine Königstochter mit jemandem, der unter ihrem Stand scheint. Wieder einmal gewinnt ein vermeintlicher »Underdog« die Prinzessin zur Braut. Obendrein noch Krone, Schloss und Gold – ein ganzes Königreich. Hier ist es ein Gärtnerjunge, in anderen Märchen ist es ein Müllersbursche, der schließlich König wird. Er wird es, weil er in Wahrheit ein Prinz ist, wovon bislang niemand gewusst hat. Doch wahre Herkunft lässt sich nicht unterdrücken, letztlich findet sie zur standesgemäßen Bestimmung.

Zu den typischen Phantasien von Menschen gehört die Vorstellung: »Was wäre, wenn …? Wenn ich gar nicht der bin, als der ich gelte?« Kinder spekulieren mit den Gedanken, wie es wäre, wenn sie nicht bei ihren Eltern aufgewachsen wären, sie nicht von ihnen abstammten, wenn man sie im Krankenhaus nach der Geburt vertauscht hätte: »Vielleicht gehöre ich in eine ganz andere Familie, in eine andere Region, in eine andere Religion? Vielleicht sind meine ›richtigen‹ Eltern sehr reich?«

Kinder gehen solche Gedankenspiele besonders im Vorschulalter durch. Manchmal sind es Trost- und Fluchtphantasien. Solche drängen sich auf, wenn die häuslichen Verhältnisse problematisch sind, wenn Kinder elterliche Machtüberschreitung erdulden müssen oder sich nicht gegen einengende Zuwendung wehren können. Quälend können die Vorstellungen werden, wenn sich mit der »gedanklichen Fahnenflucht« Schuldgefühle wegen Verrat und Undankbarkeit gegenüber dem »Clan« einstellen. Im Normalfall verflachen solche Gedankenspiele im Lauf der ersten Schuljahre, und die Gewissheit stellt sich ein, dass man tatsächlich der ist, den der Pass ausweist.

Lebensauftrag und Doppelleben

BEI »SPENDER«-, »EISBÄREN«-, LEIHMUTTER- UND ADOPTIVKINDERN kommt der Realitätscheck zum genau gegenteiligen Ergebnis: »Seht her, ich bin nicht von euch!« Die Phantasie von der Vertauschung auf der Entbindungsstation erweist sich plötzlich als Realität. In dieser Phase ist die Offenheit der Erwachsenen besonders nötig. Sie bestätigen dem Kind die Richtigkeit seiner Wahrnehmungen. Das wird sehr helfen, doch es wird nicht automatisch alle Probleme beheben. Zu einem Problem kann es werden, wenn mit der genetischen Herkunft die Verpflichtung zu einem ganz bestimmten Lebensentwurf verspürt wird. Wenn dieser so gänzlich von den Zielen der sozialen Familie abweicht, kann dies ein Kind innerlich zerreißen. Oder es beginnt, ein »Doppelleben« zu führen.

Im eingangs erwähnten Märchen »Eisenhans« führt der Gärtnerbursche solch ein Doppelleben. Er ist zum Thronfolger bestimmt. Da kann er noch so sehr den braven Gärtner spielen, seine Berufung, König zu werden, kann er nicht unterdrücken. Tagsüber gibt er den »tumben Tor«, der Unkraut jätet. Doch als das Land von bösen Feinden bedroht wird, schwingt er sich inkognito als Heerführer auf und rettet das Königshaus. Er ist tatsächlich ein Königssohn, der einst von einem wilden Gesellen, dem Eisenhans, entführt wurde.

»Eisenhans« ist natürlich kein Märchen über Adoptiv- oder »Spenderkinder«.[108] Doch es greift das Sujet auf, wonach die wahre Herkunft immer durchschlagen wird. Im »Eisenhans« sind es die goldenen Haare, die das Königliche im Gärtnerburschen entlarven. Im Märchen »Der Teufel mit den drei goldenen Haaren«[109] ist es die angeborene Glückshaut, die ein Kind zu seiner königlichen Bestimmung führt, auch wenn es als Findelkind bei einfachen Müllersleuten groß wurde.

Stefanie, das »Spenderkind«, hat ihre »Glückshaut« in den lange Zeit unbekannten Genen entdeckt. Seit sie weiß, dass die von einem akademisch gebildeten Menschen stammen, geht sie mutig ein Bildungsziel an, an das sie sich früher nicht getraut hatte: Sie studiert. Rebecca, das »Patchworkkind«, wirft den geordneten Studiengang hin und setzt mit der Schauspielschule voll auf Risiko. Dem Lebensentwurf ihres sozialen Vaters, Jochen, entspricht das überhaupt nicht, doch dem ihres genetischen Vaters kommt sie damit ganz nah. Dessen extreme Pendelausschläge zwischen Grandiosität und Erbärmlichkeit haken nun schon länger auf der Minus-Seite fest. Abzuwarten bleibt, welche Richtung Rebeccas Schwünge nehmen werden.

ALLEN SOLL ES GUT GEHEN – WENN KINDER VERANTWORTUNG FÜR IHRE ELTERN ÜBERNEHMEN

»URLAUBSSOUVENIR« JANA, »SPENDERKINDER« KLEINE KLARA UND GROSSE JULE ERFÜLLEN ERWARTUNGEN

ES IST ZUFALL, DASS DIE PROTAGONISTEN der drei Lebensskizzen sämtlich weiblich sind. Kein Zufall ist es, dass alle drei sich schon früh für ihre Lebensgemeinschaft verantwortlich fühlten; nachzuweisen ist das allerdings nur bei zweien von ihnen. Die dritte, Klara, ist mit zweieinhalb Jahren noch zu jung. Sie weiß noch nicht, wie ihr geschieht, wenn ihre Mutter sie vorausschauend schon als zukünftige Erwachsene anspricht und Verständnis für ihre Lebensentscheidung erbittet. Sie lässt Klara nämlich ohne Kenntnis ihres genetischen Vaters aufwachsen. Das hat sie mit Jana und Jule gemeinsam, die nun schon erwachsene Frauen sind.

Natürlich ist die Befähigung zur Übernahme von Verantwortung erstrebenswertes Lebensziel. Doch auch bei diesen drei Lebensskizzen geht es nicht um eine Wertung. Der Blick gilt den möglichen Nebenwirkungen, die sich aufgrund von Dosierung und Zeitpunkt solcher Verantwortungsübernahme einstellen können. Dieser Blick ist kritisch, doch er kann ohne Dramatisierung auskommen.

Alle drei hatten beziehungsweise haben ihnen zugewandte Bezugspersonen und wirtschaftlich hinreichend etablierte Elternhäuser. Die beiden älteren können auf eine gute Ausbildung, eine von ihnen schon auf einen erfolgreichen beruflichen Werdegang verweisen. Dennoch lohnt gerade vor diesem unspektakulären Hintergrund der Blick auf biographische Klippen. Und es lohnt ein Blick auf die Rahmenbedingen. Ihre Konstellation entscheidet mit, ob Klippen spannend oder gefährlich werden.

Jana ist ein achtjähriges Mädchen, das wir in der Kinderpsychotherapie kennenlernten und später als Studentin kurz wiedersahen. Ihre Mutter, eine Rechtsanwältin, wollte nicht unbedingt alleinerziehende Mutter werden, sie hatte dies aber auch nicht verhindert. Jana ist ihr »wunderschönes Souvenir einer Urlaubsbekanntschaft«. Klara kennen wir nur aus der Zeitung. Allerdings wurden sie und vor allem ihre Mutter, eine 45-jährige Grafikdesignerin, so plastisch geschildert, dass uns ihr noch junges Lebensbild vertraut wurde. Ihre Mutter gebar sie nach einer anonymen Samenspende, für die sie sich bewusst ohne Partner entschieden hatte. Einer solchen Zeugung, allerdings mit sozialem Vater im Hintergrund, verdankt auch Jule ihre Geburt. Als inzwischen erfolgreiche Geschäftsfrau erzählte sie uns über ihr Leben als »Spenderkind« aus den frühen 1980er Jahren.

Jana und die Allgegenwart des fehlenden Dritten

EINIGE DER ERWACHSENEN »SPENDERKINDER«[110], beispielsweise Franziska und Maria, berichten, dass sich ihnen gelegentlich, mitten in Alltagssituationen, die Vorstellung aufdrängen kann, ein zufällig in ihrer Nähe stehender Mann könnte ihr biologischer Vater sein.

Bei Jana, der Protagonistin der folgenden kleinen Szene, geschah es in der Straßenbahn. Dabei war Jana keineswegs ein »Spenderkind«. Doch ebenso wie diese hatte sie kein Bild von ihrem Vater, sie hatte ihn noch nie gesehen. Als sie acht war, kannte sie ihn noch immer nicht. Da gab sie die Papa-Suche auf. Ihre Mutter und sie hatten sich inzwischen auf ein Mutter-Kind-Leben eingerichtet. Das funktionierte – auch die »beiden Frauen« funktionierten. Die Mutter war erfolgreich im Beruf, das Mädchen eine gute Grundschülerin. Aber schüchtern und selbstunsicher war sie geworden, auch konzentrationsschwach. Deswegen ging sie nun zum Kinderpsychotherapeuten. Diesem erzählte die Mutter zu Beginn eben jene Episode aus dem dritten Lebensjahr ihrer Tochter. Sie hielt sie für typisch.

Janas große Lücke

»Bist du mein Papa?« – Der Fahrgast war verblüfft, als das Mädchen ihn unvermittelt so ansprach. Es war nicht das erste Mal, dass Jana mit dieser Frage Männer um die vierzig in Verlegenheit brachte. Sie tat es in Lokalen, auf Spielplätzen oder, wie dieses Mal, in der Straßenbahn. Ihrer Mutter war das peinlich; sie entschuldigte sich bei dem Herrn.

Als der Therapeut Jana kennenlernte, war sie achteinhalb und gerade im dritten Schuljahr. Schon in der dritten Therapiestunde gab sie ihm zu verstehen, dass sie ihn nett fände und sie sich gut vorstellen könne, wenn ihre Mutter ihn als Mann hätte. Sie unterstrich dies mit einigen Zuwendungsbekundungen. Sie führte im Therapiezimmer vor, wie gut sie Spagat machen konnte. Und wenn der Therapeut ihren Pullover etwas hochzöge, könnte er sich davon überzeugen, dass die Schürfwunde auf ihrem Rücken schon eine Kruste habe. Die kleine Verletzung stamme von den Jungs, die ihr neulich auf dem Schulhof »Beinchen gestellt« hätten. Die meisten Jungs seien aber nett, und ihre Freundin Laura sei in den Timo sogar richtig »verknutscht«. Dass Jana sich sehnlich ein Pferd wünsche und Reitlehrerin werden wolle, sollte der Therapeut in der Stunde auch noch erfahren. Auch, dass sie dann Angst habe, vom Pferd zu fallen.

So spontan wie Dreijährige ihre Gedanken gegenüber Straßenbahn-passagieren äußern können, so unsortiert können die Kommunikationsangebote von Achtjährigen beim Kindertherapeuten sein. Doch was wie »Gedanken-Purzelbäume« erscheint, kann eine innere Logik haben.

Jana war ein durchaus gut organisiertes Mädchen. Pünktlich hielt es Verabredungen ein, machte in der Schule gut mit und erledigte im Hort ihre Hausaufgaben. Außerdem war Jana klug, sportlich und gesund. Was sie bedrückte, schrieb sie auf einen Zettel: »Papa hat heimlich ein Kind mit Mama gekriegt.« Die Mitteilung sollte der Therapeut in einem Umschlag verschließen und in den Tresor legen.

Jana wuchs ohne Vater auf. Damit entzieht sich ihre Situation einem Vergleich mit den »Spenderkindern«, die wir interviewten. Die wuchsen alle mit einem Vater auf. Zwar erfuhren sie später, dass der nicht ihr biologischer Vater war, doch sie hatten einen Menschen, der die Vaterrolle einnahm und ihr Papa-Bild prägte. Janas Situation kommt indes jenen Konstellationen gleich, in denen Frauen Samenspenden wählen, wenn sie ganz bewusst ein Kind ohne männlichen Partner großziehen möchten.

Jana wusste aus den Erzählungen der Mutter, dass diese nicht mehr die Jüngste war, als sie sich während eines Urlaubs in einen verheirateten Mann verliebte, eine Nacht mit ihm verbrachte und ihn danach nie wieder traf. Sie sah auch den Glanz in Mutters Augen, wenn sie vom »wunderbarsten Souvenir« sprach, das man von einer Reise mitbringen könne: sie, Jana. Jana fand es übrigens anständig von ihrer Mutter, dass diese den Mann nicht weiter behelligte und womöglich dessen Ehe gefährdete.

Das Mädchen wuchs also nicht nur ohne Vater auf, es konnte auch kein Vaterbild entwickeln. Papa-Wünsche hatte es in Fülle. Auch Vorstellungen, wie er wohl aussehen mochte. Doch nichts von allem konnte sie verlässlich abrufen, keine Stimme, keinen Geruch, nichts. Doch weil »Nichts« für Kinder kaum aushaltbar ist, entwickelte Jana alle möglichen Phantasien über dessen Aussehen und auch Herkunft.

Weil Jana auch sensibel war, spürte sie, dass die Frage nach ihrer Herkunft ein wunder Punkt bei Mama war. Und der mochte sie keinen

Kummer machen. Stärker als die eigene Neugier war Janas Bemühen, der Mutter keine schlechten Gefühle zu machen. Die beiden verstanden sich ja prima, schmissen gemeinsam den Haushalt. Auch die Tagesorganisation gelang der kleinen Wohngemeinschaft. Jana bereitete schon mal Kaffee und Butterbrote vor, wenn ihre Mutter, die Rechtsanwältin, erschöpft nach Hause kam. Diese rang sich dann noch ein »Erzählstündchen« mit ihrer Tochter ab.

Unerledigte Lebensthemen dominieren oder verstellen sich

MEHR MUSS MAN ÜBER JANA UND IHRE MUTTER nicht wissen, um der Dynamik nachzugehen, die sich bei biographischen Lücken verselbständigen kann.

Keinen Vater, keine Mutter zu haben geht nicht nur biologisch nicht, es scheint auch psychisch nicht darstellbar zu sein. Je jünger der Mensch, umso konkreter will er ein Bild von seinen Erzeugern und Versorgern haben. Er muss sie sehen, hören, riechen, spüren, sie wortwörtlich be-greifen. Erst nach vielen realen Kontakten kann sich ein konstantes inneres Bild entwickeln. Kommt es nicht dazu, schützen sich die einen vor fortgesetzter Frustration, indem sie resignieren. Im Laufe der Jahre kann daraus ein demonstratives Desinteresse werden: »Mir doch egal. Wozu braucht man schon einen Vater?« Andere Kinder hingegen reagieren anders. Sie suchen weiter, manchmal unter Aushebeln ihres intellektuellen Entwicklungsstands.

Was bei der dreijährigen Jana in der Straßenbahn drollig wirken mochte, nimmt sich anders aus bei einer Achtjährigen, die dem Therapeuten Spagat vorführt, ihm Körperstellen zeigen und ihn der Mama als Mann empfehlen möchte. Was in Janas ersten Therapiestunden distanzlos und früh sexualisiert anmutete, war geprägt vom fehlenden »Dritten«. Von dem gab es weder Bild noch Adresse, nicht mal einen Namen hatte er. Einem solchen konnte sich Jana nicht nähern. Wem sie sich aber nähern konnte, waren Jungen und andere Männer.

In solchem Verhalten liegt ein Gefahrenpotenzial. Doch es gibt keinen Automatismus. Ob es aktiviert wird, hängt von vielen äußeren Umständen ab. Vieles lässt sich pädagogisch regulieren. Alles aber nicht, wenn das Leben vital bleiben soll.

Die kleine Skizze aus der Therapie einer Achtjährigen soll verdeutlichen, wie eine früh empfundene Beziehungslücke zum Lebensthema werden kann. Das kompensatorische Potenzial reicht von noch niedlich wirkender Distanzlosigkeit bis hin zur sozialen Umtriebigkeit und Ablenkbarkeit im Grundschulalter.

Bei ungünstigen Rahmenbedingungen kann eine ungestillte Kontaktsehnsucht zu Kontaktsucht werden. Manche leben dies real aus, andere projizieren sie als Phantasie auf Stars der Medienwelt. Denkbar ist auch das genaue Gegenteil, eine Ablehnung des Unerreichbaren, seiner Person, bis hin zur Ablehnung aller Personen seines Geschlechts. Das wäre eine radikale Form von Selbstschutz vor weiteren Enttäuschungen. Ideologisch untermauert kann daraus ein überzeugtes Singeldasein als Lebenshaltung werden.

Jana machte später übrigens die »Not zur Tugend«: Sie studierte Psychologie. Bei einem späteren Kontakt gab sie dem Therapeuten zu verstehen, dass sie an Partnerschaft mit Männern durchaus interessiert blieb; diese seien aber außerordentlich anstrengend für sie.

Klara – »Spenderkind« einer gewollt Alleinerziehenden

UNTER UNSEREN INTERVIEWTEN »SPENDERKINDERN« war niemand, dessen Mutter die Samenspende gezielt als Alleinerziehende gesucht hätte. Zum Zeitpunkt der Insemination strebten alle die Rollen Vater und Mutter als Ehepaar an. Dass Frauen ein Kind allein großziehen möchten, oder nicht in Lebenspartnerschaft mit einem Mann, ist heute eine offensiv bekundete Lebensform. Mit der schicksalhaften oder notvollen Ausnahmesituation von Alleinerziehung, die es nach wie vor gibt, hat sie nichts zu tun.

Die lebensgeschichtlichen, ideologischen oder sonstigen speziellen Präferenzen, die hinter dieser Form von Lebensgestaltung stehen mögen, sollen an dieser Stelle weder diskutiert noch gewertet werden. Aber es soll sensibilisiert werden für die betroffenen Kinder. Deren Perspektive wird in den Berichten über Samenspenderkinder von alleinerziehenden Müttern selten eingenommen. Das mag daran liegen, dass Mütter sich noch nicht so lange öffentlich zu dieser Lebensform bekennen. Ihre Kinder sind noch nicht im Erwachsenenalter, aus dem sie auf ihre früheren Befindlichkeiten zurückschauen könnten. Die meisten Kinder sind auch noch zu jung, um interviewt zu werden. Und die wenigen, die wir im psychotherapeutischen Kontext gesehen haben, eignen sich nicht als Beispiele. Denn deren Therapiebedürftigkeit war vielschichtiger begründet, als dass sie mit der Herkunftskonstellation alleine erklärt werden könnte.

Berichte über »Spenderkinder« von ganz bewusst Alleinerziehenden nehmen selten die Perspektive der Kinder ein. Seit dem Frühjahr 2014 zielen Mediendarstellungen besonders darauf, die Mütter zu entstigmatisieren und die Kinder zu »entdämonisieren«. Beides schien notwenig, nach den Äußerungen der Schriftstellerin Sibylle Lewitscharoff gegen die Reproduktionsmedizin. Sie hatte Kinder aus diesen Konstellationen »Halbwesen« genannt und damit öffentliche Entrüstung hervorgerufen. In sozialen Foren hagelte es Proteste, und die Feuilletons überschlugen sich fortan mit Berichten, die aufzeigten, dass diese Mütter durchaus liebevoll und die Kinder durchaus normal entwickelt sind.

DIE ZEIT stellte vor diesem Hintergrund der Leserschaft die zweieinhalbjährige Klara und ihre 45-jährige Mutter vor. Über den anonymen genetischen Vater ist nur bekannt, dass er Däne ist. Die ganzseitige Reportage hebt mehrfach hervor, dass Klara liebevoll von ihrer Mutter umsorgt wird. Die Perspektive des Kindes nimmt sie nicht ein.

Natürlich ist es spekulativ, Klara und ihre Mutter auf der Folie der Geschichte von Jana und ihrer Mutter zu sehen. Zum Perspektivwechsel, zur Vorstellung von später möglichen Fragen der großen Klara mag das Gedankenspiel aber anregen.

Geliebtes »Halbwesen«[111]

»Ulrike Korek wollte ein Kind, aber ihr fehlte ein Mann dafür. Sie entschloss sich, einen Samenspender zu suchen. Ihre Geschichte entlarvt die Vorbehalte der Autorin Sibylle Lewitscharoff gegen die Reproduktionsmedizin.« Die Reportage kommt gleich zur Sache. Sie ist die veröffentlichte Antwort auf die Empörung auslösenden Bemerkungen der Schriftstellerin während einer Lesung im Frühjahr 2014.

Von Klara, der Tochter, dem liebenswerten zweieinhalbjährigen Wesen der gewollt alleinerziehenden Mutter, spricht der ganzseitige Artikel indes kaum. Klar wird, dass es dem Kind gut geht. Im Beitrag wird es als fröhliches, normal entwickeltes Mädchen beschrieben. Was sollte auch mehr zu sagen sein von einer Zweieinhalbjährigen, die gesund ist und als Wunschkind umsorgt wird von ihrer Mutter? Einer Frau, die weiß, was sie will, die entscheidungsfreudig ist und sich wirtschaftlich gesicherte Verhältnisse erarbeitet hat.

Der Artikel beweist, was niemand anzweifelt: Klara hat eine fürsorgliche Mutter. Die Autorin des Beitrags weiß noch eine Steigerung: Klara lebt in einer »Familie, wie sie sein soll, aber keineswegs überall ist: liebevoll, lustig, respektvoll im Umgang«. Morgens »bringt ihr die Mutter eine Tasse warme Milch ans Bett. ... Wenn Klara ausgetrunken hat, lesen beide ein Kinderbuch.« Es ist fatal, obgleich eine böse Absicht nicht zu erkennen ist. Denn das Mädchen wird genau zu dem gemacht, was zu vermeiden vorgegeben wird – zum Objekt. Die kleine Klara ist das Objekt, an dem ihre Mutter demonstriert, dass sie zum Muttersein befähigt ist. Die erwachsen gewordenen »Klaras« unserer Interviews, die wir als junge Frauen befragten, zweifelten das bei ihren Müttern nie an. Aber sie fragten nach den Partnern ihrer Mütter, nach den Vätern. Sie fragten nach der Partnerschaft, auch nach der Partnerfähigkeit ihrer Eltern.

Die Klara der Reportage ist Objekt. Sie tritt an die Leerstelle Vater/Mann. Bis Ende Grundschulalter können Kinder das als Subjektrolle empfinden. Vorübergehend wird sie das auch mit Stolz erfüllen. So wie es oben von der heute 32-jährigen Johanna zu lesen ist, die rückblickend über sich als »Spenderkind« sagt: »Mama hatte mich mit der Information über meine besondere Zeugung zu ihrer engen Vertrauten gemacht. Ein stolzes Gefühl.«[112]

Klaras Mutter lebt mit der Tochter in einer für beide erfüllenden Beziehung. Sie wird zitiert: »Klara, du bist, wie ich es mir erträumt habe und noch viel besser. Ich bin dankbar, dass ich deine Mutter sein kann. Ich selbst bin ganz geworden, zufrieden und glücklich.« Schlagertexte der Sängerin Milva klingen nicht viel anders. Nur ist es bei Milva ein Mann, der ihr zeigt, »dass es möglich ist, ganz Frau und trotzdem frei zu sein«.[113] In Partnerschaften fand Klaras Mutter solche Erfüllung bislang nicht. Gesucht hatte sie:

»Ich habe gewartet und gewartet. Auf den richtigen Mann, den richtigen Moment«, schreibt sie ihrer Tochter in einem »Brief an die Zukunft«.

Klaras Mutter ist eine kluge Frau. Sie weiß, dass ihre Tochter sie eines Tages nach dem abwesenden Vater fragen wird. Deshalb solche Briefe. In liebevoller Absicht. Wahrscheinlich wird Klara erst volljährig werden müssen, um zu erkennen, dass warmherzige Formulierungen Leerstellen übertünchen. Denn sollten Klaras Fragen denen unserer interviewten »Spenderkinder« gleichen, wird sie auf keine eine Antwort finden: »Wer ist mein Vater, wie heißt er, wo kommt er her, wo wohnt er, wie sieht er aus, was habe ich von ihm, was von meinen Großeltern?« Vielleicht wird Klara Zeit brauchen, um ihrer ohnmächtigen Suche die zugehörigen Affekte von Unmut zuzugestehen. Denn liebevolle Umarmungen sind hartnäckige Gesten, die ein Aufmucken der Umarmten lange unterdrücken. Auch das nicht in böser Absicht, aber nicht minder fatal.

Die »Briefe an die Zukunft« sind eine antizipierende Bitte der Mutter an die einst große Klara: Verstehe mich, verurteile meine Entscheidung nicht, bitte entlaste mich! Die Mutter tut viel, um späteren fordernden, forschenden Fragen schon jetzt den Wind aus den Segeln zu nehmen. Solange das Mädchen klein ist, gibt es mit jedem Lachen seinen Segen zu der Entscheidung der Mutter, sie »ohne Mann« gezeugt zu haben.

Das Bemerkenswerte ist nicht die Entscheidung von Klaras Mutter für eine donogene Insemination. Nachdenkenswert ist, dass sie vom Objekt ihrer Sehnsucht Verständnis dafür erhofft, dass sie ihrem Sehnen nachgab: »Gewollt habe ich dich schon immer, mein ganzes Leben lang. Ich habe gewartet und gewartet.« Dass der Preis dafür Klaras Vaterlosigkeit war, wird hier nicht einmal als Gedanke thematisiert. Wieso auch, dem Mädchen geht's doch gut.

Bemerkenswert am öffentlichen Disput über die Äußerung der Schriftstellerin Lewitscharoff war seinerzeit auch, dass die Kritik sich an dem skandalträchtigen Begriff »Halbwesen« festbiss, während der Inhalt ihrer Rede der Nebensächlichkeit anheimfiel. Der Titel ihrer Dresdner Rede lautete: »Von der Machbarkeit. Die wissenschaftliche Bestimmung über Geburt und Tod«. Die Formulierung schien viele mehr zu treffen, als sie auszuhalten bereit waren. Die in solchen Fällen bewährte Ablenkung durch Fokussierung auf ein Detail funktionierte im medialen Echo.

Auch Klaras Mutter möchte nicht, dass ihr Tun als das angesehen wird, was es auch ist - ein machtvolles Spiel. In Anlehnung an das Goethe-Gedicht »Prometheus« könnte es ein »Prometheusspiel« genannt werden. An dessen Schlussstrophe (»Hier sitz' ich, forme Menschen nach meinem Bilde«) erinnert der Auszug aus besagtem Brief der Mutter an Klaras Zukunft, den der Artikel wiedergibt. Er beschreibt die Szene, in der die Mutter in der Spenderkartei in Dänemark nach dem geeigneten Samenspender sucht: »Dreißig Namen, Augenfarben, Körpergrößen, Haarfarben, Blutgruppen und Berufe. Von diesen Spendern sollte ich deinen Vater auswählen. Ich sollte mir völlig unbekannte Menschen aussortieren. Schublade auf und rein mit allen Männern, die ich spontan doof fand. Wie würdest du sein, wenn du deinem Vater zu sehr ähnelst? Wie solltest du sein, damit ich gut mit dir zurechtkäme? Damit du dich mir nicht fremd fühlst?«

Wenn die große Klara später Fragen stellen wird, wie sie aus dem Kreis der heute erwachsenen Spenderkinder zu hören sind, werden solche Briefpassagen Diskussionsstoff für Mutter und Tochter geben. Vielleicht aber schont Klara ihre Mutter auch und tut eine »Zeugung, bei der Leib und Seele beider Partner stets inbrünstig beteiligt sind« mitleidig als das ab, was es laut Artikel heute schon ist: »alt und von gestern«.

Hier gehöre ich nicht hin

AUCH JULE ÜBERNAHM SCHON FRÜH VERANTWORTUNG für das Wohlgefühl der Erwachsenen. Und ähnlich wie die achtjährige Jana aus der Zweier-Wohngemeinschaft tat sie es auch, um selbst gut durchzukommen. »Ich habe Rücksicht genommen und ansonsten geguckt, dass ich früh selbständig werde«, sagt sie heute, da sie 32 Jahre alt ist, ledig und ein BWL-Studium erfolgreich abschloss.

Jule ist ein »Spenderkind« mit »kompletten« Eltern. Sie hat also im Gegensatz zu Jana und Klara ein Vaterbild verinnerlichen können. Doch das trug eher zu ihrer Verunsicherung bei. Schon mit sechs, sieben Jahren spürte sie: »Irgendetwas stimmt hier nicht.« Aber sie fand keine Indizien, an denen sie dies hätte festmachen können. Den Unterschied zwischen genetischem und sozialem Vater kennt ein Grundschulkind noch nicht.

Seit neun Jahren weiß Jule, dass sie ein »Spenderkind« ist. Seitdem lebt sie befreiter, sortiert sich neu. Sie wirbt seitdem für die Aufklärung der Kinder. Auch für die eigene Auseinandersetzung mit ihrem Status als »Spenderkind« investiert sie derzeit viel. Für unser Interview nahm sie eine lange Anreise in Kauf.

Jules Geschichte

Jule, 32 Jahre, gezeugt in einer gynäkologischen Praxis in einer westdeutschen Großstadt, abgeschlossenes Studium BWL, tätig im Gesundheitswesen, ledig, ohne Kinder

Völlig unvermittelt teilte Jules Mutter ihr eines Tages am Mittagstisch mit: »Heute ist der 24. Jahrestag deiner Laborzeugung.« Bis heute rätselt Jule, was ihre Mutter zu solch spontaner Offenlegung motiviert haben mochte. Sie vermutet eine Anregung der Therapeutin, die Jules Mutter seit mehreren Jahren wegen ihrer Depressionen aufsucht. Offenbar beschäftigte das Thema die Mutter mehr, als sie in der Vergangenheit hatte erkennen lassen.

Jule hatte nie den Verdacht geäußert, der ihr zwischen dem sechsten und siebten Lebensjahr erstmals kam: »In diese Familie gehöre ich nicht. Ich bin im Krankenhaus vertauscht worden.« Nun, da die Mutter mit der Wahrheit über die fremden väterlichen Gene herausgerückt war, zeigte sich Jule zwar verstört, aber auch erleichtert. In mehrfacher Hinsicht war sie erleichtert. Zum einen waren damit die Vermutungen bestätigt, die sie in all den Jahren gehegt hatte! Ihre Wahrnehmungen hatten sie also nicht betrogen, ihre Phantasie war keine Spinnerei. Ein anderer Gedanke war erlösend: »So wie die muss ich nicht werden.« Damit meinte sie ihre Eltern, vor allem ihren Vater, von dem sie nun wusste, dass er nicht ihr genetischer Vater ist.

Jules Eltern führten keine glückliche Ehe. Vor allem die Alkoholkrankheit des Vaters belastete das Zusammenleben sehr. Jules Erinnerungen an die gemeinsamen Jahre mit ihm machen sich überwiegend an problematischen, auch unappetitlichen Situationen fest. Absehbar waren die Beziehungsprobleme schon vor Jules Zeugung, Geldprobleme kamen noch hinzu. Dennoch wollte ihre Mutter unbedingt Kinder haben. Der Ehemann war zeugungsunfähig und nahm es mehr oder weniger kommentarlos hin, dass seine Frau eine Samenbank aufsuchte. Nach Jules Kenntnis wurde dieser Schritt zwischen den beiden nie thematisiert.

Der starke Kinderwunsch ist in Jules Augen das einzige, was ihre Mutter in ihrem Leben konsequent durchsetzte. Ansonsten hat sie weniges zu Ende geführt. Unter anderem bestand sie ihr Examen nicht, hatte auch keine Energie für eine Wiederholung oder einen Neustart. Sie war zwar immer fleißig, aber uneffizient. Mit Gelegenheitsjobs hält sie sich heute noch über Wasser. Vor diesem Hintergrund erfüllt sie der Studienabschluss der Tochter mit Stolz. Jule ist der bislang größte Erfolg ihrer Mutter.

Die Trennung der Eltern erfolgte, als Jule drei Jahre alt war. Die Mutter heiratete erneut. Jule charakterisiert den neuen Partner als »brav und fleißig«. Zu dem gemeinsamen Sohn aus dieser Ehe, ihrem jüngeren Halbbruder, konnte Jule keine nähere Beziehung entwickeln; bis heute haben sich die Halbgeschwister nichts zu sagen.

Jule wuchs überwiegend bei den Großeltern mütterlicherseits auf. Von ihrer Mutter wurde sie jenen einmal zur »Adoption angeboten«. Doch sie wollten das nicht. Jule achtet die Großeltern als ihre eigentlichen Erzieher sehr. Ehrgeiz, Fleiß, Intelligenz und Werte vermittelten sie ihr. Solchen Respekt konnte sie ihren Eltern nie entgegenbringen. »Eigentlich habe ich mich immer als über denen stehend empfunden«, bemerkt sie heute, »ich habe Rücksicht genommen und ansonsten geguckt, dass ich früh selbständig werde«. Wenn sie das sagt, klingt es weniger überheblich als eher notwendig.

Als die Großmutter ihr Nebenjobs besorgte, konnte sie bereits mit 18 Jahren zu Hause ausziehen. Sie tat es gerne, denn ihr war klar, »in dieses Haus gehörte ich nicht hin. Meine Mutter liebte mich zwar, konnte aber mit mir nichts anfangen.«

Wenn Jule sagt, dass sie ihren Vater trotz des problematischen Umgangs mit ihm auch mag, dann schwingt Mitleid mit. Überhaupt fühlt sie sich für die Befindlichkeiten ihrer Familie verantwortlich. Immer noch. Ihrer Verwandtschaft väterlicherseits hat sie bis heute nichts von der Samenspende erzählt. Mit den Verwandten versteht sie sich, und diese zeigen auch einen gewissen Stolz über Jules berufliches Fortkommen. Die Tatsache, genetisch nicht verwandt zu sein, könnte deren Gefühl von »Familienerfolg« irritieren. Auch ihr Vater würde durch die Zielstrebigkeit der attraktiven Betriebswirtschaftlerin ein wenig rehabilitiert. Die Familie würde wohl denken: »Wenigstens die hast du gut hingekriegt.«

Was ihr das Wissen um ihre Zeugung bedeutet, will Jule mit ihrem Vater nicht bereden. Die fremden Gene sollen nicht zwischen ihnen stehen. Bei ihren seltenen Kontakten klammern sie das Thema lieber aus. Eigentlich wäre dies heute, da der Vater weitgehend »trocken« ist, durchaus möglich. Doch keinem scheint es ein Bedürfnis zu sein. Das klingt, als dominierte die soziale Bindung über die genetische. Doch Jule stellt ernüchternd fest, dass ihr die Familienlinie ihres Vaters immer unbedeutender wird, seit sie um ihre Abstammung weiß. Wenn sie ihn »Vater« nennt, verspürt sie keine dazugehörigen Gefühle; sie vermisst sie nicht einmal.

Verlockende Phantasien – blockierende Phantasien

Jule möchte endlich mehr über den Mann wissen, dessen Samenspende ihre Zeugung ermöglichte. Derzeit korrespondiert sie wegen Akteneinsicht. Zudem wartet sie auf das Ergebnis der Gentests von ihr und einer gleichaltrigen Angehörigen aus dem Spenderkinder-Verein. Die beiden vermuten, sie könnten Halbschwestern sein. Sie wurden im Abstand von drei Wochen in derselben Praxis gezeugt, und beide stellen große Gemeinsamkeiten in ihrem Wesen fest.

Jules aktuelle Aktivitäten in der Erforschung ihrer Biographie kosten sie Mühe und Geld. Doch sie sieht dadurch Chancen auf einen »emotionalen, sozialen Zugewinn«. Vielleicht erfährt sie wirklich etwas über den Menschen, dessen biologisches Erbgut sie in sich trägt. In ihrer Vorstellung ist er ein gut situierter, intelligenter Mann. Die Mitglieder im Verein »Spenderkinder« erlebt Jule durchweg als intelligente Mitmenschen. »In den Samenbanken wurde wohl Wert auf gutes Material gelegt«, sagt sie augenzwinkernd.

In ihren Phantasien rekonstruiert Jule die Situation ihrer Laborzeugung. Lächelnd gesteht sie, dass sie mit der Anonymität des Samenspenders durchaus zwiespältig umgeht. Einerseits erhofft sie sich endlich Klarheit und insistiert mit Nachfragen in der damaligen Praxis. Andererseits wünscht sie sich auch den Erhalt ihrer »Option auf Phantasie«. Manchmal lässt sie sich auch zu der Vorstellung verlocken, besonders auserwählt zu sein.

Ihre Phantasien von Fremdherkunft (»Ich bin adoptiert«) halfen ihr, sich an ihrer sozialen Familie vorbei und aus ihr heraus zu entwickeln. Schon früh verlangte sie selbst sich Augenhöhe mit den Erwachsenen ab, fühlte sich verantwortlich für die Eltern. Darin mag eine Quelle ihres Ehrgeizes und beruflichen Erfolgs liegen. Dessen Auswirkung charakterisiert sie mit einem Bild, das eigentlich wortwörtlich ihre Berufssituation meint: »Ich bin für meinen Erfolg derzeit viel unterwegs. Allerdings bleibt einiges dabei auf der Strecke.«

FALLENLASSEN IST NICHT LOSLASSEN

»SPENDERKIND« FRANK, ADOPTIVKIND SABINE UND HANNO, DER JUNGE AUS DER WELTLITERATUR – ZWISCHEN VERSTÖRUNG UND ERLEICHTERUNG

DIE ELTERN VON »SPENDERKINDERN« BEHALTEN IHR WISSEN um die fremden Genanteile meistens für sich. Warum sollten sie dies ihren Mitmenschen auch mitteilen, wenn kein Anlass besteht, ein leibliches Kindschaftsverhältnis infrage zu stellen? Täten sie es, wäre das eine Belastung für die Familie. Es würde eine Distanz hineinbringen, die einen vertraulichen Beziehungsaufbau stören könnte.

In manchen Situationen wäre Distanz allerdings willkommen, z. B. wenn es so richtig kracht. Wenn das Verhalten des einen andere ärgerlich macht, in der Öffentlichkeit auch peinlich werden kann. Gelegentlich kommt so etwas in Beziehungen vor. Auch zwischen Eltern und Kind; da gehören solche Episoden zu den Loslösungsprozessen. Auseinandersetzungen sind anstrengend, müssen aber Beziehungen im Grundsatz nicht gefährden. Auch eine abweichende genetische Abstammung gefährdet sie nicht zwangsläufig. Sie kann den unliebsamen Situationen jedoch eine andere Bedeutung geben. Allein, darum zu wissen, reicht, um heimliche Ausweichtüren offenstehen zu lassen. Das schadet auf Dauer der Beziehung.

Die sozialen Väter von »Spenderkindern« kennen die Verlockung solch gedanklichen Ausweichens. Wenige geben sie zu, manche erst, wenn die Kinder erwachsen sind.[114] In nervenden Konfliktsituationen lockt das Wissen: »Das Kind ist ja gar nicht von mir.« Viele erschrecken sogleich über den Gedanken. Ihren Ehepartnerinnen, erst recht Außenstehenden wollen sie ihn verschweigen. Das ist Fluch und Segen zugleich: Das Gute daran ist, dass solche Gewissensbisse disziplinieren. Dadurch hält in der Jugendzeit der elterliche Versorgungsrahmen, wenn auch um den Preis von Aufrichtigkeit.[115] Eltern trennen sich nicht so leicht, solange sie das Geheimnis um die fremden Gene wahren wollen; folglich erfüllen sie ihren Erziehungsauftrag und bleiben in der Beziehung zum Kind. Problematisch daran ist, dass sich negative Gedanken aufstauen können und Eltern, vor allem Väter, sich allmählich »innerlich verabschieden«.

Beim sozialen Vater des »Spenderkindes« Frank, das wird dessen Lebensskizze zeigen, hatten sich solche Gedanken 16 Jahre lang aufgestaut. Als sie hervorbrachen, war Frank sehr verstört, doch bald schon erleichtert, weil er sein Anderssein schon lange gespürt hatte und sich nun in der Lage sah, diesem offensiver nachzugehen. Wer von anderen losgebunden wird, bewegt sich fortan freier. Doch Freiheit durch Fallengelassenwerden macht Jugendliche nicht glücklich. Solche Freiheit ist tückisch, weil die Lebensreife eines jungen Menschen noch nicht so weit entwickelt sein kann und er Unterstützung, auch noch Erziehung, durch die Eltern braucht. Das wird in der nachfolgenden Lebensskizze von Adoptivkind Sabine erkennbar. Ein Lossagen aus einer sozialen Bindung aufgrund fremder Gene bedeutet noch lange keinen Loslösungsprozess.

Am Ende des Kapitels erinnert eine Kinderfigur aus der Weltliteratur daran, dass Konflikte wegen Andersseins bei leiblichen Kindern und ihren Familien ebenso auftreten können. In Thomas Manns Familienepos »Die Buddenbrooks« merken alle, dass der junge Hanno den Erwartungen, die auf ihn als Dynastieerben gerichtet sind, nicht gerecht werden kann. Möglicherweise wäre es entlastend gewesen, hätte das mit fremden Genen begründet werden können. Doch solch eine Hintertüre gab es für die Familie im Roman nicht.

Franks Geschichte

Frank, geboren 1990 noch im Staatssystem DDR, gezeugt in einer dortigen Klinik aus dem »Samenmix« dreier Spender, derzeit Zeitsoldat im Sanitätsbereich, strebt ein Ingenieurstudium an, verheiratet, ohne Kinder, eine deutlich ältere Halbschwester aus der ersten Ehe der Mutter

Der 25-jährige Zeitsoldat der Bundeswehr wirkt zurückhaltend und leicht angespannt, wenn er über sein Leben berichtet. Seit neun Jahren weiß er, dass er es einer Samenspende verdankt. »Mit meiner Geschichte verkaufen will ich mich nicht«, sagt er mit Seitenhieb auf das aktuelle Medieninteresse an den »Spenderkindern«. Doch entschieden wirkt er beim Thema Aufklärung und Information. Allerdings ist er vorsichtig und um eine treffende Wortwahl bemüht, wenn es um Persönliches geht.

Noch in den letzten Monaten der DDR wurde Frank geboren. Das ist insofern von Bedeutung, weil seine Zeugung durch eine sogenannte Mischspende zustande kam. Seine Mutter erhielt Sperma von drei Männern, erklärt Frank und vermutet, dass diese Methode in der DDR deshalb zugelassen war, um die Spender vor etwaigen Unterhaltsforderungen zu schützen.

Frank spricht nachdenklich und verhalten; aber drumherum reden mag er nicht. »Wir brauchen erst gar nicht die blumigen und verlogenen Begründungen bemühen, die mir jahrelang vorgemacht wurden«, sagt er und schiebt als nüchterne Feststellung nach: »Ich bin nun mal kein Kind der Liebe. Ich bin entstanden, weil mein Opa einen Erben wünschte.«

Liebe war auch bei anderen Beziehungen seiner Familie nicht im Spiel. In Franks Augen hat sich seine Mutter von seinem sozialen Vater aus ihrer ersten Ehe »abwerben« lassen, weil dessen höherer Sozialstatus lockte. Ihre gemeinsame Tochter war da schon erwachsen. Frank kennt sie nur von Besuchen. Später habe die Mutter ihre neue Ehe oft bereut.

Franks Mutter war 43 Jahre alt, als ihr sehr dominanter Vater auf einen männlichen Erben bestand. Ihr zweiter Ehemann war aber nach einem Unfall seit der Jugendzeit zeugungsunfähig. Die Möglichkeit einer fremden Samenspende wurde kaum thematisiert. Frank meint, dass sein sozialer Vater sich nie dazu verhielt. Er ließ es geschehen, damit seine Frau ihrem Vater gehorchen konnte. »Außer als Erbe meines Opas«, bilanziert Frank, »bin ich eigentlich von keinem gewollt gewesen.« Opas Haus wurde ihm inzwischen vorzeitig vererbt.

»Du bist ja gar nicht mein Junge!«

Bei einem familiären Streit, Frank war 16, platzte es heraus. Sein Vater konnte nicht mehr zurückhalten, was ihm schon bei vielen Gelegenheiten auf die Zunge gekommen war: »Du bist ja gar nicht mein Junge!« Obgleich Frank Ähnliches schon lange geahnt hatte, war er zunächst sehr verwirrt. Seine Mutter versuchte zu beschwichtigen und log ihm vor, wie sehr sie sich ein Kind gewünscht hätten. Erst Jahre später gab sie zu, dass nicht Liebe, sondern die »Anordnung des Großvaters« den Anstoß zu seiner Existenz gab. Leidenschaftslos konstatiert Frank: »Ich hatte keine schöne Kindheit.«

Lange schon bevor er die Wahrheit erfuhr, hatte Frank Beobachtungen, Informationen und Bemerkungen wie Puzzlestücke gesammelt. Stets ergaben sie ein Bild, das sagte: »Hier stimmt was nicht.« Schon früh bemerkte er, dass sein Vater und er sich äußerlich wie charakterlich sehr unähnlich waren; der Vater ist hager, Frank ein eher stämmiger Typ. Auch keiner in der Familie teilte seine naturwissenschaftlichen Interessen.

Die große Erkenntnis aber kam ihm im Biologieunterricht der Klasse 5, als die Blutgruppen und ihre Erbkonstellationen behandelt wurden. Seine Blutgruppe konnte demnach nicht das vererbte Ergebnis der Blutgruppen von Vater und Mutter sein. Frank wagte nicht, dies zu Hause anzusprechen. Bei diesem Thema traut er seiner Mutter keine großen Kompetenzen zu.

Auch wenn ihm die Wahrheit in sehr unangenehmer Form entgegengeschleudert wurde und ihn sehr verstörte, verschaffte sie ihm auch Erleichterung. Denn nun musste er nicht länger befürchten, seines Vaters psychische Erkrankung geerbt zu haben. Unter dessen bipolarer affektiver Störung litt das gesamte Umfeld. Frank sah sich gezwungen, schon früh Verantwortung zu übernehmen.

Zwischen Verstörung und Erleichterung

Seine frühe Erwachsenenrolle mag Franks Phantasien beflügelt haben, dass er zunächst glaubte, »Spenderkinder« seien etwas Besonderes. Er stellte sich darunter eine Befruchtung im Reagenzglas vor. Im Labor würden Wissenschaftler genetisches Material derart mischen, um einen »Auserwählten mit besonderen Fähigkeiten« entstehen zu lassen. Heute erklärt er sich diese eher kindlichen Vorstellungen damit, dass er sich nur so einen Reim auf sein naturwissenschaftliches Interesse machen konnte.

Auf der anderen Seite plagten ihn Verstörung und Misstrauen; er hielt weitere Lügen für möglich. Dass nie ein Babyfoto von ihm zu sehen war, auch kein Foto der Schwangerschaft der Mutter, ließ ihn eine Zeit lang vermuten, er sei adoptiert. Damals wurden gerade die Zwangsadoptionen in der DDR bekannt. Frank meint, er habe lange Zeit wie »in zwei Welten gelebt«.

Nach der Offenlegung der Zeugungsmethode bezeichnete sich der Vater demonstrativ nur noch als der »gesetzliche Vater«. Frank hat diese Formulierung in seinen Sprachgebrauch übernommen. Er findet den Begriff in seiner Distanziertheit treffender als die gängige Bezeichnung »sozialer Vater«. Warmherzigkeit hat sich zwischen ihnen nie eingestellt. Auch für seine Hobbys interessierten sich weder Vater noch Mutter.

Zum völligen Bruch mit seinen Eltern kam es, nachdem Frank den Eltern seine Freundin vorgestellt hatte; sie waren mit der deutlich älteren Frau nicht einverstanden. Daraufhin brach Frank den Kontakt zu seinen Eltern ab. Zur Hochzeit lud er sie nicht ein.

Selbst Eltern werden

Frank und seine Frau haben die Tatsache seiner medizinisch assistierten Zeugung lange Zeit verdrängt. Nun aber ist beider Kinderwunsch groß und die Frage nach dem Stammbaum treibt sie um. »Was sage ich dem Kind später einmal?«, fragt sich Frank. Zudem ist nicht ausgeschlossen, dass seine Frau selbst auf medizinische Hilfe angewiesen sein könnte, um schwanger zu werden. Erste Untersuchungen nähren den Verdacht.

Der neue Familienstand stößt bei Frank eine Autonomieentwicklung an. Vor kurzem trat er dem Verein »Spenderkinder« bei und ist seitdem aktiv auf der Suche nach seinem damaligen Samenspender. Die Antwort der Klinik, dass seine Zeugung durch eine »Mischspende« von drei Männern zustande kam, entmutigt ihn nicht. Er wartet nun auf deren Namensnennung und spielt mit dem Gedanken, Vaterschaftstests einzufordern. Frank, der sich als Kind nur anzupassen wusste, lässt erkennen, dass er sein Leben nicht länger aus der Objektrolle heraus gestalten will. Nun, mit 25 Jahren, will er als Subjekt agieren und intensiv nach seinen Wurzeln suchen.

Heute setzt das Wissen um seine Fremdzeugung Kräfte bei ihm frei, die lange brach lagen. Es erleichtert ihm die Loslösung aus einem Herkunftsmilieu, das ihm bislang kein schönes Leben beschert hat. Er beabsichtigt auch einen Berufswechsel; er strebt ein Ingenieurstudium an. Zunehmend gefällt ihm der Gedanke, genetisch von einem Medizinstudenten abstammen zu können. Diese waren in der DDR die bevorzugten Samenspender. Als Kind vermittelte ihm sein naturwissenschaftliches Interesse ein Gefühl von Fremdheit. Der Gedanke, es geerbt zu haben, gefällt ihm.

Auch unser Interview erlebt Frank als Bereicherung. Kleine Zusammenfassungen, mit denen wir uns rückversichern, bestätigt er oft: »Das trifft es ganz genau.« Manchmal meint er auch »so kann man es wohl sagen«, und lässt erkennen, dass er im Spiegel anderer bei sich selbst neue Nuancen entdeckt. In diesem Sinne schien es ihm ein bemerkenswerter Hinweis zu sein, dass für uns sein Empfinden einer »unschönen Kindheit« völlig nachvollziehbar ist. Und während wir an reale und fiktive Kinder aus Therapiepraxen und Literatur denken, setzen wir hinzu, dass in seinem Fall die unglücklichen häuslichen Verhältnisse auch bei einer genetisch vollständigen Elternschaft belastend gewesen wären. Allerdings bleibt die Frage offen, ob das sich so destruktiv hätte entwickeln müssen, wenn die biologischen Bedingungen andere gewesen wären.

Frank plädiert dafür, die donogene Insemination als medizinische Hilfe bei Kinderwunsch zu nutzen. »Aber nur unter strengen Auflagen«, ergänzt er. Damit meint er die Pflicht der Erwachsenen, sich vorher umfassend zu informieren und die Folgen für das Kind zu bedenken. Jegliche Anonymisierung lehnt er ab. Bei seiner derzeitigen Suche nach dem genetischen Erzeuger möchte er vermeiden, dass er in dessen mögliche Familie hineinplatzt und hierdurch eine zerstörerische Dynamik entfacht.

Selbstpositionierung in der Schattenkultur – Zwischen Reihenhaus und Favela

AUCH IN DER NÄCHSTEN LEBENSSKIZZE gibt der Verweis auf unbekannte Herkunftsanteile der Eltern-Kind-Beziehung einen anderen Dreh. Doch anders als bei Frank wird die Wahrheit nicht erst bei einem Konflikt herausgeschleudert. Im Fall von Sabine ist sie von Anfang an für jeden sichtbar, denn Sabine lebt als schokoladenbraunes Adoptivkind in einer deutschen Reihenhaussiedlung.

Die skizzierte Konstellation ist plakativ. Doch sie ist auch exemplarisch. Sie zeigt, wie sehr die Beziehungsdynamik beeinflusst werden kann, wenn an der genetischen Herkunft große Unterschiede in Kultur und Mentalität festgemacht werden. Das muss nicht zwangsläufig zum Scheitern führen. Im Fall von Sabines Familie verstärkte das Wissen um die fremde Herkunft jedoch trennende Tendenzen; letztlich führte es zur Trennung.

Fremde Herkunft als entlastendes Etikett

ALS SABINE IN DIE PUBERTÄT KAM, verschärften sich die Konflikte mit ihren Eltern. Der Blick für eine Ursachen- und Lösungssuche war indes versperrt, weil alle Erklärungen sich in Sabines fremder Herkunft erschöpften. Statt sich mit den gängigen Umbrüchen einer pubertären Phase auseinanderzusetzen, bot sich die »Macht der Gene« als alles überschattendes Argument an. Fast sieht es so aus, als hätten beide Seiten, Tochter wie Eltern, auf sie gewartet, um sich in einer legitimen Nische den bisherigen Anpassungsanstrengungen entziehen zu können.

»Meine Eltern werden sowieso nie verstehen können, wie ich wirklich sein möchte.« Diese Sichtweise hatte sich bei Sabine festgesetzt. Die Eltern wiederum rechtfertigten mit dem Verweis auf die fremden Gene schon früh ihr Nachlassen an Anstrengung, das Anderssein der Tochter auszuhalten oder gar zu akzeptieren. Zuletzt bemühten sie sich nicht einmal mehr, sie verstehen zu wollen. Verwandte bestätigten die Eltern darin, sich für die pädagogische Kapitulation nicht rechtfertigen zu müssen: »Da kann man nichts machen.«

Dabei fing alles so erfreulich an.

Sabines Geschichte

Sabine war als Kind ein »Wonneproppen«. Sie sprudelte vor Temperament und steckte mit ihrem herzhaften Lachen alle an. In der Grundschule war sie nie besonders fleißig, machte jedoch mit Einsatzfreude vieles wett. Sie sang solistisch im Schulchor und war die Komödiantin der Theatergruppe. Als Kind hatte sie ihren Eltern viel Freude gemacht, bis sie als Jugendliche schwierig, sehr schwierig wurde. Sie wurde den Eltern nun zu laut, schlichtweg zu ordinär. Und weil sie gerne aß, dazu jedoch zunehmend bewegungsunlustiger wurde, war sie mit 15 Jahren kugelrund. Was vor Jahren noch niedlich wirkte, war den Eltern jetzt peinlich. Sie schämten sich.

Besonders unangenehm wurde den Eltern Sabines Verhalten bei gesellschaftlichen Anlässen, zu denen man die Kleine einst problemlos hatte mitnehmen können. Das Ehepaar befürchtete, auf die provokanten Auftritte der Tochter übel angesprochen zu werden. Doch die Mitmenschen reagierten milder als befürchtet, wenn Sabine mit ihrem fetten Lachen den dezenten Smalltalk bei einer Vernissage störte. Es gab keine bösen Blicke, eher lag Mitleid im Raum, so, als könnten die Eheleute nichts dafür. Schließlich war das Mädchen ja nicht »ihr eigenes Fleisch und Blut«. Schokoladenbraune Haut wies ihre südamerikanische Herkunft aus. Während die Eltern solche Relativierung des Kindschaftsverhältnisses zunächst als kränkend empfanden, entdeckten sie darin allmählich die Chance, sich von der exaltierten Tochter zu distanzieren. »Stimmt«, sagten sie sich schließlich selbst, »solch ein Verhalten passt wirklich nicht zu unserer Familie.«

Fremde Gene legitimieren Distanz

Ein Kind, das so sichtbar kein leibliches Kind sein kann, muss Eltern nicht peinlich sein. Seiner muss man sich nicht schämen. Im Gegenteil, die Mitwelt bietet sogar eine soziale Heroisierung an: »Die haben's ja wirklich nicht leicht. Meine Güte, was diese Eltern auf sich nehmen. Wer weiß, aus welchen Verhältnissen dieses Mädchen stammt!«

Statt auf Sabines provokantes Verhalten betroffen zu reagieren, nutzten die Eltern gerne die Distanzierung, die ihnen die fremden Gene boten. Sie hörten nicht nur auf, sich zu entschuldigen, sie stellten auch das Kämpfen mit und für Sabine ein. Sie opponierten nicht mehr gegen ihr Verhalten, sie verteidigten es aber auch nicht mehr. Anfänglich genoss Sabine das als Zuwachs an Freiheit und Bequemlichkeit. Dass sie wegen der Distanzierung auch traurig wurde, war ihr lange nicht bewusst.

Die Verwandtschaft erkannte nicht, dass das Provokante des Mädchens ein verzerrter Versuch war, das frühere elterliche Engagement wiederzugewinnen. Sabine wurde extrem unförmig und schwergewichtig, sie bevorzugte auffallende Kleidung und experimentierte mit Piercings und Tattoos. Eltern und Tochter entzweiten sich weiter. Es war so, als würde die lange Zeit ausgeblendete Fremdheit aggressiv und destruktiv wiederhergestellt. Das, was sich mit der Pubertät zwangsläufig und vorübergehend als Fremdheitsgefühl zwischen Jugendlichen und Eltern einstellt, verhärtete hier unter dem Etikett der fremden Herkunft.

Auch Sabine ging den Weg über die Brücke ihrer fremden Herkunft. Mit der erklärte sie sich auch jene Fremdheitsgefühle, die gar nichts damit zu tun hatten, sondern eher übliche Pubertätsprobleme oder Ausdruck ihrer Bildungsversäumnisse waren. Sie zeigte ein stark oppositionelles Verhalten. Inhaltlich bediente sie sich dabei einiger Versatzstücke aus der südamerikanischen Kultur. Meist waren es Klischees, doch mit solchen ließ sich deutlich ihre Distanz zur Kultur der Adoptiveltern demonstrieren – laut und trotzig. Bald erschien Tochter wie Eltern ihre Verschiedenheit so unüberbrückbar wie Favela und Reihenhaus.

In dem Beispiel aus der therapeutischen Praxis prallte in der Tat ein prekäres südamerikanisches Herkunftsmilieu auf ein

Bildungsbürgermilieu im »Reihenhausformat«. Das geschah so plakativ, dass der Blick auf eine Differenz verloren ging, die bei einem leiblichen Kindschaftsverhältnis nicht minder heftig geworden wäre: auf der einen Seite ein junges Mädchen von hoher Vitalität und robuster Körperlichkeit, auf der anderen Seite ein in humanistischen Bildungsidealen verharrendes Ehepaar.

Bei Beziehungsbrüchen ist es immer verlockend, sich anderen Milieus zuzuwenden. Bei Menschen in Adoption und Pflegschaft, aus Leihmutterschaft- oder Samenspendenverhältnis liegt es nahe, Erklärungsmuster im biologischen Herkunftsmilieu zu suchen. Ist dies dann bekannt, wenden manche sich ihm verstärkt zu. Ist es nicht bekannt, verhalten manche sich so, wie sie es sich als passend vorstellen. Problematisch daran ist nicht die Identifikation mit dem Herkunftsmilieu an sich, sondern dass die Bemühungen um das Beziehungsgeschehen in der »realen« Bezugsgruppe vernachlässigt werden.

Die in Sabines Familie so sichtbar andere Herkunft zeigte ihre trennende Wirkung in einer Phase, die für Irritationen ohnehin prädestiniert ist: in der Pubertät. Es ist durchaus anstrengend und nicht immer schön, was dort in unzähligen Auseinandersetzungen verhandelt und in Streiten mitunter heftig ausagiert wird. Meist aber finden die Beteiligten zu einem Konsens, der jedem die Autonomie wahrt und dennoch zugewandte Beziehungen ermöglicht. Sabines Familie schaffte dies jedoch nicht. Sie wurde hier als Beispiel aufgeführt, um anhand der überdeutlichen Unterschiede zwischen den biologischen Eltern und Adoptiveltern – divergierende Kulturen, Sozialmilieus, Hautfarbe – auf Phänomene hinzuweisen, die auch in »Spenderkinderfamilien« wirksam sein können – dezenter, aber wirksam.

Vermeintliche Dummlinge unter der »eigenen Brut«

DIE SKIZZEN VON FRANK UND SABINE enden mit Trennungen von Kind und Eltern. Auch in leiblichen Eltern-Kind-Beziehungen kann ein Sichfremdbleiben mit Trennung enden. Am Schluss dieses Kapitels sei auf ein Beispiel aus der Literatur verwiesen, nicht nur im Sinne von »Das gibt es eben überall«. Vielmehr könnte es Betroffene mit unbekanntem dritten Elternteil motivieren, bei Fremdheitsgefühlen oder Beziehungsstörungen nicht sofort und nicht ausschließlich auf die »fremden Gene« zu verweisen.

Dass Menschen etwas Fremdes in sich spüren, ist ein bekanntes Phänomen. Es äußert sich in Redensarten wie »Sich in seiner Haut nicht wohl fühlen« oder »Nicht Herr im eigenen Haus sein«. Oft findet das Phänomen Eingang in die Literatur.

Hanno Buddenbrook und der Dummling im Märchen

SCHEITERN IST NAHELIEGEND, wenn die innere Stimme, für etwas anderes bestimmt zu sein, allzu groß ist. Die Figur eines solch tragischen Verlierers zog mit Thomas Manns Familiensaga »Die Buddenbrooks« in die Weltliteratur ein: Hanno. Als letzter männlicher Nachkomme der erfolgreichen Kaufmannsdynastie muss er Auftrag und Erblast von Generationen schultern; dem ist das Kind körperlich und psychisch nicht gewachsen. Seine hohe Sensibilität und sein musisches Talent sind im Kaufmannsgewerbe alles andere als Schlüsselqualifikationen. Dem Jungen ist das alles bewusst. Gerne würde er die vom Vater, dem angesehenen Senator, aufgelegte Messlatte überspringen. Doch schon bei jedem Anlauf weiß Hanno, dass er sie reißen wird. Die andere Seite in ihm ist zu ausgeprägt, um in der Welt von Vater und Großvätern zu bestehen.

Die Gene geben für Hannos Anderssein keine Erklärung her. Er ist eindeutig leibliches Kind seiner Eltern, Sohn von Thomas und Gerda Buddenbrook. Und natürlich weiß jeder Buddenbrook-Kenner, dass die Mutter die Musische in der Familie war. Dennoch kann sich ein Kind zu Hause fremd und innerlich zerrissen fühlen, wenn die maßgebliche, in diesem Fall die väterliche Bezugswelt der musischen Seite keinen Raum gibt. Hanno kann sich aus der Konfliktlage nicht lösen. Tragischerweise trennt ihn, den Zerbrechlichen, ein früher Tod aus der Welt der fremden Erwartungen.

In der Literatur wimmelt es von Außenseiterfiguren, bei denen Fremdheitsgefühle hochkommen, ohne dass unbekanntes Genmaterial eine Rolle spielte. Es ist also vorschnell, dieses sofort als Begründung heranzuziehen.

Dass es sich lohnt, das Abweichende anzunehmen und eine Strecke lang auszuhalten, ist eine Lebenserfahrung, die auch etliche Märchen vermitteln. Eins ihrer typischen Muster ist ein Vater mit drei Söhnen, von denen einer, meist der Jüngste, als Dummling gilt (beispielsweise Brüder Grimm: »Die drei Federn«). Er ist weder so behend noch so clever wie die anderen beiden und wird deshalb verspottet. Auf keinen Fall scheint er für des Vaters Erbe zu taugen. So ganz anders, offensichtlich nutzlos, ist das, was er kann. Im Verlauf des Märchens erweisen sich jedoch genau diese Fähigkeiten als unabdingbar für jene Bewährungsaufgaben, an denen die anderen beiden scheitern.

Die Brüder scheitern, weil sie zwar Qualitäten von höchstem Niveau einbringen, deren Wirkung jedoch verbraucht ist. Sie sind zu eingefahren und bewirken nichts mehr. Der vermeintlich »tumbe Tor« hingegen verfügt in Ausnahmesituationen über unverbrauchte, ungeahnt effektive Fähigkeiten. Wer sich den Blick für die Dinge jenseits familiärer Traditionen bewahrt, ist noch zu Perspektivwechseln fähig. Im Märchen bekommt er dann das Erbe, das Königreich – und die Prinzessin obendrein.

DIE STUMMEN JOSEF-VÄTER – GROSSZÜGIG ODER WILLFÄHRIG?

»SPENDERKIND« ANJA ENTDECKT DEN SOZIALEN VATER, LEA DIE »ELTERNSCHAFT ZU DRITT« UND THOMAS MANN DEN »WIEDERBEGINN SEINER SELBST«

DIE FAMILIENGESCHICHTEN DER HIER INTERVIEWTEN »SPENDERKINDER« haben bei aller Verschiedenartigkeit etwas gemeinsam: die Rolle der sozialen Väter. In den Schilderungen ihrer Kinder bleiben sie blass und auffallend still, nahezu stumm. Sie sind »Außenstehende« (Stina), solche, die sich zur Samenspende »nicht positionierten« (Jule), sie »nicht kommentierten« (Frank) oder die sich voreilig »eine Zeugungsunfähigkeit einreden ließen« (Johanna). Sie erscheinen durchweg als nicht unsympathisch, werden meist als »gutmütig und treu« (Stefanie) und »zuverlässig« (Lea) charakterisiert. Der noch später beschriebene Arthur vergleicht im Buch über sein Leben als »Spenderkind« den sozialen Vater mit Josef aus der Heiligen Familie.[116] Als zuverlässiger, treu sorgender »sozialer Vater« des göttlichen Kindes steht Josef an der Krippe, in der christlichen Ikonographie stets in der zweiten Reihe.

Treibende Kraft für den Kinderwunsch waren in allen Fällen die Mütter. Manche machten von dessen Erfüllung den Fortbestand der Ehe abhängig (Maria), andere äußerten ihn so sehnlich, dass für nichts anderes Platz blieb. Ihre Männer folgten dann dem Gang zur Samenbank »brav« (Lea), »ließen ihn geschehen« (Frank) oder »nahmen ihn kommentarlos hin« (Jule). Manche blieben ihm fern (Anja), andere »schienen nicht so recht zu wissen, um was es da ging« (Stefanie). Sunnys Vater schien im Vorfeld der Thematik ausgeblendet, Franziskas Vater neutralisierte sich in der Rolle eines Sprachdolmetschers. Auf die Gesamtheit der Väter trifft wohl eine Charakterisierung von Lea zu: »korrekt, aber leidenschaftslos«.

Über Männer und Kinderwunsch schrieb die Psychoanalytikerin Gisela Zeller-Steinbrich 1995: »Viele Männer bekommen Kinder, weil die Frau das wünscht, weil sie den bürgerlichen Normen entsprechend leben wollen oder weil sie es als eine Frage ihrer Potenz betrachten, aber nicht, weil sie ein Bild von sich selbst als aktiver Vater haben.«[117] Im ersten Teil dieser Aussage finden wir die Väter der »Spenderkinder« wieder, wie sie von ihren heute 25 bis 35 Jahre alten Kindern erinnert werden. Im zweiten Teil der Aussage fällt der Begriff, der sie im doppelten Sinn, als Vater und Mann, »draußen stehen« lässt: Potenz.

»Impotentia generandi« ist der medizinische Begriff für Zeugungsunfähigkeit. Impotenz – ein Begriff mit Bedeutungswucht. Witze und Gerede über Potenz und das »eigene Fleisch und Blut« lassen in jeder Männerrunde ahnen, wie viel männliche Selbstbestätigung sich an einer selbstgezeugten Nachkommenschaft festmacht. Und umgekehrt, wie tief die Kränkungen sitzen, wenn es hier Unzulänglichkeiten gibt. »Aktive Vaterschaft? Potenz? Aus der Nummer bin ich raus«, wäre der Kommentar in »Thekensprache«. Doch zeugungsunfähige Männer werden ihn nur denken können. Sprechen können sie darüber kaum.

Raus sein, draußen stehen. Das sind die Selbstverortungen der Väter, wie sie von ihren Kindern, unseren Interviewpartnern, erlebt wurden. Ihren Frauen gönnten sie den Kinderwunsch, mussten ihn gönnen. Und die meisten sorgten anschließend auch für Frau und Kind. Doch für ein Betrauern der eigenen Zeugungsunfähigkeit, für eine Auseinanderssetzung damit schien nirgends Platz. Jedenfalls wissen die Kinder davon nicht zu berichten.

Die Väter machten gute Miene zu einem Spiel, von dem andere nicht erfuhren, ob es konfliktbeladen war; möglicherweise wurde das als Gelassenheit oder Gleichgültigkeit wahrgenommen. Und wer verstummte, wurde vom Reproduktionsmediziner gelobt: »Was ich nicht weiß, macht mich nicht heiß«.[118] Dazu kam die Botschaft von der alles entscheidenden sozialen Prägung der Kinder. Gene? Damit halten wir uns mal nicht auf! Als wenn es den Vätern alleine um die ginge! Bei diesem Thema geht es immer auch um Kompetenzen, um Identität, um die Rolle als Mann und Vater, auch um die Verortung in der Gesellschaft anderer Väter.

Der Vater von Anja gewährt uns medial einen Einblick in seine Befindlichkeit. Mehr als zwanzig Jahre lang veranlasste ihn seine Verunsicherung zur Zurückhaltung. Nun tritt er gemeinsam mit seiner Tochter in einer TV-Dokumentation über »Spenderkinder« auf. In diesem ungewöhnlichen Zusammenhang überwindet er seine Sprachlosigkeit und gewinnt verlorene Teile seiner Kompetenz zurück. Er macht das reflektiert, mutig und behutsam. Er steht noch am Anfang des Prozesses, gleichwohl erscheinen seine Überlegungen exemplarisch, um etwas über die Selbstverortung von Vätern in seiner Lage zu erfahren.

»EIN GESPENST GEHT UM«

Anjas Geschichte

Anja, 25 Jahre, gezeugt in einem süddeutschen Reproduktionszentrum, Studentin der Kommunikationswissenschaft und Medienpsychologie, keine Geschwister, ledig, ohne Kinder; Anja will hier mit ihrem richtigen Vornamen genannt werden.

Medienquerverbindung: Gemeinsam mit ihrem Vater am 5.3.2015 in der WDR-Dokumentation »Menschen hautnah«, dort mit Sunny (siehe »Sunnys Geschichte«); am 25.5.2015 war Anja in einer Doku auf SAT 1 zu sehen

Wenige Tage vor dem verabredeten Treffen sehen wir Anja in einer Fernsehdokumentation. Die zierliche Studentin ist in der Phase unserer Interviews

offenbar in mehreren Medien präsent. Ihre gepflegte Sprache, ihre Unkompliziertheit, organisatorische Zuverlässigkeit, vielleicht auch ihre modische Ausstrahlung machen die junge Frau zu einer gefragten Gesprächspartnerin in Sachen Samenspenden.

Anjas Diktion routiniert zu nennen setzte einen falschen Zungenschlag. Ihr ist anzumerken, dass es für sie nichts Alltägliches ist, Privates öffentlich zu äußern. Unbedacht geht sie mit ihrer Biographie nicht um; inzwischen erlangte sie einige Übung. Wenige Wochen zuvor musste sie sich in einem von ihr angestrebten Gerichtsprozess als »Spenderkind« äußern. Auch theoretisch beschäftigt sie sich mit dem Thema. In ihrer Bachelorarbeit in Kommunikationswissenschaft hatte sie die öffentlichen Reaktionen nach dem Samenspender-Urteil im »Fall Sarah« im Februar 2013 untersucht. Die aktuellen Medienanfragen beantwortet die unternehmungsfreudige Studentin offensiv; gleichwohl rührt sie die Schilderung ihrer eigenen Lebenssituation an. Die Aufklärungsarbeit im Verein »Spenderkinder« ist ihr ein Anliegen für sie selbst und für Mitbetroffene. Wir lernen Anja also zuerst über den TV-Bildschirm kennen. Und auch ihren Vater. Anjas Mutter mochte sich im Beitrag weder zeigen noch äußern.

»An das Kind haben wir dabei gar nicht gedacht«[119]

Die Einleitung des Fernsehinterviews zeigt Vater und Tochter in einer kleinen Szene in der heimischen Küche. Es geht um Handreichungen, bei denen Anja die Tonangebende ist. Der Vater passt sich ihren Anregungen an und wirkt dabei überaus rücksichtsvoll, auch etwas unbeholfen. Der Küchenszene folgen Sequenzen, in denen sich beide getrennt voneinander äußern. Anja: »Ich habe meinen Papa immer sehr abgelehnt und konnte mir eigentlich gar nicht vorstellen, warum. Ich denke, das war, weil ich spürte, dass er mir was vorgelebt hat, eine Vaterrolle, die im Endeffekt nicht gestimmt hat.«

Es folgt eine längere O-Ton-Einspielung des Vaters. Mit freundlicher Mimik sitzt er im Sessel und bemüht sich mit belegter Stimme um eine behutsame Wortwahl. In der Verschriftlichung fallen die relativierenden Einschübe auf: »Es war schon 'ne gewisse Distanz da. Und dass sie nicht meine biologische Tochter ist, hat mich natürlich auch gedanklich dann immer beschäftigt. Und als sie dann älter wurde, habe ich es auch gesehen als ein – wollen wir mal so sagen – als ein Geheimnis, das das Vertrauen zwischen uns beiden getrübt hat. Im Nachhinein sehe ich es so – und das ist auch heute noch immer präsent: ›Das ist ja nicht meine Tochter.‹ Und dass man das im Unterbewusstsein gespeichert hat, und dass das Unterbewusstsein das Verhalten sehr stark mitprägt, würde ich sagen, das kann das Kind dann schon spüren.«

Danach wird der Vater zur Situation der Eltern bei der Entscheidung für die damalige Samenspende befragt: »Wir haben dabei gar nicht an das Kind gedacht, sondern nur an uns und haben gedacht, der Samenspender interessiert uns nicht. Wir sind dankbar, dass wir seinen Samen bekommen aber ansonsten wollen wir mehr auch gar nicht wissen. Der Arzt hat auch gesagt, es wäre gut, wenn das Kind nicht erfährt, dass ich nicht der biologische Vater bin. Das bringt nur Probleme und Komplikationen. Es gilt: Was ich nicht weiß, macht mich nicht heiß.«

Später hatten seine Frau und er überlegt, Anja die Wahrheit über ihre Zeugung zu sagen. Doch es fiel ihnen schwer, dafür einen passenden Zeitpunkt zu finden. Die Pubertät schien keine gute Phase dafür zu sein. Auch befürchtete der Vater, dass Anja sich dann von ihm entfernen könnte.

Anja war schon im Studium, als die Eltern sich ihr offenbarten. Emotional angerührt, mit Tränen kämpfend, beschreibt der Vater die Folgen: »Es war sehr schwer. Das braucht Zeit zum Verarbeiten, meine Frau hat das noch nicht bewältigt. Es war schon ein Schock und hat erst mal zum Zusammenbruch des gesamten Familiensystems geführt. Das muss man jetzt erst wieder aufbauen. Das braucht seine Zeit. Das ist ja auch erst zwei Jahre her.«

Ganz am Schluss des Films spielt die Regie diesen O-Ton des Vaters ein: »Wir sind jetzt am Anfang eines Weges. ... Wir beginnen, Vertrauen aufzubauen.«

»Ein Fremdheitsgefühl war immer da«

Wenige Tage nach der Ausstrahlung des TV-Beitrags kommt Anja zum vereinbarten Interview. Rasch sind ihre Positionen wiederzuerkennen, die sie in der TV-Sendung vermittelte. Seit zweieinhalb Jahren weiß Anja von ihrer Zeugung in einer Münchener Praxis. Sie kam gerade von einem Auslandsaufenthalt zurück, als ihre Eltern sich verpflichtet fühlten, die inzwischen 22-jährige Tochter über ihre Zeugung aufzuklären. Es gab keinen äußeren Druck; es war ihnen einfach ein Anliegen, sich durch die Wahrheit zu entlasten. Das medial sehr beachtete Samenspender-Urteil wurde erst ein halbes Jahr später publik.

Für Anja kam die Information ohne Motiv und Vorankündigung. Zuerst reagierte sie mit einem Verlegenheitslachen. Dann dachte sie, dass diese Kenntnis wohl ihr Leben verändern würde. Noch am gleichen Tag wurde sie krank, bekam Kopfschmerzen und Fieber. Es fiel ihr schwer, sich einzugestehen, dass die Information sie derart berührte. Es war vor allem die jahrelange Selbsttäuschung, die sie aufwühlte. Beispielsweise hatte sie ihre blonden Haare immer als Erbanteil des sozialen Vaters gesehen. Mit den Haaren wurde nun auch vieles andere fraglich.

Es folgte eine Phase der Erleichterung. Schließlich hatte Anja nun eine Erklärung für die häufigen Streitereien mit dem Vater. Ein Fremdheitsgefühl ihm gegenüber war immer da. Nun kam noch ein »Gespenst« hinzu. Denn »Ein Gespenst geht um« wurde ihre Redewendung für das unerklärliche Gefühl, wenn sie an den »Spendervater« dachte. Anja erinnert sich, dass sie die Eltern öfters mit der Bemerkung provozierte: »Ihr habt mich sicherlich adoptiert.« Und die Mutter hatte sie mal mit der Bemerkung geneckt, sie sei »fremdgegangen«. Pubertäre Streitereien gab es mit beiden Elternteilen, doch heftig und belastend waren überwiegend die Auseinandersetzungen mit dem Vater.

Konfrontation mit der »Kinderwunschpraxis«

Anja wächst in wirtschaftlich gesicherten Verhältnissen auf. Der Vater ist Inhaber eines mittelständischen Unternehmens. Die Mutter arbeitet als Selbständige im Gesundheitswesen. Ein Kind zu bekommen war ihr sehr wichtig. Als medizinische Eingriffe gegen die Zeugungsunfähigkeit des Mannes erfolglos blieben, wandte sich das Ehepaar an eine Münchener »Kinderwunschpraxis«. Dort kam es zu mehreren Inseminationsversuchen. Erfolgreich wurde ausgerechnet der Versuch, zu dem die Mutter alleine fuhr. Der vielbeschäftigte Vater »hatte dafür keine Zeit gefunden«, berichtet Anja.

25 Jahre später führt der Weg in Sachen Samenspende noch einmal nach München. Allerdings zum Gericht. Anja klagt auf Herausgabe der Spenderdaten. Ergebnislos, denn der zuständige Arzt hatte die Unterlagen vernichtet. Anja war nach dem Gerichtstermin aufgewühlt, enttäuscht und traurig. Für den Mediziner, dem Anjas unglückliches Gesicht nicht entgehen konnte, war das eine Bestätigung seiner Auffassung, Aufklärung der Kinder schade nur. Und »große Kinder« sollten besser keine Nachforschungen betreiben. Gewonnen hatte Anja bei dem verlorenen Prozess indes die Zuwendung ihres sozialen Vaters; er hatte seinen Anwalt der Tochter zur Verfügung gestellt.

Ohne eine Spur ihres biologischen Erzeugers gefunden zu haben, kommt Anja vom Prozess zurück. Ihr Erzeuger bleibt für sie eine »Silhouette ohne Gesicht«. So nennt sie das Bild, das sie sich von dem Unbekannten macht. Herausgefunden hat sie inzwischen allerdings den Wortlaut des Aushangs an der Uni, mit dem er seinerzeit umworben wurde. Sie zitiert ihn mit bitterem Lächeln: »Vertrauenswürdige, gesunde Spender gesucht.«

Papa, Vater, Erzeuger – der Silhouette Name und Gesicht geben

Anja gehört nicht zu jenen, denen in der U-Bahn der Gedanke einschießt, einer der Mitpassagiere könnte ihr Vater sein. Sie mag auch keine Phantasien über ihn anstellen. Womöglich würde es ihr reichen, seinen Namen zu kennen und ein Foto zu haben. Der Spender müsste nicht fürchten, dass sie irgendwelche Ansprüche stelle, beteuert Anja. Sie will nur Klarheit, was zu ihrer Herkunft alles dazugehört.

Ein Gesicht konnte Anja der »Silhouette« bislang nicht geben. Doch diese Leerstellen zu besetzen ist ihr derzeitiges Lebensthema. Anja ist im Verein »Spenderkinder« aktiv. Zudem ließ sie sich in einer amerikanischen Datenbank registrieren. Ihre dort eingereichte Speichelprobe erbrachte bisher Kenntnis über entfernte Verwandtschaftsgrade mit vermuteten 50 Prozent jüdischen Genanteilen. Sie überlegt noch, ob sie jüdischen Themenkreisen nun mit neuer Aufmerksamkeit begegnen will. Vorerst betrachtet sie dieses Puzzlesteinchen recht emotionslos.

Heute, mehr als zwei Jahre nach ihrer Aufklärung, versteht Anja sich mit ihren Eltern besser. Sie hat sich auch entschieden, dass die emotionale Bezeichnung »Papa« ihrem sozialen Vater vorbehalten bleibt. Das Wort »Vater« reserviert sie dem genetischen Vater, meint aber, dass der Spender damit begrifflich überbewertet würde. Aber sie wisse keinen passenden Ausdruck. »Erzeuger«, meint Anja, passe nicht so recht, weil dieser technische Begriff am ehesten die Rolle des Mediziners trifft.

Anja ist nicht gegen die donogene Insemination, plädiert aber für Offenheit von Anfang an. »Unbeantwortete Fragen nerven«, weiß sie. Ihr gefällt der Gedanke, dass ihre öffentlichen Aussagen als »Spenderkind«

möglicherweise denjenigen eine Stimme geben können, die sich in jungem Alter noch nicht reflektiert zu ihrem Zeugungsstatus äußern können. Auch an Adoptivkinder denkt sie dabei; und an die unbekannte, zukünftig aber wohl wachsende Gruppe von Leihmutter-Kindern.

Wenn Vätern ein Perspektivwechsel gelingt

WERDEN KINDER ÜBER IHRE SAMENSPENDER-ZEUGUNG erst spät aufgeklärt, kann es für sie verlockend sein, damit nachträglich nahezu jegliche Lebensirritation zu begründen. Anja etwa deutet den Adoptionsgedanken, den sie als Kind einmal – wie viele Gleichaltrige – geäußert hatte, als frühen Beleg ihrer »Fremdheitsahnung«. Dabei ergeben sich für die spannungsgeladene Vater-Tochter-Beziehung durchaus noch andere Motive. Es sind Überlegungen, die weniger mit dem Mädchen als mit dem Selbstbild des Vaters zu tun haben. Sein Mitwirken im TV-Beitrag erlaubt einen Einblick, der zu einem – spekulativen – Perspektivwechsel animiert.

Anjas Vater erscheint in dem Filmausschnitt in Gestik und Sprache als sehr behutsam, geradezu so, als verbiete er sich , in die Erziehung insistierend oder konfrontativ einzugreifen. Auffallend ist seine resignierende Bemerkung, dass ihm beim Streit mit der Tochter öfters der Gedanken kam: »Sie ist ja eh nicht meine Tochter.« Das klingt wie: »Da kann man nichts machen.« Jugendliche erwarten bei pubertären Konflikten hingegen auch eine Positionierung der Eltern. Möglicherweise vermissen Mädchen von der Vitalität Anjas ein väterliches Profil besonders. Es war oft erst Streit, der den Vater zu einer Konturierung zwang.

Heute greift Anjas Vater kompetent ins Geschehen ein. Zwar geht es nicht mehr um Erziehung, aber es geht um wichtige Etappen in Anjas Leben. Er unterstützte Anjas Gerichtsprozess und äußert sich in der Filmdokumentation. Nun steckt er auch nicht mehr vor den unbekannten Genen des »anderen Vaters« zurück. Seine biologische Potenzbegrenzung zieht nicht mehr eine psychische Selbstdepotenzierung nach. Anja kämpft nun weniger mit dem Vater, seit sie spürt, dass er für sie kämpft.

Anjas Vater hat sich selbst von einer Außenposition wieder in die Mitte der Familie gebracht. Er räumt das Feld nicht mehr dem unbekannten Samenspender; er ignoriert ihn aber auch nicht. Er hat akzeptiert, dass es für Anja eine »Elternschaft zu dritt« gibt. Das ist eine Formulierung, mit der das »Spenderkind« der nächsten Lebensskizze, die 30-jährige Lea, ihre Familiensituation charakterisiert. Sie leitet davon die Verpflichtung zur Beratung aller an der heterologen Insemination Beteiligten ab. Was Anjas Vater mit 25 Jahren Zeitverzögerung heute mühsam nachholt, gehört an den Anfang der Überlegungen zur Kinderwunscherfüllung.

»EINE ELTERNSCHAFT ZU DRITT«

Leas Geschichte

Lea, 30 Jahre alt, gezeugt in der Praxis einer westdeutschen Großstadt; ledig, ohne Kinder, keine Geschwister; Psychotherapeutin in Norddeutschland; Mitbegründerin des Vereins »Spenderkinder«

Auch Lea will, dass gründliche Überlegungen und Beratung am Anfang der Kinderwunscherfüllung stehen. Auch deshalb wurde sie Mitbegründerin des Vereins »Spenderkinder«. Vor allem wehrt sie sich gegen die »Kopf in den Sand«-Ratschläge der Reproduktionsmedizin, denn »eine Schwangerschaft durch Samenspende wird immer eine Elternschaft zu dritt«. Das ist Leas zentrale Botschaft. Diesen Gedanken will sie in den Köpfen derer verankert

wissen, die über einen Kinderwunsch per Samensspende nachdenken und juristisch über sie befinden. In diesem Punkt ist sich Lea ganz sicher. Sie beruft sich sowohl auf ihre eigenen Erfahrungen als auch auf professionelle Reflexionen als approbierte Psychotherapeutin.

Und auch davon ist sie fest überzeugt: dass zur Vorbereitung der Eltern auf eine Samenspende vor allem eine Auseinanderssetzung mit der Zeugungsunfähigkeit des Mannes gehört. Bei der Entscheidung ihrer Eltern wurde das übergangen, in den Hintergrund gerückt und dadurch – unbewusst - sehr dominant. Nirgends konnte Lea erkennen, dass die Eltern Gefühle von Enttäuschung und Kränkung durch die Zeugungsunfähigkeit des Vaters je zugelassen, geschweige denn problematisiert hätten. In der Familiendynamik schlug sich das negativ nieder. Mindestens so wichtig wie eine frühe Aufklärung der Kinder ist für Lea deswegen die Aufklärung der Eltern, bevor diese sich für eine Samenspende entscheiden. Das Modell der Adoptionsvermittlung schwebt ihr dabei vor. »Allerdings«, so vermutet sie, »je älter ich werde, desto mehr glaube ich, dass die Eltern danach eine Samenspende nicht mehr wollen.«

Leas Eltern war die Zeugungsunfähigkeit des Mannes schon vor der Eheschließung bekannt. Der begegneten sie mit der fatalistischen Einstellung, die Lea als typisch für sie sieht: »Wir wissen, dass wir keine Kinder kriegen können. Aber irgendwie wird das doch noch klappen.« Der starke Kinderwunsch ging von der Mutter aus, sie ergriff die Initiative. Lea: »Bei allem Familiären machte sich mein Vater keine großen Gedanken und überließ die Aktivität meiner Mutter.« Die Eltern waren Mitte dreißig, als sie zunächst überlegten, den Bruder des Vaters als Samenspender zu wählen. Die Idee verwarfen sie aber, weil sie spätere Komplikationen befürchteten, möglicherweise Ansprüche des Bruders auf das Kind. Der Entscheidung der Mutter für eine Samenbank sei der Vater »brav gefolgt«.

In die Prozesse der nachfolgenden Schwangerschaft war der Vater nicht sonderlich involviert, sein Beruf war mehr und mehr zu »seinem Kind«

geworden. Er promovierte; zu Hause blieb er eher blass. Wichtiger, als sich emotional einzubringen, war ihm, der Familie einen sicheren Rahmen zu geben; das tat er sehr zuverlässig.

Korrekt, aber leidenschaftslos, so erlebte Lea ihren Vater. Die beiden erreichten sich nicht richtig. »Meine Mutter spürte das«, meint Lea, »darüber war sie bekümmert. Ihr selbst dürfte es nicht viel anders ergangen sein. Streit hatten meine Eltern selten. Aber es gab Leere und Bedauern.«

Ein starkes Band zwischen den Eheleuten war ihr beiderseitiges Bedürfnis nach Sicherheit. Das habe der Vater sehr gut bedient. Lea sieht aus ihrer psychologisch geschulten Sicht darin auch einen möglichen Wunsch nach Kompensation und persönlicher Rehabilitation. »Vielleicht meint er, etwas gutmachen zu müssen«, spekuliert Lea und formuliert, was ihr Vater denken könnte: »Zeugen kann ich nicht, aber Sicherheit geben kann ich.«

Lea war noch sehr jung, als sie von seiner entbehrungsreichen Kindheit hörte. Er tat ihr leid. Lea bemühte sich, ihm Gefühle der Zugehörigkeit zu zeigen, und sie registrierte, dass auch er sich darum bemühte. Doch wirkte er dabei so hilflos.

»Vom Papa habe ich eigentlich gar nichts«

Lea spürte, dass die Beziehung zum Vater nicht so war, wie sie es bei anderen Kindern erlebte und wie ihre Eltern es sich wohl wünschten. Sie hatte aber keine Idee, wie sie dies ändern könnte. Das empfand sie als sehr anstrengend. Trotzdem stellte sie ihr Eltern-Kind-Verhältnis nie infrage. Auch Vertauschungs- oder Adoptionsphantasien kannte sie nicht. Es war reiner Zufall, dass sie mit zehn Jahren eine Bemerkung machte, die ihre Mutter zum Anlass nahm, Lea über ihre Zeugung aufzuklären. Das hatten sie und ihr Mann sich schon sehr lange vorgenommen, bis dahin aber keine passende Gelegenheit gefunden.

Lea fragte ihre Mutter eines Tages, was diese von Eizellenspenden halte. In der Zeitschrift *Eltern* war das Mädchen zufällig auf das Thema gestoßen. Leas Mutter nahm dies als Hinweis, dass ihre Tochter nun alt genug sei, solche Zusammenhänge zu verstehen. Ein paar Wochen später – es war vor dem Zubettgehen – kam das Thema Familienähnlichkeiten auf. Haare, Augen, Eigenschaften wurden verglichen, als Lea für sich resümierte: »Vom Papa habe ich eigentlich gar nichts geerbt.« Das war für die Mutter ein Stichwort, auf das sie geradezu gewartet hatte. Sie erzählte der Zehnjährigen, wie das damals war mit der Samenbank. Ihrem Mann berichtete sie anschließend von dem Gespräch. Jeder wusste nun, dass der andere Bescheid wusste, doch untereinander griffen sie das Thema damals nicht weiter auf.

Lea empfand die Information keineswegs als belastend, sie bedeutete keinen Bruch mit ihrer bisherigen Vorstellungswelt. Eher war sie entlastend, denn sie erklärte ihr, warum sie und der Vater nicht so recht zueinander fanden. Schön war sogar die Phantasie – und Mutter habe dieses Gedankenspiel mit Verve mitgemacht –, dass Lea Halbgeschwister haben könne. »Diese Vorstellung war uns nicht unsympathisch. Sie öffnete weitere Fenster im Leben«, meint Lea.

Die ohnehin schon enge Beziehung zwischen Mutter und Tochter wurde nun noch stärker. »Wir wollten es dir nicht früher erzählen, damit du selbst entscheiden kannst, wem du es erzählen möchtest – es muss ja nicht jeder wissen.« Leas Freiheit bedeutete gleichzeitig, Verantwortung zu übernehmen. Ohne dass sie hätte verpflichtet werden müssen, fühlte sie sich ab sofort für den sorgsamen Umgang mit dem Familiengeheimnis mitverantwortlich. Sie erzählte es nur solchen Freundinnen, bei denen sie sicher sein konnte, dass diese nicht in Beziehung zu ihren Eltern standen. In der Verwandtschaft weiß bis heute lediglich die Familie des Vaters von der donogenen Insemination. Denn die Zeugungsunfähigkeit des Vaters ist dort seit dessen Jugend bekannt.

Lea ist froh, dass sie schon im zehnten Lebensjahr informiert wurde, auch wenn ihr das damals als sehr spät erschien. Die ganze Tragweite der Nachricht konnte sie seinerzeit zwar noch nicht ermessen, doch seitdem lebt sie mit dem Selbstverständnis dieses Wissens. Sie ist überzeugt, dass ihr dadurch »der Schock« erspart blieb, den sie von manchen Spät-Aufgeklärten kennt. »Ich konnte meiner Mutter abnehmen, dass sie mich aufklären wollte und die Gelegenheit dann auch ergriffen hat.« Vor allem ist sie froh, dass sie als Jugendliche nicht von selbstquälenden Zweifeln geplagt wurde, was sonst noch in ihrer Biographie nicht stimmen könnte. Lea musste nicht »nach den großen Lügen im Familienroman suchen«.

Die Wurzeln unter dem anderen Fuß

Lea klagt derzeit gegen die damalige »Kinderwunschpraxis« auf Herausgabe der Spenderdaten. Sie rechnet sich kaum Chancen aus, will aber nichts unversucht lassen. Sie erhofft sich davon, sich selbst besser kennenzulernen. »Die Wurzeln unter dem anderen Fuß«, nennt sie es, »bislang kenne ich nur die unter dem Fuß mütterlicherseits. Nicht, dass ich mich unglücklich oder unsicher fühlen würde. Aber da ist noch eine Lücke in meiner Herkunft, die ich gerne schließen würde.«

Lea hegt weder Idealphantasien über den Samenspender, noch drängen sich ihr Vorstellungen auf, ihm an der nächsten Ecke zu begegnen. Was sie erwartet, sollte sie ihn einmal kennenlernen? »Sehen, wie der tickt«, das würde ihr genügen. Ob mehr daraus werden kann, lässt sie offen. Sie hat keine speziellen Wünsche an ihn. »Allerdings«, wirft sie ein, »eine Erwartung habe ich doch. Ich wäre enttäuscht, wenn ich ihn nicht interessieren würde. Er sollte schon wissen, dass es mich gibt.«

Lea will selbst gerne Familie und Nachwuchs haben. Der Gedanke, welche Rolle der noch unbekannte genetische Vorfahr dann spielt, vermag sie nicht zu sagen; damit beschäftigt sie sich noch nicht.

Kinder als »Fortsetzung und Wiederbeginn« des elterlichen Selbst

LEA FORDERT DIE VERPFLICHTUNG ZUR FRÜHZEITIGEN AUFKLÄRUNG der Kinder sowie eine intensive, fachliche Vorbereitung der angehenden Eltern – sowie des Spenders. Es wird eben eine »Elternschaft zu dritt«. Als Psychotherapeutin hat Lea ein Gespür für die Wirkung auch des Nicht-Gesagten. Sie ist überzeugt, wenn der soziale Vater sich nicht im Vorfeld klar macht, dass die Samenspende für ihn auch etwas Demütigendes haben kann, schlägt sich das in der späteren Vater-Kind-Beziehung nieder. Sie hat das erlebt.

Anjas Vater, den im Beruf erfolgreichen Macher, erleben wir in der Filmszene beim Thema Nachwuchs in seiner Ohnmacht. Er wirkt verhalten und traurig. Beim Zuschauer rührt er eine Seite an, die zu vertiefen sich lohnt, denn in unseren Interviews war von einer Traurigkeit der zeugungsunfähigen Familienväter keine Rede. Das ist einleuchtend, weil wir nur die Kinder befragten. Dass diese nichts davon erzählten, kann ein Ausdruck ihrer wortlosen Empathie sein. Kinder möchten ihre Väter nicht als schwach vorgeführt sehen. Und wer die Unterschiede zwischen »Impotentia generandi« und Depontenzierung, zwischen Traurigkeit und Schwäche zu unterscheiden vermag, ist schon kein Kind mehr.

Ausbleibende Trauerarbeit der Männer

BEZEICHNENDERWEISE IST ES DIE EHEFRAU eines zeugungsunfähigen Mannes, die von Trauerarbeit spricht. Es ist die Mutter des französischen »Spenderkindes« Arthur. Im Buch ihres Sohnes »Ganz der Papa« äußert sie: »Ich hatte durchaus eine Trauer zu verarbeiten. Mir gefällt ja auch die äußere Art meines Mannes. Wenn man die Trauer um die fehlende physische Ähnlichkeit nicht durchlebt, dann tendiert man wahrscheinlich dazu, den Kindern lieber nichts über die Art ihrer Zeugung sagen zu wollen. Etwas zu sagen, heißt ja auch, es zu akzeptieren.«[120] Arthurs Folgerung daraus trifft sich ganz mit Leas Forderung nach einer fachlichen Vorbereitung der Eltern: »Es muss also zunächst die Trauer über die Unfruchtbarkeit begleitet werden, bevor nach einer Lösung (etwa Samenspende) gesucht wird.«[121]

Ohne vorherige Auseinandersetzung damit, dass eine Samenspende mehr als ein materieller Akt ist, drohen die Betroffenen auch in die Falle vorschneller Begründungen zu tapsen. Bei allen möglichen Konflikten verweisen sie dann auf den fremden genetischen Anteil. So meint Lea, sie sei ihrem Vater von Anfang an etwas fremd geblieben, und der hätte dafür rasch das Erklärungs-Etikett »Fremdzeugung« zur Hand gehabt. Der Aspekt, dass er selbst bindungsunsicher aufwuchs und ihm das »Fremdeln« als frühes Lebensthema aufgezwungen wurde, fällt dann aus dem Blick. Dieser Blick ist aber wichtig, weil eigene frühe Bindungserfahrungen die Bindungsqualität zu den eigenen Kindern prägen.

Hilfreich ist es, wie bei Anjas Vater zu sehen, wenn die sozialen Väter wenigstens später noch aufarbeiten, was sie bisher versäumten. Dazu kann es auch jenseits von professioneller psychologischer Hilfe Impulse geben – und sei es durch die Mitarbeit an der Dokumentation über »Spenderkinder«. Bleibt jegliche Auseinandersetzung über die Zeugungsunfähigkeit aus, kann daraus der Humus entstehen, auf dem gewöhnliche Konflikte mit den Kindern ungewöhnlich groß werden können. Auch die Paarbeziehung dürfte davon nicht unberührt bleiben. 60 Prozent der Eltern unserer Zufallspopulation trennten sich jedenfalls, ehe die Kinder erwachsen waren.

Die sogenannten neuen Väter der aktuellen Generation zwischen »Held oder Weichkeks«[122] haben es nicht leichter, mit einer möglichen Zeugungsunfähigkeit umzugehen. Wer sich eingesteht, dass sie ihn kränkt, kann sich unter Gender-Aspekten dem Vorwurf aussetzen, männliche Dominanzwünsche zu hegen.

Undenkbar wäre es, dass die unter süffisanter medialer Dauerbeobachtung stehenden »neuen Väter« sich äußerten wie einst 1905 Thomas Mann bei der Geburt seiner Tochter Erika: »Es ist also ein Mädchen: eine Enttäuschung für mich.« Und dann folgt im Brief an Bruder Heinrich der Zusatz, der die sozialen Väter der »Spenderkinder« für immer draußen stehen lassen müsste: »Ich empfinde einen Sohn als poesievoller, mehr als Fortsetzung und Wiederbeginn meiner selbst unter neuen Bedingungen.«[123]

Der Kommentar des späteren Literaturnobelpreisträgers würde heute in den sozialen Netzwerken kritisch kommentiert. Authentisch war er allerdings. Er offenbarte unumwunden einen Wunsch. Der muss nicht auf ewig so stehen bleiben. Aber allein durch Zurücknahme der Formulierung schwindet er nicht. Das verlangt schon eine Auseinandersetzung mit ihm.

Zur gendermäßigen Ehrenrettung Thomas Manns sei angefügt, dass die Enttäuschung über seine Erstgeborene nicht bei der ersten Äußerung stehen blieb. Nachdem Erika fünf weitere Kinder gefolgt waren und sie dem Vater in der Zielgeraden seines Lebens »Kronprinzessin« und das »liebe, mutige Kind« geworden war, konnte er sagen: »Ich sehe da eine väterlich-töchterliche Verwandtschaft der Naturen.«[124]

GÖTTLICHE KINDER, »MONSTERSCHWANGERSCHAFT« UND IRRITIERTE ELTERN

EINE ÄRZTIN BEIM SCHÖPFERAKT. ARTHUR UND FRANZISKA WOLLEN NICHT OBJEKT SEIN

Inspiriert von Opern-Musik wurden die Zwillinge gezeugt. Genauer: während der Pause nach dem ersten Akt von Wagners »Walküre«. Und es hatte funktioniert. Der Großvater, selber Wagnerianer, schwärmte später vom musikalischen Gespür seiner Enkel. Die »Mutter« sagt, sie hätte geahnt und gewollt, dass »diese Sonntagskinder eine besondere Musikalität in die Wiege gelegt bekämen«. Sie hatte den Zeugungsakt ganz genau »platziert«.

Zeugung bei Wagner-Musik

ES KLINGT NACH DER KINDERWUNSCHERFÜLLUNG eines spätromantischen, leicht überspannten Paares. Aber warum nicht? Die einen besorgen es halt in der Bettwäsche ihres Lieblingsfußballvereins, andere lassen Wagner-Musik laufen.

Der reale Schauplatz der Episode ist jedoch die sterile Laborwelt eines Reproduktionszentrums des 21. Jahrhunderts. Geschildert wird sie im Buch »Kindermachen« von Andreas Bernard.[125] Dessen umfangreiche Recherche führte ihn unter anderem in ein renommiertes Münchener Kinderwunsch-Institut. Detailliert beschreibt er die dortigen Abläufe. Werden seine Zitate – wie eingangs – in einen nur geringfügig veränderten Kontext gestellt, fällt auf die Arbeit ein überraschendes Licht.

Bernard fragt die leitende Medizinerin, ob sie die Vorstellung eines »Schöpfungsakts« hat, während sie mittels zweier Pipetten via Computerbildschirm Sperma einer Eizelle zuführt.

Immerhin »sucht sie die Spermien unter dem Mikroskop aus, im sicheren Wissen darum, dass die Wahl des umherflirrenden Punkts daneben einen ganz anderen Menschen hervorbringen würde, mit anderen Gesichtszügen, anderem Temperament, anderem Lebensschicksal«.[126] Die Medizinerin antwortet Bernard »mit größter Lakonie«: »Bei der natürlichen Befruchtung ist es die Eizelle, die entscheidet; bei ICSI[127] bin ich es«.[128] Bernard charakterisiert die Dame als nicht unempathisch. Am stärksten jedoch beeindruckt ihn deren konzentrierte Routine; die technischen Abläufe in der Reproduktionsmedizin verlangen größte Exaktheit.

Und dann das: Die so kontrollierte Wissenschaftlerin spricht plötzlich von ihren »Sonntagskindern«. Manchmal reicht die Zeit während der ausgedehnten Pause einer Sonntagsaufführung in der nahegelegenen Münchener Oper, um »nebenan« Eizelle und Sperma unter dem Mikroskop zum Lebensstart zu verhelfen – ihren »Sonntagskindern«. Bei der Arbeit hört sie gerne klassische Musik; die hält dem Mythos aus einer anderen Zeit im sterilen Labor eine Nische frei. Es darf die Vorstellung aufleben, dass atmosphärische Einflüsse prägend auf den Embryo bei Konzeption und Schwangerschaftsbeginn wirken. Wagner-Klänge scheinen dafür besonders geeignet.

Die Pränatalforschung[129] bestätigt durchaus die Möglichkeit affektiver Beeinflussung des Fötus über die Mutter. Auch dass im Mutterleib »Musik mitgehört« werden kann, gilt als nachgewiesen. Es ist jedoch kaum wahrscheinlich, dass solche Forschungsergebnisse Themen in Befruchtungslaboratorien sind.

Mit der »menschelnden Fußnote« aus dem sterilen Labor unterstellt Bernard der hochqualifizierten Wissenschaftlerin nicht im Geringsten esoterische Ambitionen. Dennoch offenbart die

Szene etwas von der tiefen Verwurzelung magischer Gedanken, wenn es um den Beginn des Lebens geht. Am Lebensende ist das nicht anders. Bei den letzten Dingen erfährt das Irrationale wieder Bedeutung: Da können Halbsätze und Liedfragmente plötzlich zu Vermächtnissen werden.

Reale Wirkung des Irrationalen

WAS WIE EIN AUSREISSER zu einem längst überwundenen »Volksglauben«, wie eine Regression des ab- und aufgeklärten Menschen erscheint, hat auch im 21. Jahrhundert durchaus noch einen Platz. Mythologisches spielt in Staaten und Religionen manchmal eine herausragende Rolle, beeinflusst mitunter Entscheidungen über Krieg und Frieden. Mythen sind zwar irrational, doch ihre Wirkung kann sich als höchst real erweisen. Wer nicht respektiert, was anderen heilig ist – etwa Berge, Städte, Flüsse, Gebäude, Schriften – provoziert, und er riskiert heftige Gegenwehr.

Mythen ranken sich auch um die genealogische Herkunft von etlichen Religionsstiftern und Dynastiebegründern. Sie gelten als derart besondere Wesen, dass es unvorstellbar ist, sie seien so banal wie jedermann gezeugt, geboren und erzogen worden. Etliche Geburts- und Kindheitslegenden der Großen und Heiligen erwähnen jedenfalls nichtleibliche Verwandtschaftsverhältnisse, deuten »Elternschaften zu dritt« an oder berichten von Ersatzeltern- oder Leihmutterschaften.

Beispielsweise wächst der germanische Held Siegfried in Unkenntnis seiner Eltern bei Alberich, dem Zwerg, in Pflegschaft auf. Russlands legendärer Stammvater, der Heilige Wladimir, ist des Großfürsten uneheliches Kind und muss erst die Halbbrüder aus dem Weg räumen, bevor er Staatsgründer wird und Patron der orthodoxen Kirche. Religionsstifter Mohammed kommt im Kleinkindalter als Waise zum Großvater. Moses wurde in einem Körbchen als Findelkind aus dem Wasser geborgen; eine ägyptische Pharaonentochter nahm den späteren Stifter des Judentums auf. Das Alte Testament kennt prominente Fälle von Leihmutterschaften und extrem Spätgebärenden. Die Magd Hagar trägt für die kinderlose Sarah Abrahams Sohn Ismael aus, bevor Sarah als Greisin den Stammhalter Isaak doch noch selbst zur Welt bringt. Das Motiv der Spätgebärenden wiederholt sich im Neuen Testament bei Zacharias und Elisabeth, die Johannes den Täufer als Sohn bekommen. Der wiederum wird Wegbereiter für Jesus, dessen Familienkonstellation nach weltlicher Sicht der Situation heutiger Spenderkinder ähnelt. Josef ist nicht der Erzeuger, jedoch der soziale Vater.[130]

Der Verweis auf historische und religionsgeschichtliche Erscheinungen ist in keiner Weise respektlos gemeint, auch keine Banalisierung dessen, was anderen wichtig und heilig ist. Es ist hier auch ohne Belang, über den historischen Tatsachengehalt der Geschichten, ihrer Protagonisten und Zeiten zu streiten. Es geht allein darum, Kinder zu verstehen. Es ist bekannt, dass ihre Phantasie Bilder und Konstellationen produziert, die den Mythen von Völkern und Religionen ähneln. Offensichtlich finden sich gewisse Urbilder in kollektiven wie in individuellen Entwicklungen wieder.

Der Franzose Arthur Kermalvezen[131] beschreibt explizit seine Identifikation als »Spenderkind« mit Jesus: »Ich habe mich stark mit Jesus, dem Ausreißer, identifiziert, der die Gelehrten der Synagoge aufsucht, um sie zu unterrichten«, so kommentiert er die Geschichte vom zwölfjährigen Jesus im Tempel im Lukasevangelium.[132] Er entkleidet die Heilige Familie

aller ihrer Spiritualität und vergleicht sie mit einer Familie nach donogener Insemination: »Jedenfalls entspricht das Bild der christlichen Familie, das die Kirche mit ihrem Beharren auf den Naturgesetzen und der Warnung vor DI heutzutage geltend macht, nicht dem der Familie von Jesus. Könnte man es nicht so sehen, als ob Jesus durch DI gezeugt wurde? Auf jeden Fall mochte ich immer Joseph gerne – er war der Papa. Von Maria hingegen kann ich das nicht behaupten, vor ihr hatte ich immer Schiss, weil ich nicht anders konnte, als ihr Ehebruch zu unterstellen. Unsere Gesellschaft, die viel christlicher ist, als es oft erscheint, hat mithilfe der Cecos (französische Reproduktionszentren) viele kleine potenzielle Jesus-Abbilder geschaffen, deren Mütter ihre Männer nicht mehr betrügen. Danke Cecos: Dank euch musste meine Mutter nicht mit dem Briefträger schlafen, um uns, meine Schwestern und mich, zu bekommen!«[133]

Die Aura vom »göttlichen Kind« als normale Entwicklungsphase

SEIT DEM ALTERTUM WIRD DIE VORSTELLUNG GEPFLEGT, wonach ein göttliches Kind nicht auf gewöhnlichem Weg gezeugt wird. Der Samen eines Gottes musste zumindest beigemischt sein. Beispielsweise soll Zeus in Schlangengestalt oder als Blitzstrahl zugegen gewesen sein, als Alexander der Große gezeugt wurde. Menschliche Sexualität allein konnte keine große Gestalt, erst recht keinen Erlöser hervorbringen.

Kinder in ihrer »magischen Phase« können ganz rasch »Alexander der Große« oder andere Weltenherrscher werden. Kraft Phantasie »zaubern« sie sich in die Rolle hinein.[134] Informationen über Besonderheiten von Zeugung und Herkunft können ihre Phantasie, Auserwählte zu sein, befeuern. »Spenderkind« Frank aus unserer Interviewreihe war schon ein Jugendlicher, als er die Information aufschnappte, dass Kinder im Reagenzglas gezeugt werden können. Sein erster Gedanke war, wie erwähnt, dass Wissenschaftler im Labor genetische Anteile derart mischen würden, um einen »Auserwählten mit besonderen Fähigkeiten« entstehen zu lassen.[135] Für ihn war das zunächst eine Erklärung für sein naturwissenschaftliches Interesse, das sonst keiner in der Familie aufweisen konnte. »Spenderkind« Jule gesteht als junge Frau die Zwiespältigkeit ihres Wunschs, den genetischen Erzeuger kennenzulernen. Einerseits erhofft sie sich endlich Klarheit, andererseits gestattet ihr die Unkenntnis, an der Phantasie festzuhalten, vielleicht »eine besonders Auserwählte« zu sein.[136]

Justine Kermalvezen, die wie ihr Bruder Arthur ebenfalls einer donogenen Insemination entstammt, erinnert sich im Buch ihres Bruders: »Ich lebte völlig in meiner Phantasie, dass ich irgendwo einen zweiten Vater hatte. ... Ich war also eine Prinzessin, und mein zweiter Vater war ein König, den ich in meinen Träumen traf. Papa (gemeint ist der soziale Vater) war für mich mein Adoptivvater, aber er war nicht mein Vater.«[137] Einmal sagte sie trotzig zu ihrem Bruder: »Mein Spender ist Gott, es ist Jesus!«[138]

Genealogische Unschärfen dienen auch noch in der Erwachsenenwelt der Mythenbildung. Bei Weltstars fachen sie eine mögliche Legendenbildung an, so wie beispielsweise bei Marilyn Monroe, die einst als Pflegekind aufwuchs. Die Probleme, die eine ungeklärte Vaterschaft und Bindungsunsicherheit auslösen, interessiert die Öffentlichkeit weniger. Auch die Betroffenen selbst erleben ihre Situation ambivalent: einerseits als Leere, andererseits als Freiheit. Wer sich seinen Familienbanden nicht zu sehr verpflichtet fühlen muss, kann sich dem vermeintlichen oder dem phantasierten Auftrag einer »anderen Familie«, auch einer anderen Instanz hingeben. Ungebundenheit kann ebenso als Verlassenheit empfunden werden, wie sie auch frei machen kann, eigenwillige, abweichende Wege zu gehen. Die Aura des Besonderen in sich zu spüren kann dann je nach Umständen und Inhalt des »Berufungsgedankens« kreativ oder blockierend wirken, kann gewinnend ausstrahlen oder destruktiv provozieren.

Auch hier liegt die Tücke im Normalen. Denn dass sich Kinder so ganz anderen, von der Familie abweichenden Aufträgen verpflichtet fühlen können, gehört zu einem gesunden Autonomiestreben. Besonders in Umbruchzeiten der Persönlichkeitsentwicklung – etwa in der ersten Trotzphase, später in der Pubertät – sind Größenphantasien legitime, vorübergehende Erscheinungen. Der junge Mensch will nicht primär gegen andere sein. Vielmehr tut er etwas für sich, mitunter in erklärter Loyalität zu einer Idee, einer Ideologie, die von seiner sozialen Familie abweicht. Tückisch ist, dass dieser normale Autonomieverlauf für diejenigen Eltern ein Kränkungspotenzial hat, die sich dem Kind genetisch nicht verbunden wissen. Sie fürchten, dass sie nun gegen die unbekannte »biologische Macht« verlieren werden. Manche resignieren, andere entwerten das Tun der Kinder und das gefürchtete andere, fremde Bezugssystem.

Dabei würden Eltern, egal ob durch biologische oder/und soziale Verbundenheit, mit einem offenen Interesse und souveräner Haltung den jungen Menschen nun besonders unterstützen. Denn jener ist in seinem Streben oft gar nicht so entschieden und selbstsicher, wie er tut. Auch Schuldgefühle, sich unloyal zu verhalten, plagen ihn. Wenn es den Eltern gelingt, den »Ruf des Blutes« bei ihrem Kind ohne ein Gefühl des Ausgegrenztseins zuzulassen, wird das bisher gültige Bindungsband am wenigsten gefährdet sein. Statt der befürchteten Entzweiung könnte dann eine Erweiterung des Beziehungssystems beginnen.

Noch einmal zurück zum zwölfjährigen Jesus, mit dem sich »Spenderkind« Arthur phasenweise identifizierte. Betrachten wir die Szene im Tempel einmal weltlich, ganz menschlich, dann gab der junge Jesus mit seinem Fernbleiben von Mutter Maria und sozialem Vater Josef deutlich zu verstehen, dass er noch ein weiteres Zugehörigkeitsgefühl als nur das zu seinen Erziehern verspürt. Mit der Bemerkung, dort sein zu müssen, was seinem Vater gehört, weist er die Eltern geradezu zurecht. Scharf formuliert heißt das: »Euer Haus ist nicht mein Haus.« Solch ein Satz kann von sozialen Eltern, von Pflege- und Adoptiveltern als Schlag ins Gesicht empfunden werden. Er wird jedoch auch leiblichen Eltern nicht erspart bleiben, wenn ihre Kinder sich eines Tages abnabeln. Er ist keine Undankbarkeitsgeste; dies ist der Hinweis auf andere Bindungs- und Wertesysteme, die die bisherigen Wege des Kindes weiten werden. Gelingt dies, kommt es zu einer Distanz, die jedoch die Nähe wahrt.

Eltern, die in dieser Phase standhalten und dem Kind zugewandt bleiben, beugen zugleich vor, dass es sich Verführern aus Kommerz, Ideologie oder Entertainment in die Fänge wirft. Denn Starkult gedeiht auf dem Boden entidealisierter Eltern. Junge Menschen suchen einerseits nach Schwachstellen bei ihren bisherigen Autoritäten. Andererseits ist dieser Verlust für sie schwierig auszuhalten, sodass sie sich stärkeren, »unverwundbaren« Autoritäten zuwenden.

Sigmund Freud sieht in der Entidealisierung der Eltern eine Ursache für dic Vertauschungs- oder Stiefkindphantasien von Kindern generell: »Das ganze Bestreben, den wirklichen Vater durch einen vornehmeren zu ersetzen, ist nur der Ausdruck der Sehnsucht des Kindes nach der verlorenen, glücklichen Zeit, in der ihm sein Vater als der vornehmste und stärkste Mann, seine

Mutter als die liebste und schönste Frau erschienen ist. Es wendet sich vom Vater, den es jetzt (auch in seinen Schwächen) erkennt, zurück zu dem, an den er in früheren Kinderjahren geglaubt hat, und die Phantasie ist eigentlich nur der Ausdruck des Bedauerns, dass diese glückliche Zeit entschwunden ist.«[139]

Es ist deshalb tückisch, wenn der Spendervater mangels Kenntnis nicht entidealisiert werden kann. Da relativiert sich nichts, da löst sich nichts in »Alltagsprosa« auf. Arthur Kermalvezen sagt es so: »Seinen Erzeuger zu suchen und auch zu finden, heißt also, einen Schlussstrich unter all die Hirngespinste ziehen zu können. Damit der Mann, der Gott spielt, nämlich der Spender, wieder ein ganz normaler Mann wird.«[140]

AUS DEN ANFÄNGEN – SAMENSPENDE IN DEN 1960ER JAHREN

DER WEG VOM HIMMEL ZUR HÖLLE IST WEIT, aber er ist auch schnell. Fallhöhen kennen keine Umwege. Luzifer, Lichtträger und Sohn der Morgenröte, der sein Domizil einst bei den himmlischen Heerscharen hatte, stürzte jäh in die Tiefe, um im christlichen Sprachgebrauch fortan als Teufel oder Satan sein Unwesen zu treiben. Anlass für den Sturz aus den Höhen beim »göttlichen Kind« ist die Vermessenheit, Gott gleich sein zu wollen. Im Alten Testament fällt die allegorische Rolle eines »Sohns der Morgenröte« dem König von Babel zu. »Ich steige weit über die Wolken hinaus, um dem Höchsten zu gleichen«, so wird er bei Jesaja 14, Vers 14, zitiert. Die Strafe für solcherart Maßlosigkeit folgt in Vers 15 auf dem Fuß: »Doch in die Unterwelt wirst du hinabgeworfen, in die äußerste Tiefe.«

Auch ohne religiösen Kontext kennen Menschen den raschen Wechsel von »hoch hinaus« und »ganz tief unten«. Manchmal ist es ein und derselbe Sachverhalt, der das Wechselbad der Gefühle auslöst. Umgangssprachlich findet das Ausdruck in Redewendungen wie »Angst vor der eigenen Courage bekommen«.

Die Mutter des »Spenderkinds« der folgenden Lebensskizze ging sehr zielstrebig, energisch und hoffnungsvoll auf die Möglichkeit einer »künstlichen Befruchtung«, wie es damals hieß, zu. Lange Bedenkzeit wäre nicht zielführend gewesen. Denn das, was sie und ihr Mann vorhatten, war illegal. Eigentlich gab es das noch gar nicht, denn über heterogene Insemination wurde öffentlich nicht gesprochen. In den frühen 1960er Jahren hatten die sexuell befreienden »68er Ereignisse« noch nicht einmal Vorboten geschickt; da gehörte das Thema eher in die Schmuddelecke.

Die Mutter von Franziska, so sollte eine der beiden per Samenspende gezeugten Töchter später heißen, musste schon sehr entschlossen vorgehen, um schwanger zu werden. Sie und ihr Ehemann investierten Beträchtliches. Nach außen sollte sie nichts aufhalten. Skrupel holten die akademisch gebildete Frau dort ein, wo sie sich am wenigsten wehren konnte, im Schlaf. Ein Albtraum ließ sie fürchten, sie könne ein »Monster« gebären. Vielleicht schlug davon noch etwas durch, als sie ihr Baby ausgesprochen hässlich fand, als sie es zur Welt gebracht hatte. Thorn beschreibt aus ihrer klinischen Erfahrung, wie einschneidend negative Phantasien sein können, wenn nur wenige Informationen über den Spender vorliegen.

Franziskas Geschichte macht deutlich, wie ein Klima von Heimlichkeit und gesellschaftlicher Ächtung die innerpsychische Dynamik von Menschen belastet, wenn sie ihren unerfüllten Kinderwunsch mittels medizinischer Assistenz erreichen wollen.

Und die Lebensskizze zeigt, wie sehr die Angst, Verbotenes zu tun, offene Worte verhindert. Zunächst blockiert sie die innerpsychische Verarbeitung der Eltern, dann den Dialog zwischen dem Paar, und zuletzt belastet sie die spätere Eltern-Kind-Beziehung. Wie auch immer über heterologe Insemination geurteilt werden mag – ein Klima von Angst und Schweigen ist dabei am wenigsten hilfreich.

Die Lebensskizze zeigt auch die unerhörte Energie, die das »Spenderkind« selbst benötigt, um sich aus einem konspirativen Klima zu befreien. Franziska half dabei sicherlich ihr Beruf als Psychologin; doch anstrengend blieb es. Nachvollziehbar wird, dass das älteste »Spenderkind« unserer Interviewreihe ihre Zeugungsart am kritischsten sieht.

Franziskas Geschichte

Franziska, 48 Jahre, eine zwei Jahre ältere Schwester ist ebenfalls »Spenderkind« vom gleichen Spender; Franziska ist verheiratet, hat zwei Söhne und arbeitet als Dipl. Psychologin; die Offenlegung ihrer Zeugungsart erfolgte vor acht Jahren

»Heterologe Insemination sollte man nicht machen, es ist keine menschenwürdige Art der Zeugung. Ich glaube, kein Kind kann wünschen, so gezeugt worden zu sein.« So entschieden wie die 48-jährige Franziska positionierte sich keine andere unserer Gesprächspartnerinnen. »Wenn sie aber zugelassen wird«, räumt sie ein, »dann nur mit dem Anspruch auf Nicht-Anonymität. Und die Kinder müssen Kenntnis davon haben. Sonst können sie ihren Wahrnehmungen nicht trauen.« Mit dieser Begründung verweist die Diplom-Psychologin direkt auf das, was ihre Biographie seit acht Jahren belastet. Denn Franziska war schon vierzig Jahre alt und Mutter von zwei Söhnen, als sie erfuhr, dass sie und ihre Schwester »Spenderkinder« sind.

Leicht fällt es ihr nicht, darüber zu reden. Der Vertrauensbruch in ihre sicher geglaubten Wahrnehmungen macht sie immer noch verletzbar.

Zu Wut und Enttäuschung kommt eine große Traurigkeit über verpasste Möglichkeiten. Am meisten bedauert sie, dass sie mit ihrem sozialen Vater nicht mehr sprechen konnte; zehn Jahre zuvor verstarb er an Krebs.

Es sind auch solche Unwiederbringlichkeiten, die Franziska gegen Laborzeugungen so kritisch sein lassen. In ihrem Alter ist ihr die Endlichkeit der Vorgeneration näher als den meist jüngeren Mitgliedern im »Spenderkinder«-Verein. In dem engagiert sie sich.

Empathische Verbindung zum unbekannten »Spender«

Bemerkenswert fand Franziska ihre Affektlage eine Woche vor ihrer Heirat. Dazu entschieden hatten sie und ihr Mann sich nach jahrzehntelanger Partnerschaft. Das bevorstehende Ereignis machte ihr wieder einmal bewusst, dass ihr genetischer Vater nie etwas von seiner »Weiterexistenz« durch Heirat »seines Kindes« erfahren würde.

Als sie noch hoffte, etwas über ihn herauszufinden, ertappte sie sich öfters bei einer Art innerer Kontaktaufnahme mit ihm. In der Phantasie stellte sie sich dann ein Treffen vor mit einem sympathischen, schätzenswerten Mann, mit dem man nicht nur äußere, sondern auch Schwingungsgemeinsamkeiten entdeckt. »Und ich habe immer wieder Rührung und Nähe empfunden bei der Vorstellung, in meinem Gesicht und den Gesichtern meiner Söhne Spuren wiederzufinden, aus denen ich auf seine Züge schließen könnte.«

Franziska weiß, dass es solche Treffen nicht geben kann. Doch die Kluft zwischen dem Gedanken, dass ihr genetischer Erzeuger zur Festgesellschaft dazugehören müsste, und ihrer Ohnmacht, ihn nicht mal durch Erzählen daran teilhaben zu lassen, trieben ihr Tränen in die Augen. So nah wie in dieser Situation war ihr der Unbekannte noch nie.

Dass es ihr beim Wunsch nach Kontaktaufnahme zum Spender nicht um Geld geht, unterstreicht Franziska mit Verweis auf die Forderung ihres

Vereins nach einer gesetzlichen Regelung: Die soll Unterhalts- und Erbansprüche bei Samenspenden ausschließen. Und den Spendern früherer Zeiten, denen Anonymität versprochen wurde, sichern sie und andere Vereinsmitglieder zu, dass niemand zu irgendetwas gezwungen werden soll. Keiner soll Belästigung fürchten müssen. Basis für eine etwaige Kontaktaufnahme ist die beidseitige Zustimmung.

Eine Jugendzeit ohne Verdachtsmomente

Der Gedanke, keiner normalen Zeugung zu entstammen, war Franziska nie gekommen. Wohl stellten die Schwestern gelegentlich fest, dass sie sich wenig ähnlich waren. Im Spaß erzählten sie anderen zunächst nicht, dass sie Schwestern waren, um deren Erstaunen zu genießen, wenn sie mit der Wahrheit herausrückten. Sie taten das, ohne jemals den geringsten Zweifel an ihrer vollen biologischen Verwandtheit zu haben. Sie ahnten auch nicht, dass sie mit dem Spiel die Phantasie ihrer Mutter in Szene setzten. Die fürchtete nämlich ihr Leben lang, die geringe Ähnlichkeit der Mädchen könnte ihre damals noch verbotene heterologe Insemination verraten. Sie war der festen Überzeugung, die Kinder stammten von zwei verschiedenen Spendern. Franziska meint, die Vorstellung zweier Spender sei ihrer Mutter wichtig gewesen. Ein einziger Spender hätte eine stärkere phantasmatische Präsenz gehabt. Die Mutter wollte lieber an ihrer herunterspielenden Diktion vom »Fitzelchen Eiweiß« festhalten, wenn sie an die Spermaspende dachte.

Ein Gentest bestätigte nun den Geschwistern, dass sie vom selben Spender abstammen. Franziska sieht in dem kindlichen Spiel von damals auch einen Umgang mit der Phantasie der Mutter und deren Angst vor Entlarvung. Ein »Da stimmt etwas nicht« lag in der Luft, was aber nicht offen gedacht werden konnte. Der Gedanke, dass Vater und Mutter nicht die richtigen Eltern sein könnten, war bewusst nicht dabei. Immerhin glich

Franziska der Mutter vom Aussehen, und vom groß gewachsenen Vater schien sie das Körpermaß zu haben.

Franziska war schon vierzig, als sie im Rahmen einer beruflichen Selbsterfahrung erstmals den diffusen Verdacht formulieren konnte. Sie weiß noch gut, wie diese Frage als etwas radikal Neues, bisher Undenkbares, Unsagbares auftauchte. Zunächst nur ganz kurz und scheinbar flüchtig. Einerseits ließ ja das unterschiedliche Äußere der Geschwister die Phantasie zu, sie könnten verschiedene Väter haben. Andererseits verwarf Franziska den Gedanken, weil ihre Beziehung zum Vater so intensiv war. Dennoch stellte sie unter Bezug auf ein Kinderfoto der Schwestern jene Frage, von der sie nicht ahnen konnte, auf welch panische Enttarnungsangst die bei der Mutter traf: »Ich habe beim Angucken dieses Bildes noch mal darüber nachgedacht, wie verschieden wir aussehen, und auch, wie verschieden du uns behandelst. Gibt es da etwas? Ein Geheimnis? Haben wir verschiedene Väter oder irgendwas?«

Die kurze und betont runterspielende Nein-Antwort der Mutter kam ihr merkwürdig vor. Franziska hätte mehr Emotionen und auch Erklärungen erwartet. Deshalb griff sie die Frage während einer gemeinsamen Autofahrt am nächsten Tag erneut auf. Da entfuhr es der Mutter recht aggressiv: »Dein Vater ist ein französischer Arzt oder Priester. Ihr seid durch anonyme Samenspende gezeugt.« Das klang wie ein hingeschleudertes: »Da hast du es endlich!« Das Signal war deutlich: An das Thema wollte die Mutter nie rühren. Gleichzeitig sagte sie aber: »Vielleicht ist es auch gut, dass du es nun weißt. Ich wäre ja auch verrückt geworden.«

Franziska hatte Mühe, die Autofahrt fortzusetzen. Sie empfand es als großes Glück, dass sie bei ihrer Ankunft zu Hause direkt auf ihren Mann und einen der Söhne traf. Erleichtert sagte sie sich: »Das ist mein Mann, das ist mein Sohn. Der, den der Sohn als Vater sieht, ist wirklich sein leiblicher Vater. Ab hier stimmen die Verhältnisse wieder.« Nach diesem Dammbruch in der Kommunikation mit der Mutter, blieb Franziska an

Familienthemen dran. Ungewöhnlich viel tauschten Mutter und Tochter in den ersten Wochen danach am Telefon aus. Allerdings hielt die Mutter die wichtigen Informationen zurück. Wo und bei wem in Paris seinerzeit die Insemination stattgefunden hatte, sollte Franziska nicht erfahren. Das Schweige-Versprechen, das sie der französischen Ärztin gegeben hatte, stand über der Bitte der Tochter. Die Mutter weigerte sich auch, ihre älteste Tochter über deren Zeugung aufzuklären; das übernahm dann Franziska.

Ein Klima von Scham und Verleugnung

Für Franziska mischen sich mit ihrer Geschichte inzwischen auch Erkenntnisse über die Anfänge der donogenen Insemination in den 1960er Jahren. Sie recherchierte und fand ein Klima von Verschlossenheit, Scham, Lüge und Verleugnung nicht nur im Zwischenmenschlichen, sondern im gesellschaftlichen System vor, speziell im Gesundheitswesen.

Jahre zuvor hatte Franziskas Vater diese Unehrlichkeit zu spüren bekommen. Ärzte hatten nach seiner Hodenkrebsbehandlung im Jugendalter wider besseres Wissen eine Zeugungsfähigkeit in Aussicht gestellt. Angeblich, um ihn noch ein paar Jahre unbeschwert verbringen zu lassen. Auch, so vermutet Franziska, um sich vor der Aufgabe zu drücken, einem 17-Jährigen etwas so Schmerzliches mitzuteilen. Zwei Jahre später lernte er Franziskas Mutter kennen.

Nach ihrer Heirat, sechs Jahre später, wollten beide unbedingt Kinder haben. Doch nun zeigte sich die Wahrheit: Der Vater erwies sich als zeugungsunfähig. Mit der Adoption eines Kindes wäre er wohl einverstanden gewesen, doch seine Frau bestand auf »eigenen« Kindern. Auf ihrer Odyssee durch deutsche Kliniken wurde ihnen mit der Maßgabe unbedingter Geheimhaltung die Adresse einer Pariser Praxis gegeben.

Mehrfach fuhren die Eltern nun nach Paris, die Mutter häufiger. Wenn der Vater mitkam, trug er indirekt, gleichwohl effektiv, zur Zeugung bei.

Zum einen konnte er mit seinen guten französischen Sprachkenntnissen dolmetschen, zum anderen erwiesen sich nur die Befruchtungsversuche als erfolgreich, bei denen auch er in der Praxis zugegen war.

Während der Schwangerschaft hatte die Mutter den Albtraum, sie könne »ein Monster« austragen. Wie sehr die verbotene Insemination die Wahrnehmungen der Mutter irritierte, berichtet Franziska mit einer Episode aus der Kinderarztpraxis. Im Vergleich zu ihrer Schwester war Franziska als Baby dunkler in Haaren und Haut, zudem größer und kräftiger. Die Kinderärztin habe spontan gesagt: »So verschieden? Das können keine Geschwister sein!« Solche Bemerkungen aktivierten die Ängste der Mutter stets neu. Sie war derart auf die Frage nach dem Spender fixiert, dass sie ganz vergaß, dass sie selbst ein noch dunklerer Typ war und niemand das Baby hätte ungewöhnlich finden müssen. Jedenfalls sei Franziska von der Mutter unmittelbar nach der Geburt als »hässliches Kind« angesehen worden.

Gute Aspekte eines falschen Spiels – ein Paradoxon

Der Vater unternahm viel mit den Töchtern. Im Nachhinein meint Franziska, er müsse als kinderlieber, warmherziger Mann glücklich gewesen sein, doch noch Kinder zu haben, die ihn so selbstverständlich als ihren Vater ansahen. »Er hat uns wirklich, bis zu seinem Tod, sehr geliebt.« Franziska hatte eine ausgesprochen gute Beziehung zu ihm. Das kippte in der Pubertät. Gravierend negative Erlebnisse gab es nicht. Doch die in dieser Altersphase üblichen Loslösungs- und Distanzierungsbestrebungen der Jugendlichen, ihre zunehmende innere Ferne, trafen den Vater über Gebühr und bewirkten einen Beziehungsbruch. Möglicherweise, so spekulieren wir im Gespräch, hat das Interesse der Tochter an anderen Jungen in ihm das Gefühl eines »second hand Vaters« hochkommen lassen. Zuvor genoss er es nämlich, bei seinen Töchtern die Nummer eins zu sein.

Die zwingende Art, mit der Franziskas Mutter Kinder haben wollte, durchzog das Familienleben. Sie blieb die dominierende Person und wahrte den Schein in einer längst brüchigen Ehe. Mit dem Tag des Abiturs der jüngsten Tochter endete ihre fassadenhafte, disziplinierte Haltung. Am gleichen Abend noch habe sie den Mädchen von Treubrüchen des Vaters berichtet. Über ihre längere Affäre mit einem befreundeten Familienvater – eine Retourkutsche – sprach sie erst im Rahmen des Dammbruchs nach Offenlegung der Samenspende. Franziska geriet damals in eine tiefe Krise. Die Wahl eines Psychologiestudiums führt sie auf diese Zeit zurück. Als die Mädchen zu Hause ausgezogen waren, kam es zur Scheidung der Eltern.

Nun brach das offen aus, was bislang als Fassade aufrechterhalten worden war. Franziska berichtet von »einer schwierigen Kindheit in einer Atmosphäre, wo über alles Schwierige nicht ehrlich gesprochen wurde, wo es Traurigkeit und Schwäche nicht geben durfte. Ich habe teils intensiv somatisiert. Ich habe sehr gelitten darunter, dass meine Mutter von sich aus keine Autonomie zu gewähren bereit war, sondern uns als Verlängerung ihrer selbst gesehen hat. Ich hatte aber Glück mit Ersatzmüttern und Lehrern.«

Wenn Franziska über ihre Herkunftsfamilie nachdenkt, dann analysiert sie die Samenspenderzeugung als Symptom eines Familiensystems, das ein Problem mit Männlichkeit hatte. Dennoch stellte sich eine paradox anmutende Wirkung ein. Denn es gab tragfähige Bindungen, Beziehungen und eine gute Versorgung. Heute ist ihr klar, dass das Ehegebäude hinter der Elternfassade bröckelte. Aber es zerbrach nicht. Offensichtlich disziplinierte die tabuisierte Laborzeugung die Eltern. Ihr gemeinsames Geheimnis stützte ihren Schulterschluss. Als Psychologin weiß Franziska, dass Stabiles auch einer Illusion geschuldet sein kann. Illusionen fußen zwar auf Irrealem, aber sie wirken durchaus real. Stabil inszenierte Lügen können eine ganze Weile tragen.

Schmerzliches Verpassen: die Suche nach dem Spendervater

»Eigentlich«, sagt Franziska und nennt einen Grund für ihre Suche nach dem Spendervater, »empfinde ich eine Dankbarkeit für meine genetische Ausstattung, denn eigentlich mag ich die. Da gibt es natürlich auch die Momente, wo ich denke, soll ich es mit dieser Dankbarkeit nicht einfach bewenden lassen und aufhören, damit zu hadern. Aber das ist eben nicht die ganze Wahrheit.«

Die Mutter blieb beim konsequenten Schweigen über den Ort der Zeugung, schilderte aber die Praxisräume. Franziska unternahm auf eigene Faust weitere Recherchen. Dabei entsteht ein Bild, das Einblick gibt in die Anfänge der Samenspende. Passend zur Illegalität beziehungsweise Grauzone war die konspirativ anmutende Atmosphäre der Praxis. Der gynäkologische Stuhl stand in einer quasi normalen Wohnung. Institute mit Gefriertechnik gab es noch nicht; die Spender kamen erst kurz vor der Insemination in die Praxis, vermutlich aus dem persönlichen Umfeld der Mediziner. Das Risiko bei Vertrauensbruch war hoch und hätte die Approbation gekostet. Historisch waren das interessante Informationen. Doch bezüglich ihrer persönlichen Daten kam Franziska nicht weiter. Mit dem Bedauern, dass sie nicht früher auf Spurensuche hatte gehen können, gab sie die Suche nach der Pariser Arztpraxis und dem möglichen Spender auf.

Nach der Offenlegung durch die Mutter mied Franziska Paris eine Zeit lang. Sie hatte die Vorstellung, ein Verwandter, Onkel, Cousin, Cousine, könne ihr in der Metro gegenübersitzen: »Ich hatte die Phantasie, bei einem wirklich ›nahen‹ Verwandten, Vater, Halbbruder, Halbschwester, würde es bei mir ausschlagen. Doch das tat es nie.« Sie weiß, dass sie sich wissentlich nicht begegnen werden, und fasst ihre vergebliche Suche in folgendes Bild: »Ich gehe um eine Ecke in die eine Richtung, er um eine andere Ecke in die andere. Man verpasst sich in schmerzlicher Weise und begegnet sich – leider – nicht.« Nach Frankreich reist Franziska inzwischen wieder unbeschwert. Am liebsten mit ihrer eigenen Familie.

SPENDERKIND – NA UND?

FÜR »SPENDERKINDER« SUNNY UND JOHANNA IST IHRE LABORZEUGUNG NICHT DAS HERAUSRAGENDE LEBENSEREIGNIS

WER DIESES KAPITEL IM ANSCHLUSS an die vorangegangene Geschichte von Franziska liest, wird staunen, um wie viel unbekümmerter »Spenderkinder« mit der Tatsache ihrer Zeugung durch einen Unbekannten umgehen können. Die Tatsache, dass sich auch Sunny und Johanna im Verein »Spenderkinder« engagieren, zeigt, dass ihnen das Thema nicht gleichgültig ist. Sie übersehen auch nicht dessen kritische Punkte, sondern kämpfen für deren Abschaffung. Doch die heterogene Insemination und die Anonymität des Spenders hinterlassen bei ihnen nicht die Schwere in der Selbstbefindlichkeit, von der bei anderen »Spenderkindern« an mehreren Stellen zu hören war.

Sunnys Geschichte

Sunny, 35 Jahre, kaufmännische Angestellte in Berlin, ledig, ohne Kinder; eine Stiefschwester, mehrere, ungenau bekannte Stiefgeschwister, Sunny ist hier der wirkliche Vorname

Medienquerverbindung: Gemeinsam mit ihrer Mutter sowie mit Anja (siehe »Anjas Geschichte«) war Sunny am 5.3.2015 in der WDR-Dokumentation »Menschen hautnah« zu sehen

»Na und, was ist daran so spannend?« Das war Sunnys Antwort, als sie mit zehn Jahren von ihren Eltern recht unvermittelt über ihre Zeugungsart aufgeklärt wurde. Sunny charakterisiert sich als »Geradeaus-Typ«. Zum Thema Samenspende positioniert sie sich durchaus kritisch und reflektiert, doch die Kenntnis ihrer Zeugung ist für sie nicht der alles überragende Aspekt ihrer Biographie. Vor allem ist Sunny weit davon entfernt, ihre ungewöhnliche Zeugungsart für andere Besonderheiten ihres Lebens verantwortlich zu machen. Davon gibt es durchaus viele und nicht nur gute. Doch die Farben ihrer bisherigen Lebensumstände waren derart bunt, dass der Farbtupfer einer Zeugung per Samenspende nicht weiter auffällt. Als Zehnjährige nahm sie die Information als etwas nicht Außergewöhnliches zur Kenntnis.

Instabile Kindheit und frühe Autonomie

Sunnys Kindheit war geprägt von der labilen Situation im Elternhaus. Vater und Mutter waren durch ihre eigenen Biographien belastet. Beide erlebten mehrfache Beziehungsabbrüche. Jeder zog das Mädchen in seinem Leben irgendwie mit und verließ sich darauf, dass es sich weitgehend selbst organisierte. »Mein Papa ›musste‹ alle zehn Jahre neu heiraten«, sagt sie. Sie erlebte die Trennung der Eltern im ersten Lebensjahr. Beide mochten ihre Tochter. Und auch Sunny spricht von einer liebevollen Kindheit und nennt die Eltern selbstverständlich »Mama und Papa«.

Sunnys Lebensmittelpunkt blieb bei der Mutter. Den Vater, einen Künstler, besuchte sie oft. Er blieb ihr so präsent, als hätten sie zusammengelebt. »Für mich war er immer der Papa, auch wenn ich ihn oft in depressivem, betrunkenem Zustand erlebt habe.« Heute, zehn Jahre nach dessen Tod, bleibt sie ihm durch die Verwaltung seines künstlerischen Nachlasses verbunden. Sie bemüht sich um seine posthume Anerkennung, auch in der Hoffnung auf mögliche finanzielle Einkünfte.

Mit zwölf Jahren lernte Sunny eine Halbschwester kennen, die – obgleich nur geringfügig älter – ihr bis heute zu einem »Muttersatz« wurde. (»Die war mit zehn schon erwachsen.«) Als die mit 14 Jahren über das Jugendamt in ein Heim kam, folgte ihr Sunny und lief von zu Hause weg. Sie verbrachten drei gemeinsame Jahre im Heim. Heute leben beide in einer Wohngemeinschaft, die geprägt ist von enger gegenseitiger Fürsorglichkeit.

Gemessen an den dramatischen Familienerlebnissen ihrer Kindheit erschien die Offenlegung ihrer Zeugungsart der damals Zehnjährigen als relativ unbedeutende Information. »Hauptsache nicht adoptiert«, dachte sie damals, als die Eltern ankündigten: »Wir müssen dir mal was sagen.« »Adoption wäre viel schwieriger für mich gewesen«, erklärt Sunny, »weil dann die Fotos von der Schwangerschaft alle nicht gestimmt hätten. Ich wäre angelogen worden. Dann hätte ich vielleicht auch an anderem zu zweifeln begonnen.«

Kind wie Eltern waren im Nachhinein froh über die mitgeteilte Wahrheit. Wobei bemerkenswert ist, dass bei Anlässen wie diesem die Eltern noch mal als Paar auftraten. Auch der Grund, der sie zur Offenlegung motivierte, spricht für ein über die Scheidung hinausgehendes Verantwortungsgefühl. Ein Freund des Vaters hatte einmal eine verräterische Andeutung gemacht, die die Eltern fürchten ließ, Sunny könnte die Wahrheit durch die Unbedachtheit anderer oder durch einen Zufall erfahren.

Grundsätzlich fühlt sich Sunny durch die Information, »Spenderkind« zu sein, entlastet: »Ich habe einen lieben, kreativen Papa gehabt, aber nicht dessen Alkoholiker-Gene geerbt.« Sunny nimmt sich aus jener Konstellation eine für sie günstige Sichtweise heraus. Sie schätzt, was sie sich vom Vater an Kreativität und unkonventioneller Lebensführung abgucken konnte, ohne deren zerstörerische Begleitumstände als »vererbte Mitgift« fürchten zu müssen.

Der genetische Vater, das fehlende Puzzlestück

Das Wissen um einen genetischen Vater hatte Sunny als Jugendliche nie zu den Gedanken verlockt, dass jener sie vielleicht besser verstanden hätte oder großzügiger gewesen wäre als ihr sozialer Vater, auch nicht bei ihren Streitigkeiten. Weder plagt sie der Gedanke, der Mann könnte ihr überall im Alltag begegnen, noch taucht er in ihrer Phantasie als der »reiche Erblasser« auf. Auf Spurensuche nach ihm begab sie sich ohnehin erst nach dem Tod ihres sozialen Vaters. Sie nimmt ihren genetischen Vater als Unbekannten zur Kenntnis. Ihre Beteiligung beim aktuellen Medieninteresse am Thema findet sie in gewissem Grad spannend, doch für sich selbst will sie ihrem Status als »Spenderkind« nicht so große Bedeutung beimessen.

Sunny möchte wohl wissen, wer der Spender ist, aber die Unkenntnis nagt nicht an ihr. Sie fasst das in diesem Bild zusammen: »Mein Leben ist ein Haus, in dem ich mich sehr wohl fühle. Zu allen Räumen habe ich auch einen Schlüssel, nur zum Keller nicht.« Auch mit einem weiteren Bild relativiert sie die Bedeutung des genetischen Vaters: »Da ist ein Mosaik. Das Bild ist gut zu erkennen. Nur unten rechts fehlt ein Puzzlestück. Nur ein Detail, kein zentrales Stück wie etwa ein Auge.«

Doch dann lässt eine Bemerkung erkennen, dass Sunny offenbar doch ein noch weiterreichendes Interesse an ihrer genetischen Herkunft hat: »Eigentlich weiß ich nicht so recht, was meine eigene Persönlichkeit ist. Alles, was ich an mir entdecke und nicht von meiner Mutter oder von meinem sozialen Vater ableiten kann, projiziere ich auf den fremden Spender.« Als Beispiele erwähnt sie, dass sie sich als »kalt und materialistisch« empfindet und nicht so begeisterungsfähig und aufbrausend wie ihre sozialen Eltern. Auch übernehme sie nicht gerne Verantwortung und mache lieber Dienst nach Anweisung.

Offenbar ist in Sunnys Verständnis die Prägung durch die Eltern schicksalhaft dominant. Als wir anmerken, dass Kinder die elterlichen Vorgaben durch eigene Charakterformung doch zu einem eigenen Profil weiterentwickeln können, merkt Sunny interessiert auf. Sie hört es auch gerne, als wir ihr den Eindruck wiedergeben, dass sie mit ihrer Fürsorge für ihre Schwester, die Hilfe für die Mutter, der Nachlassverwaltung ihres Vaters und auch mit ihrem Engagement im Verein »Spenderkinder« sehr wohl Bereitschaft zur Verantwortungsübernahme erkennen lässt.

Schließlich ließe sich auch ihr Eindruck von Kälte anders interpretieren, nämlich als Gegenwehr, nachdem sie für die sentimentalen Stimmungen der Mutter oft als »Knuddelbär« herhalten musste. Und »materialistisch« zu denken muss nicht hartherzig bedeuten, wenn Kinder von kleinauf von den Geldproblemen der Erwachsenen zu hören bekamen.

Sunny und ihre Mutter in einem Filmbeitrag

Sunny ist nicht gegen die Methode von Samenspenden, vorausgesetzt, die Kinder werden früh aufgeklärt. Sie bringt viel Verständnis dafür auf, wenn Menschen ihren Kinderwunsch nur auf diesem Weg erfüllen können. Verständnis hat sie auch für die Spender. Unter anderem teilt sie deren Empörung, wenn die Zusage von Anonymität im Nachhinein aufgehoben würde.

Sunny bringt insgesamt viel Empathie auf für die Erwachsenen, die bei einer Samenspende beteiligt sind. Das wird auch in der WDR-Dokumentation über »Spenderkinder« erkennbar. In einer Filmszene suchen Mutter und Tochter die Samenspenderpraxis auf, in der Sunny vor 36 Jahren gezeugt wurde. Sunny fragt ihre Mutter, ob sie denn keine Bedenken wegen der Anonymität des Spenders gehabt hätte. Die Mutter antwortet: »Wenn ich zu viel gefragt hätte, wäre der Spender womöglich abgesprungen.« Und als müsste sie damit rechnen, dass die Tochter ihr entgegenhalten könnte, wie wichtig ihr heute Informationen über den Spender wären, schiebt die Mutter eine Bemerkung hinterher, die jedes Nachfragen wegwischt: »Mein Gott, ich war damals 23!« Sunny hakt in der Tat nicht nach. Es scheint, als müsse sie – wie einst als kleines Mädchen – immer noch die Bedürfnisse der Erwachsenen verteidigen. Zumindest will sie sie nicht noch weiter belasten.

Die Fürsorge für die Mutter steht in dieser Szene über den Interessen der Tochter. Die Lektion von damals sitzt noch: »Mach der Mutter das Leben nicht noch schwerer!« Die von der Mutter eingestandene damalige Unbedarftheit wird auch heute nicht hinterfragt. Sunny schont sie. Es ist auch an keiner Stelle des Films zu erkennen, welche gemeinsamen Überlegungen des Elternpaares dem Entschluss zur Samenspende vorausgegangen waren. Wie war das mit der Zeugungsunfähigkeit des Mannes? Bestand die auch in seinen anderen Ehen? Was im Gespräch und im Film wahrnehmbar wird, so war die Schwangerschaft als solche das Wichtigste. Offenherzig zeigt die Mutter dem Publikum heute noch Fotos ihres Babybauchs.

Eine zweite Filmszene zeigt Mutter und Tochter beim Besuch der damaligen Samenbankpraxis. Sie erfahren dort, dass die Akten unwiederbringlich entsorgt wurden. Über diese Quelle wird Sunny also niemals erfahren können, wessen Gene sie in sich trägt. Das wird von den Frauen bedauert, aber nicht erkennbar betrauert. Beide wirken nicht ungeübt darin, sich mit enttäuschenden Fakten abzufinden. Affekte zeigen sie jedenfalls nicht. Offenbar sind ihre gemeinsamen Aktivitäten, auch ihre aktuelle Medienpräsenz, eine Schutzmöglichkeit, um Unbeantwortetes nicht als Leere zu erleben.

Sunnys bisherige 35 Lebensjahre waren recht bunt. Es gab markante Konstellationen und Ereignisse. Nun setzt sie sich mit dem Thema Samenspende auseinander. Dazu bezieht sie Stellung in den Medien und engagiert sich im Verein »Spenderkinder«. Aber es ist nicht zu ihrem großen Lebensthema geworden, eher ein »Puzzlestein an nicht so zentraler Stelle«, wie sie treffend sagt.

Ihre Herkunftsfamilie wäre auch ohne ihre spezielle Zeugungsweise recht different, eher wie eine verzweigte Patchworkfamilie aufgestellt. Die großen Bögen mit ihren Aufs und Abs absorbieren weitgehend den kleineren der donogenen Samenspende. Derzeit sieht es ohnehin so aus, als bereicherte die Konstellation Sunny eher, als dass sie ihr etwas nähme. Im Filmbeitrag ist zu sehen, wie umgänglich sie auf die Kontakte mit anderen »Spenderkindern« reagiert. Die Diskussionen mit ihnen, die Medienarbeit, die

Internetrecherchen über »Family Finder« führt sie recht selbstbewusst und kommunikationsfreudig. Die Aussicht, etwaige Halbgeschwister kennenzulernen, ist ebenfalls willkommen, keinesfalls eine Belastung.

Aufgehoben im gelungenen Patchwork

BEI ALLER VERSCHIEDENHEIT DER FAMILIENSITUATIONEN haben das »Spenderkind« der vorangegangenen Lebensskizze, Sunny, und das der hier folgenden, Johanna, eine Gemeinsamkeit: Ihre Laborzeugung ist für sie nicht das alles überragende Ereignis ihrer bisherigen Lebensgeschichte. In ihren sehr bewegten Familienkonstellationen gab es so vieles, dass die Laborzeugung nicht zum dominierenden Merkmal ihres Denkens und Empfindens wurde. Auch Johanna spürt, dass es verlockend ist, alle biographischen Besonderheiten mit ihrer Zeugung durch einen Unbekannten zu begründen. Doch aus ihrer Arbeit als Psychologin weiß sie ebenso gut, wie vielschichtig familiendynamische Prozesse sind und dass in ihrem Fall der Gang ihrer Mutter zu einer Samenbank eher Folge denn Ursache einer Entwicklung gewesen sein dürfte.

Im Übrigen fiel bei Johanna, wie bei Sunny, die Aufklärung über den unbekannten genetischen Vater in eine Phase, in der sie durch Scheidung und neue Heirat der Mutter ohnehin mit einem anderen Mann in Hausgemeinschaft lebte. Erleichternd kam hinzu, dass sie diesen als Freund der Familie schon von klein auf kannte und gut mit ihm auskam. Vorstellungen und Begriffe vom »neuen« oder »nicht leiblichen« Vater waren längst gängig, bevor mit dem unbekannten Samenspender noch eine weitere Variante dazu kam. Die nahm dem Mädchen aber nichts weg, zumal der, den sie für den leiblichen Vater hielt, wegen seiner schweren Behinderung in einem Heim untergebracht und wenig präsent war.

Angesichts der tiefen Identitätskrisen mancher Betroffener in den anderen Lebensskizzen muss es nicht unbedingt unsensibel klingen, wenn es bei Johanna schlicht heißt: »So kann es also auch gehen.«

Johannas Geschichte

Johanna, 32 Jahre, verheiratet, Tochter von neun Monaten, Psychologin im Angstelltenverhältnis; ein (Halb-)Bruder, zwei Stiefgeschwister; gezeugt in Uniklinik einer westdeutschen Großstadt, wohnt mit Mann und Kind am Arbeitsort

Eine gute Vater-Tochter-Beziehung ist Johanna sehr wichtig. Mit Genugtuung erwähnt sie, dass ihr Mann die gemeinsame neun Monate alte Tochter während unseres Interviews versorgt. Auch die Elternzeit nehmen beide im Wechsel. Die Geburt der Tochter hat das Paar etwas überrascht. Nicht, weil beide sich beruflich gerade erst etablieren, sondern vor allem, weil beide vor dem ersten Kind mit mehreren »Fehlversuchen« gerechnet hätten: Der Freund hatte seine Zeugungsfähigkeit angezweifelt; Johanna, dass sie so rasch schwanger werden würde.

In der skeptischen Erwartungshaltung schlug sich offenbar Johannas Vorgeschichte als »Spenderkind« nieder. Die war prägender, als vermutet. Als ausgebildete Psychologin kann sie heute reflektiert auf ihre Biographie und ihre Herkunftsfamilie schauen und offen darüber reden. Manches lässt staunen. Etwa ihre Geschwisterkonstellation. In der zeigt sich ein Phänomen, das vereinzelt aus Adoptionsverhältnissen bekannt ist, wenn Eltern nach Aufnahme eines Kindes unerwartet ein leibliches Kind bekommen.

Eine ungewöhnliche Familienkonstellation

Johannas Eltern, die sich seit Jugendzeit kannten, gingen davon aus, dass die Spermien des Mannes für eine Zeugung untauglich waren. Der Kinderwunsch führte sie deshalb in eine Samenbankklinik, und Johanna war das ersehnte Ergebnis. Indes trat nur ein Dreivierteljahr später eine natürliche Schwangerschaft der Mutter ein. Das war Anlass für Irritationen. Der Verdacht des Fremdgehens war aber mit der Geburt des Sohnes aus der Welt, weil er deutlich dem Vater glich. Im Nachhinein schien die Samenspende, aus der Johanna hervorging, unnötig gewesen zu sein. Johannas Mutter erhielt von ihrer eigenen Mutter den Vorwurf, sie habe den Schwiegersohn anfangs zu sehr bedrängt. Sie galt in der Verwandtschaft überhaupt als recht dominant.

Die Ehe der Eltern verlief nicht gut. Als Johanna fünf Jahre alt war, stand die Scheidung an. In dieser Phase hatte der Vater einen Autounfall, bei dem Suizidabsichten nicht bewiesen, aber auch nie ausgeschlossen werden konnten. Die Folgen eines Frontalaufpralls machten ihn zum völligen Pflegefall. Seit Jahrzehnten lebt er in einem Heim. Eine differenzierte Kommunikation sei kaum möglich. Nach dem Unfall wurde die Scheidung vollzogen.

Im Jahr darauf heiratete die Mutter einen langjährigen Freund ihres Exmannes. Der brachte ein gleichaltriges Mädchen und einen eineinhalb Jahre älteren Jungen aus erster Ehe mit. Seit Johannas sechstem Lebensjahr ist er ihr sozialer Vater. Vor vier Jahren - Johanna war da 28 Jahre alt - adoptierte er sie und ihren Bruder. Die vier Kinder der Patchworkfamilie verstehen sich auch heute noch gut. Sie kennen sich von klein auf, denn die befreundeten Elternpaare fuhren auch gemeinsam in Urlaub. Schon damals hatte der nun zum Stiefvater gewordene Freund Johanna und ihren Bruder immer wie eigene Kinder behandelt. Die Phantasie, dass er der leibliche Vater aller Kinder sein könnte, wurde durch die Eifersucht von Johannas erstem Vater angefacht. Dieser unterstellte seinem Freund eine Affäre mit seiner Frau.

Johannas Recherche über ihre Herkunft als »Spenderkind« widerlegt den Verdacht; zumindest dient ihr der Vertrag mit der Klinik als Beweis, dass ihre Zeugung mittels einer donogenen Insemination zustande kam. In den Vertragsabschluss nahm sie inzwischen Einblick. Der Spendervater ließ sich dadurch allerdings nicht ermitteln.

Eine weitere Beobachtung lässt Johanna sicher sein, dass sie und ihr Halbbruder verschiedene genetische Väter haben müssen. Wenn die beiden Geschwister ihren Vater im Pflegeheim besuchen, spürt sie, dass das Band zwischen ihrem Bruder und dem Vater enger ist, als ihres jemals war. Zudem stellt bei ihr - im Gegensatz zum Bruder - nie jemand eine Ähnlichkeit mit dem Vater fest. Den vertrauten Kontakt der Geschwister untereinander beeinträchtigt das nicht. Johanna: »Wir haben uns nie als ›nur Halbgeschwister‹ gesehen.«

Vertraute im Frauenclan

Johanna war neun, als ihre Mutter sie während eines Ferienaufenthalts über die Zeugung per Samenspende aufklärte. Kein erkennbarer Anlass ging dem voraus, auch keine Frage oder eine Verdachtsäußerung des Mädchens. Offenbar hatte die Mutter auf eine günstige Gelegenheit gewartet, ähnlich wie sie es Jahre zuvor bei Johannas sexueller Aufklärung getan hatte. Auch da fand die Mutter in guter Atmosphäre eine verständliche Sprache, wie Johanna meint.

Zunächst reagierte Johanna traurig auf die Information. Ihr wurde nämlich klar, dass der Vater sie wirklich nicht so lieb haben konnte, wie von ihr ersehnt. Und er würde es auch nie können. Dann überwog das stolze Gefühl, dass die Mutter sie in das Geheimnis einbezogen, sie also zu einer engen Vertrauten gemacht hatte. Sie empfand, etwas Besonders zu sein, nicht eine »Auserwählte«; diese Unterscheidung ist Johanna wichtig. Ihrer engen Beziehung zum Bruder tat das neue Wissen keinen Abbruch.

In den Schilderungen erscheint Johannas Mutter als Strategiezentrale des Familienlebens. Nur wenige Vertraute haben dort Zutritt. Ihre Tochter gehört seit Ende der Grundschulzeit dazu. Und auch die Mutter der Mutter. Johanna war erstaunt, dass ihre Großmutter schon lange über die Samenspender-Zeugung Bescheid wusste.

In diesen Kreis der Frauen der Familie ist Johanna involviert. Die Befindlichkeiten der Männer kann sie eher weniger einschätzen. Sie vermag nicht zu sagen, wie es bei »Vater 1« zur vermuteten Zeugungsinsuffizienz kam, ob sie ihn kränkte, ob er den Weg seiner Frau zur Samenbank voreilig fand. Auch die Umstände seines folgenschweren Unfalls bleiben nebulös. Ihren »Vater 2« schildert Johanna als herzensgut, rechnet ihm auch den Akt der Adoption positiv an. Doch diese Fürsorglichkeit blockiert sie auch. Sie mag ihn nicht über ihre Aktivitäten bei der Suche nach dem Spendervater unterrichten aus Sorge, ihn zu kränken.

Treuekonflikt, weil alles gut läuft

Johanna empfindet einen inneren Treuekonflikt, wie er von Adoptivkindern bekannt ist, besonders von jenen, die bei liebevollen Eltern aufwachsen. Sie fürchten, ihre Suche nach den leiblichen Eltern könnte die Adoptiveltern enttäuschen. Das Interesse an der Suche nach den Wurzeln könnte gar als Affront empfunden werden. Manchmal möchte Johanna ihre Aktivitäten nach der Spendersuche einstellen, um ihren jetzigen sozialen Vater nicht traurig zu stimmen.

Auch Freunde raten Johanna öfters, das Spenderthema nicht weiter zu verfolgen: Es liefe doch alles gut. Sie denkt auch an die vielen negativen Bemerkungen, die »Sarah« als Urheberin des damaligen »Spenderprozesses« über sich ergehen lassen musste. Über die brach ein Shitstorm herein mit dem Tenor, sie sei undankbar. Johanna lässt das nicht gänzlich unberührt.

Johanna weiß durch ihre bisherigen Recherchen, dass ihre Akte nicht mehr vorhanden ist. Sie sieht kaum noch Möglichkeiten, den Spender je zu finden. Vielleicht ist es ein folgerichtiger Selbstschutz, dass sie keine

Wunschphantasien über seine Persönlichkeit hegt. Sie findet auch keinen Gefallen an der Phantasie, wie er wohl aussehen könnte.

Auch den Stellenwert ihrer Zeugung will Johanna realistisch eingeordnet wissen. In ihrer Familienkonstellation gebe es so viele andere Komponenten, dass sie ihrer Laborzeugung nicht den Wert eines Alleinstellungsmerkmals geben will. Sie weiß, dass es verlockend ist, diese für alle biographischen Besonderheiten als Begründung heranzuziehen. Doch aus ihrer Arbeit als Psychologin weiß sie ebenso gut, wie vielschichtig familiendynamische Prozesse sind und dass der Gang zu einer Samenbank eher Folge denn Ursache einer Entwicklung ist.

Johannas Positionierung zur donogenen Insemination ist deshalb klar und schnörkellos. Sie ist nicht dagegen, verlangt aber a) eine frühe Aufklärung der Kinder, b) vorbereitende Beratung der Eltern, besonders der Väter, und c) ein absolutes Anonymitätsverbot hinsichtlich der Spenderidentität.

FRÜHE AUFKLÄRUNG – EIN KÖNIGSWEG MIT STOLPERSTEINEN

»SPENDERKIND« MARIA WIRD SPÄT, ADOPTIVKIND JAN FRÜH AUFGEKLÄRT, UND BEIDES HAT TÜCKEN

EINE FRÜHE AUFKLÄRUNG DER KINDER IST KERNZIEL des Vereins »Spenderkinder«: »Wir treten dafür ein, dass Eltern ihre durch Samenspende gezeugten Kinder schon früh über diese Zeugungsart aufklären, denn sie haben ein Recht auf dieses Wissen und Geheimnisse schaden irgendwann einmal jeder Familie. Für die meisten von uns war dieses Wissen ein größerer Schock, je später wir es erfahren haben. Wir können generell gut mit diesem Wissen leben, auch wenn wir uns wünschen, dass die Umstände anders gewesen wären.«[141]

Auch Fachkräfte für Adoptionen empfehlen seit langem eine frühe Aufklärung der Kinder, wenn diese nicht oder nicht ausschließlich bei ihren biologischen Eltern aufwachsen. Mit einigem Recht dürfen Erfahrungen mit Adoptionen Beachtung finden, wenn es um Eltern-Kind-Verhältnisse geht, die mittels Samen- oder Embryonenspende oder Leihmutterschaft zustande kommen. Vor allem, wenn es um die Perspektive der Kinder geht. Denn die Fragen, die diese ihren sozialen Eltern später stellen werden, haben Gemeinsamkeiten. Eltern brauchen die Fragen nicht zu fürchten, auf die lassen sich Antworten finden. Doch es ist hilfreich, wenn sie sich darauf vorher einstellen. Auch darauf, dass Kinder in manchen Entwicklungsphasen davon Phantasien ableiten, die irritieren können.

Irritationen sind kein Grund, auf eine frühe Aufklärung zu verzichten. Sie bleibt der »pädagogische Königsweg«. Doch auch auf dem liegen zuweilen Stolpersteine. Dramatische Unfälle sind weniger zu fürchten, aber auch kleinere Blessuren können Kummer machen. Die Lebensskizze des viereinhalbjährigen Jan im zweiten Teil des Kapitels wird deutlich machen, was es damit auf sich hat.

Wenngleich in Fachkreisen Konsens über die frühe Aufklärung herrscht, bleibt »früh« doch ein sehr unpräziser Zeitbegriff. Kinder können Themen, die um Vererbung und Genealogie kreisen, vor dem Schuleintrittsalter intellektuell kaum begreifen. Andererseits verraten Worthülsen und Sinnfetzen, dass sie das Thema durchaus schon sehr früh beschäftigt. Eltern machen keinen Fehler, wenn sie hinsichtlich des Zeitpunkts der Aufklärung auf das Tempo ihres Kindes achten. Wenn sie horchen, wann es fragt, wie und was es fragt, werden sie bemerken, wann die Zeit hierfür reif ist. Der Franzose Arthur, der als »Spenderkind« mit zwei ebenfalls per DI gezeugten Schwestern aufwuchs, bedauert: »Wir haben zu früh von den Umständen unserer Zeugung erfahren. Wenn man es positiv formuliert, dann hat Mama sich danach gerichtet, was sie für richtig hielt.«[142] Die noch recht unreifen Geschwister hänselten sich gegenseitig mit unverstandenen Sprachcodes wie: »Dein Vater ist gar nicht dein Vater.«[143]

Es bleibt eine Frage der Intuition, zu spüren, wann es den Kindern ein Anliegen wird, aufgeklärt zu werden. Es geht nicht primär darum, dass die Eltern sich entlasten. Für »Bauchgefühle« gibt es allerdings keine Altersfestsetzung, auch keine vorgestanzte Wortwahl. Ratschläge als Erfahrungswerte sind hilfreich. Doch mit ihnen ist es wie mit »guten Medikamenten«: Auch sie haben Nebenwirkungen. Die abzuwägen kann man Eltern nicht abnehmen. Aber es ist nützlich, um sie zu wissen.

Vielleicht hilft die folgende Lebensskizze von »Spenderkind« Maria den Blick für den rechten Zeitpunkt zu schärfen. Maria ist heute eine junge Ärztin. Rückblickend beschreibt sie, welche Verstörung die viel zu späte Offenlegung der Wahrheit über ihre Zeugung bei ihr verursachte. Man ahnt, welche Folgeprobleme sich daraus hätten entwickeln können, wenn jemand nicht so reflektiert und versiert damit umgehen kann, wie sie und ihre Schwester es vermochten. Und wenn in »Marias Geschichte« von ihrer Gedankenwelt in der Vorschulzeit zu hören sein wird, lohnt es sich, auf jene Stelle zu achten, an der Maria mit einer Frage ihrer Mutter eigentlich eine prima Vorlage gegeben hatte, ihr die Wahrheit schon damals zu sagen. Nach und nach hätte das Thema mit dem Mädchen mitwachsen können. Es kam aber anders.

Marias Geschichte

Maria, 28 Jahre, Ärztin im Praktikum, lebt in Partnerschaft in einer Universitätsstadt, gezeugt in der Klinik einer westdeutschen Großstadt; vier Jahre ältere Halbschwester (gleiche Mutter, anderer Samenspender), ihre Mutter hatte vor und nach Geburt der Schwester mehrere Fehlgeburten nach DI; Samenspender unbekannt; Offenlegung in Marias 24. Lebensjahr

»Ja doch«, bekundet die junge Frau mit temperamentvollen Gesten, »ja doch, ich bin durchaus für Samenspenden! Schließlich verdanke ich solcher mein Leben.« Und: »Gute Eltern bekam ich durch sie auch!« Maria, die in modischem Schwarz erschienene Ärztin im Praktikum, verteilt zu Beginn unseres Treffens Flyer des Vereins »Spenderkinder«. Dort engagiert sie sich. Aktuell ist sie auch in einigen Medien präsent. Eine Illustrierte wird sie und ihre Schwester einige Wochen später porträtieren. Einen entschiedenen Blick werden sie dort auf dem Foto zeigen. So entschieden, wie Maria im Interview betont, dass ihre Aktivitäten sich nicht gegen die Samenspende an sich richten, sondern gegen die Anonymität des Spenders. Das Einzige, was sie von ihrem Spender weiß, ist, dass dessen Herkunft sich auf Europa einkreisen lässt. Der Erzeuger ihrer Schwester soll aus Vorderasien stammen. Sie sind also Halbschwestern.

In unserem Gespräch kann Maria ihrer medizinisch assistierten Zeugung eine Reihe positiver Aspekte abgewinnen. Vor allem, wenn sie an ihre Familie denkt. Denn die Erfüllung eines Kinderwunschs war für ihre Mutter eine Voraussetzung, um die Ehe fortzuführen. Dies war schwierig genug, war ihr Mann doch durch einen tragischen Unfall kurz nach der Hochzeit querschnittsgelähmt und somit zeugungsunfähig. Die Samenspende erfüllte folglich nicht nur den Kinderwunsch der Mutter, sie ermöglichte auch ihrem schwerbehinderten Mann, ein Familienleben mit Kindern zu führen. Er konnte sich als Vater und Ehemann erleben, meint Maria.

Auch die Eltern des Vaters gewannen etwas durch die Geburt der beiden Mädchen, sie durften sich als Großeltern fühlen. Diese Gewissheit begleitete sie ans Lebensende. Maria bedauert, dass sie mit ihnen nicht mehr über den genetischen Bruch in der Ahnenkette sprechen konnte. Sie hätte es sich zugetraut. Seit sie vier Jahre zuvor von der Art ihrer Zeugung erfuhr, reflektiert die 28-Jährige die Dynamik ihrer Familie recht offensiv.

Maria war mitten im Medizinstudium, als ihr in einer Neurologievorlesung schlagartig klar wurde, dass ein Mann mit der Behinderung ihres Vaters nicht zeugungsfähig sein kann, jedenfalls nicht ohne medizinische Hilfe. Hatte man ihm vielleicht Sperma entnehmen können? Maria forschte in der Medizingeschichte nach, seit wann es die Möglichkeit der Hodenbiopsie gibt. Die recherchierten Daten ergaben, dass ihre Zeugung eindeutig davor lag. Nun duldete Maria keinen Aufschub mehr. Sie stellte ihre Mutter zur Rede.

Schon einmal, als Kindergartenkind, hatte Maria nach ihrer Herkunft gefragt. Anlass war kein verdächtiges Indiz, sondern ein zufällig aufgeschnappter Fernsehbeitrag über Adoptivkinder. Der hatte bei Maria Phantasien angeregt, die für Kinder in dem Alter nicht ungewöhnlich sind. Und so unvermittelt, wie dem Mädchen der Gedanke kam, so unvermittelt fragte es seine Mutter, ob es adoptiert sei. Natürlich verneinte die Mutter:

»Du bist meine Tochter.« Doch sie betonte so auffällig »meine Tochter«, dass die Antwort mehr Zweifel als Klarheit hinterließ. Maria dachte nicht an Lüge. Aber das satte Gefühl von Wahrheit stellte sich auch nicht ein. Die Sorge der Mutter, sich zu verraten, brachte den gegenteiligen Effekt: Sie machte sich verdächtig, ein Geheimnis zu hüten.

Nun, zwanzig Jahre später, kann Maria mit anderer Kompetenz nachhaken. Sie ruft ihre Schwester hinzu. Für die Mutter gibt es kein Ausweichen. »Ja«, gesteht sie den Töchtern, »ihr seid beide mit Samen anderer Männer gezeugt worden. Papa und ich kennen die Samenspender nicht.« Die Schwestern sind geschockt. Mehr noch als die Tatsache erzürnt Maria das Gefühl, jahrzehntelang belogen worden zu sein. So empfindet sie es. Heftige Vorwürfe schleudert sie den Eltern entgegen. Allerdings verspürt sie auch Erleichterung, geradezu Genugtuung. Sie war also nicht verrückt, wenn in all den Jahren die Vermutung in ihr nagte, hier stimmt etwas nicht. Nun ist der Verdacht bestätigt. Maria sieht das Kindergartenkind von damals rehabilitiert.

»Das Kind vom Postboten«

In der Rückschau ist Maria sich sicher, dass der Film über Adoptivkinder der Anstoß, aber nicht die Ursache ihres Zweifels war. Er lieferte ihr mit dem Wort »Adoption« einen Begriff für ein Familiengeheimnis. Schon als Kind, meint Maria, hatte sie alle Antennen ausgefahren, wenn es um Verwandtschaftsverhältnisse ging. Seit der Adoptionsphantasie fiel ihr auf, dass sie so ganz anders war als der Papa. Sie suchte Gemeinsamkeiten, fand sie aber nicht. Gerne hätte sie dessen braune Augen gehabt; die Mutter hatte grüne, sie selbst blaue.

Mehr noch als die Äußerlichkeiten fielen Maria ihre unterschiedlichen Emotionen auf. Auf Begeisterung, zumindest Interesse für ihre Reitkünste hatte sie beim Vater vergeblich gehofft. Den Hobbys ihrer Schwester widmete er jedenfalls mehr Interesse. So empfand es Maria damals.

Im Schulalter verschärften sich die Unterschiede zwischen Tochter und Vater, besonders in Bezug auf mathematisch-logisches Denken. Maria schildert sich auf dem Gebiet als ausgesprochen schwach und Vater und Schwester als sehr stark. Vor einem Versuch des Vaters, der Tochter Nachhilfe in Mathematik zu geben, kapitulieren beide bald.

In der Pubertät checkten die Schwestern sich gegenseitig auf äußerliche Unterschiede ab und kommentierten diese mit altersüblichen Neckereien. Die ältere Schwester schien nicht nur des Vaters logische Denkstrukturen »geerbt« zu haben, sie glich ihm in einigen Details auch äußerlich. Ganz anders Maria. Die Schwestern sprachen scherzhaft vom »Postboten-Kind«. Im Nachhinein sieht Maria darin eine Metapher für ihre vielen offenen Fragen an die Familie.

Mit der Offenlegung ihrer genetischen Herkunft waren die einstigen diffusen Phantasien der Vierjährigen plötzlich Realität geworden. Maria verharrte zunächst in Schockstarre. Doch bald begehrte sie wütend und vorwurfsvoll auf. Das gipfelte in einer seelischen Krise. Mit therapeutischer Hilfe konnte sie eine drohende Depression abwehren. In dieser Phase machte sie mit ihrem Freund Schluss. »Bei mir geht immer alles sehr schnell«, sagt sie dazu.

Nach gut drei Monaten war das »Tal der Tränen« durchschritten. Seitdem geht sie mit ihrem Wissen offensiv um. Ihr Engagement im Verein »Spenderkinder« trägt zum neuen, guten Lebensgefühl bei; ebenso ihr neuer Freund. Seit drei Jahren leben sie nun in fester Beziehung. Auch das sieht Maria als einen Gewinn der Offenlegung vor vier Jahren. Ihrem möglichen Nachwuchs, den beide sich wünschen, würde Maria so früh wie möglich sagen, dass es noch einen dritten, unbekannten genetischen Großvater gibt.

Sollte Maria selbst je in die Lage kommen, auch nur mittels Samenspende schwanger zu werden, wollen sie und ihr Partner die Kinder von klein auf darüber informieren. Derzeit propagiert sie über den Verein die elterliche Aufklärungspflicht. Diese Haltung treibt sie an. Inzwischen hat sich Maria im Status eines »Spenderkindes« eingerichtet. Ihre genetische Abstammung von einem Unbekannten ist ihr heute ein Erklärungsmuster für vieles, was sie zwei Jahrzehnte lang verunsichert hatte. Das verleiht ihr nun Sicherheit und Bestimmtheit. Diese zu erleben ist vielleicht noch zu kostbar, um durch neue Fragen relativiert zu werden. Beispielsweise durch die Frage, ob der Unterschied in den Emotionen zwischen dem Vater und ihr nicht auch anders hätte begründet werden können. Viele Menschen erklären ihn beispielsweise als Unterschied zwischen Mann und Frau. »So habe ich nie gedacht«, entgegnet Maria darauf, »Opa war ja auch ein Mann, und der war anders, dynamischer, feinfühliger, eher so wie ich.«

Die Gewissheit, dass unbekannte Gene bei ihrer Zeugung im Spiel waren, war für die Schwestern Schock und Erleichterung zugleich. Maria, eher ein »Mamakind«, war durch die flapsige Redensart vom »Postboten-Kind« allerdings mehr auf die Wahrheit vorbereitet. Ihre Schwester, das »Papakind«, war von der Information eines Spendervaters heftiger getroffen.

Die Arbeit im Verein »Spenderkinder« scheint Maria zu helfen, ihren Status zu akzeptieren. Hier agiert sie keinesfalls in einer »Opferrolle«. In solcher können sich Kinder sehen, wenn sie sich als Produkt einer technischen Zeugungsmanipulation vorstellen. Marias Aufklärungsarbeit hat auch einen Aspekt von Eigenrehabilitation nach der Lähmungsphase im Anschluss an die elterliche Offenbarung. Mit ihren Aktivitäten wird sie wieder Subjekt des Geschehens.

Ganz Subjekt war Maria auch bei einer Episode kurz nach der Offenlegung ihrer Zeugungsmethode. Sie wurde zur Schlüsselszene eines neuen Kontakts zwischen ihr und ihrem Vater. Nach Abklingen ihrer ersten Wut schrieb Maria ihm zu Weihnachten einen Brief. In dem beteuerte sie, dass er natürlich ihr Vater bleibe. Sie formulierte ein leidenschaftliches Bekenntnis zum Wert der sozialen Vaterrolle. Weil er wegen seiner Behinderung Briefe nicht selbst öffnen kann, tat Maria das und las, selbst sehr bewegt, vor. Da habe Maria ihren Vater zum ersten Mal weinen gesehen. Sie meint, durch diesen Brief ihm eine Vaterrolle gegeben zu haben, die sie lange infrage gestellt hatte. Unausgesprochen schien auch seine versehrte Männlichkeit damit rehabilitiert. Maria ihrerseits erlangte mit diesem Brief eine Wertschätzung durch den Vater, auf die sie als Kind vergeblich gewartet hatte.

»Was wäre wenn?«

Maria klagt derzeit gegen die Samenbank auf Herausgabe des Spendernamens. Realistische Erwartungen, diese Informationen bald zu kommen, hat sie nicht. Sie hat auch keinen Plan, was sie im positiven Fall tun wird. Derzeit kann sie sich vorstellen, ihren genetischen Vater nur einmal sehen zu wollen. »Vielleicht reicht es mir, den Mann einmal zu sprechen. Dann soll es gut sein.« »Obwohl«, fügt sie an und findet den Gedanken nicht uncharmant, »ich weiß auch von etlichen aus unserem Verein, dass die inzwischen ein ganz nettes Verhältnis zu ihren Spendervätern haben.«

Maria kennt die Phantasie mancher »Spenderkinder«, sie könnten ihrem unbekannten Spendervater in nahezu jeder Alltagssituation begegnen. Eigentlich stellte sie sich so was nicht vor, meint sie und gönnt sich dann doch einen zweiten Gedanken, bei dem ihre Augen aufblitzen: »Ja, es gibt da einen netten Dozenten an der Uni. Den stelle ich mir gelegentlich als Spendervater vor.« Manchmal glaubt Maria, einige Gesichtszüge von sich bei ihm zu erkennen. Bei einer Recherche im Internet fand sie heraus, dass er wohl zur Zeit ihrer Zeugung Medizinstudent in jener Stadt war, in der auch die Samenbank war. Maria ist vernünftig genug, dies als »schöne Spinnerei« abzutun. »Aber der Gedanke gefällt mir«, lächelt sie. Für die Ärztin im Praktikum, deren sozialer Vater wenig an ihrem Leben teilnehmen konnte, scheint es keine üble Vorstellung zu sein, von einem sympathischen Medizindozenten abzustammen.

WIE SAG ICH ES MEINEM KINDE?

DIE KINDER FRÜH AUFKLÄREN! Das ist ein guter Vorsatz – und er sagt sich leicht. Ihn konkret umsetzen ist indes nicht einfach. Wie sollen Eltern mit ihrem Kind über etwas reden, dem es intellektuell noch gar nicht gewachsen sein kann? In Marias Lebensskizze ist eine Situation beschrieben, die hätte sich als Einstiegsgelegenheit geeignet. Es ist die Szene, in der das Kindergartenkind – Maria meint, sie sei damals vier gewesen – fragt, ob sie adoptiert sei.

Die Mutter machte sich damals verdächtig, weil sie mit einer Heftigkeit dementierte, die das Kind überhaupt nicht einordnen konnte. Kinder stellen nach Eindrücken aus dem Fernsehen oft unvermittelte Fragen. Manchmal wollen sie nur einen unvertrauten Begriff verstehen, um ihn in ihren Sprachschatz aufzunehmen. Inhaltlich hatte die Mutter mit ihrer Verneinung der Adoption ja recht. Aber Maria stutzte über den merkwürdigen Zungenschlag der Mutter. Der unterlief ihr, weil sie sich in dem Moment mit ihrem Geheimnis ertappt fühlte. Das ließ sie die Chance übersehen, die sich ihr bot. Es war die Gelegenheit, mal darüber zu sprechen, »wie Eltern zu ihren Kindern kommen«. Manche Eltern warten geradezu auf solche Gelegenheiten.[144]

Wenn Vorschulkinder nach Geburt und Tod, Krieg und Frieden, nach Adoption, Hochzeit, Scheidung, Krankheit, Unfall und ähnlich Existentiellem fragen, dann tasten sie sich mit Begriffen vor, deren genaue Bedeutung sie noch nicht verstehen können. Sie spüren aber, dass diese Begriffe in der Welt und im Leben der Menschen eine Rolle spielen. Dann fragen sie: »Kennst du das? Habe oder bekomme ich auch so was?« Meist genügt ein schlichtes Bejahen oder Verneinen. Oft tut ein trostvoller Nachsatz gut. Etwa: »Ja, es kommt vor, dass Kinder in einen Unfall geraten. Deshalb passen wir auch gut auf.« Auf die Sorge nach Scheidung ließe sich etwa so antworten: »Ja, es gibt Eltern, die gehen voneinander weg, die lassen sich scheiden. Deshalb ist es für Papa und Mama wichtig, dass wir uns nach einem Streit wieder vertragen.« Und wer zur Verstärkung Bilder aus seiner Religion bemüht, etwa einen Schutzengel, hilft in dieser Altersphase seinem Kind.

Fragen »zur Wiedervorlage«

WICHTIG IST, DASS DAS KIND EINE ANTWORT BEKOMMT, und je nachdem auch getröstet wird. Viele Fragen sind damit erst einmal erledigt, bis zur »Wiedervorlage« bei anderem Anlass, neuem Auslöser. So setzt sich allmählich ein Puzzlebild von der Welt zusammen. Im Erwachsenenalter wiederholen sich die existentiellen Fragen. Wie auf einer Spirale wachsen sie mit unseren Entwicklungsstufen. Fragen nach Leben und Tod stellen wir dann mit achtzig anders als mit acht.

Wie könnten Eltern eines »Samenspenderkindes« antworten, wenn sie gefragt werden: »Bin ich adoptiert?« Sie könnten – wie Marias Mutter, allerdings in gelassener Stimmlage – antworten: »Du bist nicht adoptiert.« Und dann hinzufügen: »Aber um dich zu bekommen, brauchten wir damals noch die Hilfe eines anderen Mannes. Gut, dass das so prima geklappt hat!« Man kann dann noch signalisieren: »Ein anderes Mal kann ich dir mehr davon erzählen. Frage ruhig.« Für Vierjährige kann es damit erst einmal gut sein. Meistens gehen sie dann zu anderen Tätigkeiten über.

Manchmal verkündet ein Kindergartenkind ganz kess: »Ich bin adoptiert!« Es ist kein Widerspruch, wenn das gleiche Kind mit zwölf, dreizehn Jahren sich von seiner Adoption so getroffen zeigt, als hätte es die Botschaft gerade zum ersten Mal gehört.

Wahrheiten brauchen Jahre für den Weg vom Ohr zu Herz und Hirn. Begriffe wie »Adoption« oder »Samenspende« bleiben lange Zeit nur Worthülsen. Aber es ist nicht verschenkt, sie schon früh zu nutzen.

Wann immer die nächsten Fragen des Kindes kommen, ist es erleichternd, wenn bisher nicht gelogen wurde. Wenn die Bedeutung der Wahrheit einst auch noch nicht verstanden wurde, so lässt sich später daran anknüpfen, beispielsweise über Erkenntnisse aus dem Biologieunterricht zu Blutgruppen, wie bei »Spenderkind« Frank[145] oder über einen Vorlesungsstoff in Neurologie, wie bei der 24-jährigen Maria. Letztlich dient eine frühe, wenn auch intellektuell überfordernde, Ehrlichkeit als Vorbeugung gegen ein generelles Misstrauen. Eine späte Aufklärung hingegen hat das Potenzial, alles Vorherige pauschal zu negativieren. So wie es Maria im ersten Moment durch den Kopf schoss: »Dann stimmt vieles andere auch nicht mehr!«

AUCH KÖNIGSWEGE HABEN STOLPERSTELLEN

JANS ADOPTIVELTERN MACHEN ES GUT. Sie klären den Jungen von vornherein darüber auf, dass es noch eine andere Mama, eine »Bauchmama« gibt. Auch in Adoptionsverhältnissen heißt der »Königsweg« Offenheit. Keine seriöse Fachkraft würde heute noch zu Geheimniskrämerei raten. Doch auch auf Königswegen können Stolpersteine lauern. Diese liegen nicht in der Haltung der Eltern begründet, sondern im Entwicklungsstand der Kinder. Mit Störungen hat das nichts zu tun. Im Gegenteil. Kinder zeigen dabei Merkmale einer gesunden, kreativen Entwicklung. Dies kann aber auch tückisch sein, weil Kinder die Wirklichkeit oft derart umdeuten, dass es die Eltern irritiert; vor allem Eltern, die in ihren Bauchgefühlen noch etwas unsicher sind.

Wie bereits geschildert, ist die »magische Phase« solch eine Zeit, in der Kinder Wahrnehmungen und Informationen »magisch« – daher der Begriff – umdeuten können.[146] Sie beginnt um das dritte Lebensjahr, und vor Schuleintrittsalter weicht die Phase allmählich logischem Denkvermögen. Eltern, die um diese Entwicklungsphasen wissen, können sich vor Fehlinterpretationen schützen. Sie können besser erkennen, wenn bei ihren Kindern aus »Mücken« der Realität »Elefanten« ihrer Phantasie werden.

Die Eltern des viereinhalbjährigen Jan sahen bei ihrem Sohn solch einen »Elefanten« heranwachsen. Im letzten Kindergartenjahr zeigte er sich zunehmend ängstlich und anklammernd. Ein Kinderpsychotherapeut wurde aufgesucht. Doch statt das Kind zu therapieren, schlug er vor, lieber die Eltern zu beraten. Es galt, die Phantasien hinter Jans Ängsten zu verstehen. Diese schienen nämlich von seiner speziellen Biographie geprägt. Jan war ein adoptiertes Kind.

Jans Geschichte

Die Voraussetzungen hätten nicht besser sein können. Jan wurde »aus dem Kreissaal heraus adoptiert«. Über einen kirchlichen Adoptionsvermittlungsdienst gab es zur leiblichen Mutter, einer minderjährigen Jugendlichen, schon während deren Schwangerschaft Kontakt. Adoption war ausdrücklich gewünscht.

Die Eheleute M. waren überglücklich, mit der Adoption ihre Kinderlosigkeit beenden zu können. Bei der Vermittlungsstelle galten sie als gut beleumundet. Ihre offene Wesensart, ihre erkennbare Reflektiertheit sowie ihre wirtschaftlich geordneten Verhältnisse gaben »grünes Licht«.

Das Elternglück erlebte noch eine Steigerung, als das Paar zwei Jahre später gefragt wurde, ob es einen weiteren Jungen derselben Herkunftseltern aufnehmen möchte.

Offenherzig und fair geht die Familie, Großeltern inklusive, mit der Adoptivkonstellation um: keine Geheimnistuerei, kein Schlechtreden oder gedankliches Ausklammern der leiblichen Eltern. Schon die Spielgefährten in der Krabbelgruppe erfahren, dass Jan adoptiert ist, natürlich ohne die Bedeutung des Begriffs zu kennen.

Jan entwickelte sich zur Freude aller. Er ist gesund, körperlich stabil und von gewinnendem Äußeren. Im Kindergarten zählt er zu denen, die von anderen Kindern gerne zu Geburtstagen eingeladen werden. Der Vater berichtet stolz von gemeinsamen Aktivitäten mit »seinem Großen«. Die Mutter schätzt Jans kreatives Spielverhalten und die Großeltern sind begeistert von seiner offensichtlichen Klugheit.

Einziger bitterer Tropfen im Eltern-Kind-Glück ist in letzter Zeit Jans Ängstlichkeit. Er ist zurückhaltend, im Handeln wie in der Kommunikation. Dabei ist er kein Drückeberger, traut sich durchaus vieles zu. Doch immer soll ein Elternteil dabei sein. Eigentlich sei es mehr eine große Anhänglichkeit, die sich aber zum Vermeidungsverhalten zu steigern drohe. Deshalb sorgen sie sich. Immerhin steht in gut einem Jahr die Einschulung an. Die Eltern wollen nichts übersehen, was ihm den Start möglicherweise erschweren könnte. In dieser Situation suchen sie kindertherapeutischen Rat. Jan ist jetzt viereinhalb.

Magische Kinderwelt:
»Wann komme ich wieder zu anderen Eltern?«

Im Erstgespräch berichten die Eltern vom guten Verhältnis, das sie bis dato zum biologischen Vater ihrer Kinder haben. Der habe inzwischen eine Ausbildung beendet und besuche die Kinder an deren Geburtstagen. Man habe sich darauf geeinigt, ihn nicht als »Vater« sondern als einen »Freund der Familie« vorzustellen. Von der Mutter der gemeinsamen Kinder habe er sich dauerhaft getrennt. Es gebe ein Foto in Jans Album, auf dem sie noch als Paar zu sehen sind. Auf Jans Frage, wer denn diese Frau sei, antwortet die Adoptivmutter: »Das ist Sabrina. In deren Bauch bist du groß geworden.« Sie will ehrlich bleiben, das Wort »Mama« für Sabrina aber vermeiden.

Im Beratungsgespräch wird ein Spotlight auf diese Szene geworfen. Frau M. findet es bei näherem Betrachten bemerkenswert, dass Jan ihre Antwort von der »Bauchmama« niemals hinterfragt; eigentlich sei doch tiefgründiges, geradezu »philosophisches« Fragen charakteristisch für ihn.

Der Therapeut animiert die Eltern zu einem Gedankenspiel. Sie mögen sich vorstellen, von einem anderen Planeten zu kommen, um das Leben der Erdenbewohner zu erforschen. Sie sind zu Gast in einer freundlichen Familie, die zwei nette Jungen habe. Ein junger Mann kommt dort zu Besuch, offenbar ist er den Eheleuten willkommen. Man blättert in einem Fotoalbum und zeigt auf eine Frau, in deren Bauch die beiden Jungen einst waren. »So also ist das mit dem Nachwuchs der Erdenbewohner«, könnten die fremden Forscher denken: »Eine junge Frau lässt Kinder in ihrem Bauch heranwachsen. Irgendwann, vielleicht wenn sie groß genug, klug oder schön genug sind, bringt sie die zu älteren Erwachsenen. Vielleicht wurden die Kinder bei der Frau auf dem Foto bestellt, und vielleicht hat der junge Mann, der heute zu Besuch ist und sich so interessiert zeigt, etwas mit diesen Bestellungen zu tun?«

»Spannend wäre auch zu erfahren«, meinen nun die Forscher, »zu welchem Zeitpunkt auf dem Planeten Erde die Kinder von der ›Bauch-Frau‹ zu Eheleuten wechseln. Ist der festgelegt? Wenn ja, von wem? Und welche Wechsel wird es zukünftig noch geben?« Verstanden haben die Forscher, dass die erste Veränderung nach der »Bauchzeit« erfolgt. Mit der

Schule kommt dann wohl die nächste? Und größere Kinder? Kommen die zu Leuten, die auf Große spezialisiert sind? Gibt es Vorschriften, wie lange diese Etappen dauern, oder entscheiden die Kinder, wann es so weit ist? Vielleicht tauschen die Erwachsenen aber auch untereinander Kinder aus, um zu sehen, wer es mit wem am besten kann? Offenbar verstehen sich die Erwachsenen untereinander recht gut.

Jans Eltern bekamen bei dem Gedankenspiel eine Ahnung von den Phantasien, die einem Vierjährigen durch den Kopf gehen könnten, wenn er das Foto einer Frau gezeigt bekommt, in deren Bauch er gewesen sein soll. In der »magischen Phase« erscheint Vorschulkindern kaum eine Konstellation unmöglich. Eigentlich ist der Gedanke, nicht auf ewig bei den Eltern zu bleiben, undenkbar. Besonders, wenn alle sich doch so gern haben. Aber hat denn die »Bauchfrau« ihn nicht lieb gehabt? Die ist doch nett. Aber warum hat sie ihn abgegeben? Vielleicht haben Eltern das gar nicht selbst zu bestimmen, denn gelegentlich kommt eine Frau mit Aktenordnern zu ihnen. Die Gespräche versteht der Vierjährige nicht, spürt aber, dass es um ihn und seinen Bruder geht.

Jans Eltern schmetterten das Gedankenspiel des Therapeuten nicht als Phantasterei ab. Sie spielten mit und staunten über die Möglichkeit, wie ihre so offenen Aussagen auch anders, nämlich bedrohlich verstanden werden könnten. Logisch gedacht erschien es ihnen absurd. Aber sie gaben zu, dass Jans Logik derzeit ohnehin eine sehr spezielle war. Zunächst erschienen seine Gedanken oft ziemlich kraus, letztlich aber doch plausibel. Er galt als »kleiner Philosoph«.

Offenheit alleine genügt nicht

Den Eltern kam ihr Wahrheitsanspruch, auf den sie bislang stolz waren, nun etwas zu unbekümmert vor. Jedenfalls stellten sie nun ihre Direktheit infrage, mit der sie Fakten 1:1 an ihre Kinder weitergegeben hatten. Der

Therapeut ermunterte sie, auch zukünftig ehrlich zu sein, dabei aber den Empfänger der Nachricht im Blick zu halten. Die Aufrichtigkeit des Senders ist nicht das einzige Kriterium in einer Beziehung. Bei Kindern ist auch stets deren Entwicklungsstand zu beachten: Allein mit einer Information ist es nicht getan. Wichtiger ist, wie sie aufgenommen wird und in die Gedankenwelt integriert werden kann. Kinder in der magischen Phase sind nun mal keine Sachbearbeiter, die hinter Aussagen einen Vermerk machen: »zur Kenntnis genommen«. Erst recht nicht, wenn sie spüren, dass es um ihre Existenz geht.

Sensibilisiert für die bislang ungeahnten gedanklichen »Verschaltungen« ihres Sohnes, berichtete der Vater von einer Episode, die Jans Phantasie angeregt haben mochte. Insgeheim könnte er sich fragen: »Was ist mit Papa und mir?« Als einmal Freunde der Eltern zu Besuch waren, habe deren Kind die Bemerkung gemacht, dass Herr M. doch gar nicht der »richtige Vater« von Jan sei. Herr M. erzählt, wie sehr ihn diese Äußerung verletzt hätte. Obwohl er spürte, dass das andere Kind die Bemerkung ohne böse Absicht getan hatte, habe er daraufhin überzogen reagiert und dem anderen Kind - geradezu dozierend - erklärt, was einen »richtigen Vater« ausmache. Stumm, aber sichtlich irritiert, habe Jan seinem »Plädoyer« für die Werte eines sozialen Vaters gelauscht. Jan war damals dreieinhalb Jahre alt und hatte inhaltlich natürlich nichts verstanden. Doch Herr M. war sich sicher, dass der sensible Junge mitkommen hatte, »wie sehr ich von der Bemerkung getroffen war«.

Jan ahnte also, dass es Themen gibt, auf die man Papa besser nicht anspricht. Für den Dreijährigen war oft nicht zu verstehen, um was es ging. Dass es aber um ihn ging, das spürte er wohl. In der kindlichen Logik erschien es jedenfalls besser, sich nicht auf unbekanntes Terrain zu begeben und manches nicht zu fragen. Aber so lange Papa bei ihm war, musste Jan sich ja keine Sorgen machen.

Verstehen lernen, wie Botschaften beim Kind ankommen

SO VIEL ZU JAN UND SEINEN ELTERN. Therapeut und Eltern vereinbarten gelegentliche Beratungsgespräche statt einer Kinderpsychotherapie. Den Eltern musste nicht erklärt werden, wie wichtig Beziehungssicherheit ist. Verstehen lernen mussten sie noch, dass betroffene Kinder Informationen anders aufnehmen und verarbeiten als andere Kinder. Jans Eltern erkannten, dass ihre Ehrlichkeit zwar richtig, für den kleinen Jan aber eine Überforderung war. Gerade sensible Kinder können sich in der magischen Phase durch ihre kindliche Logik in ungeahnte Richtungen verrennen.

Die gute Absicht von Jans Eltern zeigte also unerwünschte »Nebenwirkungen«. Sie wollten ihren Kindern von klein auf mit Offenheit begegnen und ihnen ein wertschätzendes Bild ihrer leiblichen Eltern vermitteln. Ungewollt löste das aber Befürchtungen aus: »Dann komme ich wohl zu denen wieder zurück und muss hier weg.« Die pädagogisch korrekte Absicht, den Kindern ein Bild »mehrerer guter Eltern« zu vermitteln, ist deshalb nicht falsch. Sie unterschätzt allerdings, dass in frühen Entwicklungsphasen die Sehnsucht der Kinder nach Eindeutigkeit durch Vieldeutigkeit überfordert ist. Unterschätzt werden sollte auch nicht das Verzerrungspotenzial, mit dem die Phantasie eines Vorschulkindes Informationen umdeuten kann.

Jans Eltern verstanden mit Hilfe der Beratung die besondere Anhänglichkeit des Kindes nun anders: Sein defensives Verhalten war weniger ängstlich als vielmehr vorsichtig. Zurückhaltung kann auch ein Akt von Klugheit sein. Denn war der Junge mit einer Situation einmal warm geworden, zeigte er sich fröhlich und offensiv. Statt einer Kindertherapie reichten hier pädagogische Mittel. Die Eltern konnten Jans momentan gesteigerten Wunsch nach Sicherheit annehmen. Sie begleiteten ihn vorerst bei seinen

Aktivitäten, ohne damit die Sorge dauerhafter Unselbständigkeit zu verbinden. Auch setzten sie sich mit dem bevorstehenden Schuleintritt nicht mehr so unter Druck. Auch andere Kinder würden den Kindergarten vermissen.

Themen ruhen lassen ist kein Widerspruch zur Offenheit

DIE ADOPTIVELTERN SPRACHEN FORTAN NICHT MEHR SO OFFENSIV über Jans leibliche Eltern. Zwar wurden sie weiterhin nicht ignoriert, doch das Wissen um ihre Existenz wurde vorerst »eingefroren« und nicht durch Fotoalben oder Kontaktbesuche befeuert. Ehrlichkeit und Fairness müssen nicht ständig demonstriert werden. Wenn die Haltung stimmt, ist phasenweises Schweigen kein Widerspruch.

Jans Adoptivvater wurde zudem bewusst, dass er längst nicht immer so gelassen war, wie er sich gerne sah. Die Bemerkung, er sei nicht Jans richtiger Vater, hatte ihn verleitet, sehr emotionell Adoption und soziale Elternschaft zu verteidigen. Er wollte seinem Kind damit Beziehungssicherheit vermitteln, löste aber Irritationen aus. Kinder spüren, wenn Väter zu ihnen stehen. Wer zu sehr »doziert«, macht sich eher verdächtig.

Themen ruhen zu lassen ist kein Widerspruch zum Bemühen um Offenheit und Ehrlichkeit. Solche »Ruhezeiten« sind dann sinnvoll, wenn die kindliche Reife den Informationen aus der Wirklichkeit noch nicht gewachsen ist. Bei Überforderung besteht die Gefahr, dass verzerrte Wahrnehmungen und Verarbeitungsformen negative Spiralen in Erleben, Denken und Beziehungsdynamik in Gang bringen. Später dann können Themen wieder hervorgeholt, betrachtet und bewältigt werden.

Königswege muss man nicht permanent bedeutungsträchtig abschreiten. Es ist auch erlaubt, über sie unspektakulär zu schlendern.

DER SPENDER

MOTIVE UND HALTUNGEN EINES WENIG BEKANNTEN WESENS

DIE DISKREPANZ HÄTTE NICHT GRÖSSER SEIN KÖNNEN. Franziskas Mutter will von dem Mann, dessen Samen die Geburt ihrer Tochter ermöglichte, nichts wissen. Verbal reduziert sie ihn auf »ein Fitzelchen Eiweiß«. Jahrzehnte später heiratet Franziska und wird bei ihren Vorbereitungen sehr traurig, wenn sie sich vorstellt, dass dieser Mann nie etwas von seinem »Fortbestand« durch die Familiengründung »seines Kindes« erfahren wird. Eigentlich, so ihr Gefühl, gehört der Unbekannte doch auch zur Festgesellschaft; aber nicht mal durch Erzählen wird sie ihn je daran teilhaben lassen können.

Die allermeisten Samenspender wollen gesichtslos bleiben. Es liegt ihnen fern, im Leben derer, denen sie zum Leben verhelfen, vorzukommen. »Erwartet etwa jemand von mir, dass ich demnächst jeden Monat auf einem anderen Kindergeburtstag antanze?«, empörte sich ein anonymer Spender in einem Höreranruf, als im Radio die Anliegen der »Spenderkinder« thematisiert wurden. Unvorstellbar ist ihnen der Gedanke, dass sie im Leben der Kinder jemals mehr Bedeutung bekommen sollten als etwa eine Hebamme. Welches Kind lädt seine Hebamme schon zum Geburtstag ein – und welches kennt sie überhaupt?

Doch ein »Samenspender« ist für Kinder etwas völlig anderes als ein Arzt oder eine Hebamme. Franziska war er auch nach Jahrzehnten, als sie selbst Mutter wurde, präsent: »Ich habe immer wieder Rührung und Nähe empfunden bei der Vorstellung, in meinem Gesicht und den Gesichtern meiner Söhne Spuren wiederzufinden, aus denen ich auf seine Züge schließen könnte.«[147]

Ein ebenso großes Missverhältnis besteht zwischen den Motiven der »Spenderkinder« für ihre Spurensuche und dem, was ihnen an Motiven unterstellt wird. Überwiegend boshaft waren die Kommentare in den Internetforen, die über »Spenderkind Sarah« nach dem Urteil des OLG Hamm 2013 hereinbrachen. Während Sarah schlichtweg ihr Menschenrecht einklagte, wurde sie in den Foren finanzieller Ambitionen bezichtigt: »Der Unterhalt ist doch der eigentliche Sinn, warum diese geldgeile Person ewig vor Gericht zieht.« (Kommentar von »Susi Sorglos«)

Die Diktion mancher Einlassung lässt vermuten, dass sich im Schutz digitaler Anonymität auch Samenspender zu Wort meldeten, die nicht nur materielle Ansprüche auf sich zukommen sahen, sondern auch eine Beziehung, die sie nicht wollen und nie für möglich gehalten hätten. Anja Borngässer, selber ein »Spenderkind«, hat die Blogeinträge zum Gegenstand ihrer Bachelorarbeit in Kommunikationswissenschaften gemacht.[148] Hier drei Beispiele:

»Für mich ein unfassbares Urteil. Vor zig Jahren gibt man eine Samenspende ab, im genauen Glauben, alles sei anonym und man könnte anderen Menschen helfen. Nun wird der Spender genannt und er muss damit rechnen, dass eine aufgewühlte, von Gefühlen durchsiebte Person sich mit einem in Kontakt begibt, den man nie wollte.«

»Na, als nächstes wird sie von ihrem biologischen Vater Unterhalt verlangen. Ich glaube, dass ab sofort keiner mehr Samen spenden wird und viele Ehepaare keine Familie mehr werden durch so eine, die meint sie muss unbedingt wissen wer ihr Vater ist. Was so eine von sich eingenommene alles kaputt macht für die Zukunft anderer Ehepaare, die sich nach einer Familie sehnen.«

»Als Spender hätte ich keine Lust, diese Person kennen zu lernen und würde mir jede Kontaktaufnahme verbitten. ... Ich würde ihr die Tür vor der Nase zuschlagen.«

Die unterstellten Motive widersprechen nicht nur den Motiven der damaligen Klägerin Sarah, sie fanden sich auch keineswegs in unseren Interviews. Alle Befragten stellten sich hinter die Ziele des Vereins »Spenderkinder«, der unter anderem fordert: »Schutz des Spenders vor Unterhaltsforderungen und Erbansprüchen des Kindes.«

Die Motive der Spender

NICHT ALLE SPENDER LEHNEN EINEN KONTAKT zu den Kindern ab. Auf der Webseite von Spenderkinder.de schreibt ein aktiver Spender unter seinem Klarnamen, dass der Kontakt zu den inzwischen elf Kindern, die durch seine Samenspende entstanden, ihm wichtig sei und er zu den Eltern beziehungsweise Müttern ein freundschaftliches Verhältnis pflege. Er sei froh, einigen Menschen zu ihrem Glück verholfen zu haben, wobei ihm das Glück der Kinder besonders am Herzen liege.

Glaubt man vorliegenden Untersuchungen, deren Aussagekraft jedoch kaum repräsentativ ist, spielt neben altruistischen Motiven und finanziellen Anreizen auch der Wunsch sich fortzupflanzen eine Rolle bei der Samenspende. Gut die Hälfte derjenigen, denen Anonymität zugesichert wurde, ist zu einem späteren Zeitpunkt jedoch durchaus offen für einen Kontakt mit dem Kind.

Die Kontaktbereitschaft findet sich bei homosexuellen Spendern deutlich stärker ausgeprägt, ebenso bei älteren Männern mit eigenen Kindern, einem hohen Bildungsgrad sowie altruistischen

Motiven. Sie ist mit dem Wunsch verbunden, Näheres über die Entwicklung des Kindes zu erfahren. Immerhin möchten fast 60 Prozent ihre Rolle als ein guter Freund beziehungsweise entferntes Familienmitglied sehen. Wenn ein Treffen stattfindet, wird es überwiegend als positiv und bereichernd beurteilt.[149]

In einer deutschsprachigen Studie, die Angaben aus 63 anonymen Fragebögen auswertet, meinten 37 Prozent der Spender, dass die Eltern offen über die Samenspende sprechen sollten, und 43 Prozent bejahten ein späteres Treffen mit dem so gezeugten Kind, 35 Prozent hingegen nicht.

Ohne die Zusicherung von Anonymität ist die Bereitschaft zu einer Samenspende verringert, doch sie scheint keine unbedingte Voraussetzung zu sein. Vielmehr würde die rechtliche Sicherheit potenzielle Spender ermutigen. Gut die Hälfte der unter zugesagter Anonymität Spendenden wäre, so die Untersuchung, zu einem späteren Zeitpunkt bereit, mit dem »Spenderkind« in Kontakt zu treten.

Einige Kommentare in den Online-Blogs griffen die Komplexität der Überlegungen durchaus auch seriös auf:

»Ich denke schon, dass einige nicht mehr so leichtfertig spenden werden. Aber dennoch halte ich das Urteil für gut und richtig, denn auch Kinder haben Rechte – egal welche Abmachungen Erwachsene vor ihrer Zeugung treffen.«

»Ich würde gern spenden, wenn ich weiß, dass mein Name nicht bekannt gegeben wird und dass ich anonym bleiben kann. Wo beginnt das Ganze und wo hört es auf? Kommen danach Entschädigungsforderungen etc. auf die biologischen Väter zu?«

Rechtsklarheit sowie Aufklärung über formale Abläufe und Bedingungen einer Samenspende können zur Versachlichung des Themas beitragen.

Es ist zu kurz gedacht, wenn Reproduktionsmediziner bei der Legitimation ihres Handelns allein den Wunsch eines kinderlosen Elternpaares im Blick haben. Auch der Samenspender muss als Person wahrgenommen werden. Er kann nicht auf die Hinterlassenschaft seines Produkts reduziert werden. Seine Entscheidung bleibt nicht nur für das entstehende Kind von lebenslanger Bedeutung. Sie wird auch seine eigene Biographie beeinflussen, ob gewollt oder ungewollt.

In der WDR-Dokumentation vom 5.3.2015 über die »Spenderkinder« Sunny und Anja[150] rechtfertigt einer der führenden Reproduktionsmediziner seine Arbeit, die er 1980 begann, deren Dokumentation er aber erst seit 1996 nachhält. Eltern hätten ihm Dankesbriefe geschrieben mit der Aussage, sie hätten nun gesunde Kinder, und er möge bitte alle Unterlagen vernichten. Nach wie vor ist er überzeugt, dass es für alle Beteiligten besser sei, »dass da nichts mehr einzusehen ist«. Dann führt er Argumente an, die er besser vorher mit den Beteiligten besprochen hätte: »Das waren oft Studenten. Später gründeten sie eigene Familien, da wäre es ungut gewesen, wenn bekannt geworden wäre, dass der Mann womöglich für zwanzig weitere Kinder verantwortlich wäre.«

Gerade das Bewusstmachen der Verantwortlichkeit ist aber eine Forderung der späteren Kinder, denn sie erwarten, ernstgenommen zu werden. Schließlich sind sie kein Artefakt des damaligen Geschehens, sondern denkende, fühlende Wesen, die zu dem, was ihr Leben prägte, eine Haltung einnehmen wollen. Und, weil es um Menschen geht, auch Beziehungen wollen.

Männliche Omnipotenzphantasien

ARTHUR KERMALVEZEN VERMUTET, spürbar von der eigenen erfolglosen Spurensuche enttäuscht, beim Spender eine Omnipotenzphantasie als Motiv. Wenn er an Samenbanken und deren Bevorratung denkt, meint er, dann »kann der Spender seiner narzisstischen Vorstellung, sich zeitlich unbegrenzt fortzupflanzen, freien Lauf lassen«. Und den Akt der Selbstbefriedigung könne ein Spender »anders erleben, vielleicht mit der Vorstellung von Selbstzeugung: Ich erschaffe mich selbst neu, ich vollende mich ohne die Hilfe einer Frau«.[151]

Mit einem Hinweis auf die unzähligen Nachkommenschaften, die etwa Karl dem Großen oder August dem Starken nachgesagt werden, ist die omnipotente Aura von Vielzeugern nicht abwegig. Schon im Alten Testament waren sie die Garanten des Stammeserhalts, Dschingis Kahn soll gar für ganze Heerscharen verantwortlich sein.

Ein »August der Starke« unserer Zeit ist der Niederländer Ed Houben. In Reportagen über »Spenderkinder« wird er oft vorgestellt als »der Mann mit den 102 Kindern«.[152] Seine Dienstleistung als »Besamer« kommuniziert er sehr offen. Ein »Spendervater« im klassischen Sinn ist er nicht, denn er besorgt es den Frauen meist ohne die »Becher-Methode«. Es habe ihm zu schaffen gemacht, »dass ich gut genug bin, ein Kind zu schenken, ohne Sexualpartner zu sein«, lässt er einen Reporter wissen. Lieber praktiziert er heute die »natürliche Methode«. Die Frauen, oft auch deren Partner, akzeptieren das, und der stabil gebaute Mann mit der medizinisch bescheinigten hohen Spermadichte schmunzelt: »Ich bin kein Modeltyp, trotzdem laufen mir die Frauen nach.« Die Fotogalerie mit Kleinkindern auf dem Regal ist beeindruckend. Quasi seine »Referenz«. Und dann entfährt ihm der Satz, der seine

Befriedigung offenbart, auch ein bisschen »lieber Gott« zu spielen: »Ich finde, ich tue etwas Gutes. Ich kreiere Leben«.[153]

»Bist du mein Vater?«

BEGEGNUNGEN ZWISCHEN SPENDERN UND SPENDERKINDERN sind sehr selten. Doch seit das Thema in der Öffentlichkeit ist und die Bereitschaft auf beiden Seiten wächst, sich bei Datenbanken wie Family-Tree-DNA (FTDNA) registrieren zu lassen, kommt es vereinzelt zur Dechiffrierung des einst anonymen Spenders. Vermehrt begegnen sich Spender und Spenderkind auch. Unter unseren Interviewpartnern war nur eine, Stefanie, die ihren genetischen Erzeuger gefunden hatte und inzwischen auch kontaktierte.[154] Weitere Beispiele tauchen zunehmend in den Medien auf.

Über FTDNA fanden sich beispielsweise das inzwischen 24 Jahre alte »Spenderkind« Christoph und sein 69 Jahre alter biologischer Vater Udo. Jenny Becker schildert in *DIE ZEIT* die schwierige Annäherung der beiden. Vor der ersten Begegnung bestanden Erwartungen und Hoffnungen, Ängste und Unsicherheiten auf beiden Seiten. Und eine gewisse Sprachlosigkeit. Denn wie und worüber könnte es ihnen gelingen, sich auszutauschen?

Es kommt jedoch weder zu dramatischen Szenen noch zu heftigen emotionalen Ausbrüchen, auch nicht zu Enttäuschung und Ablehnung. Die Begegnung verläuft ruhig, abwartend, neugierig. Ein Beginn, und wer weiß, wie es weitergeht. Zunächst gibt es eine Art Bestandsaufnahme: In welchen Merkmalen und Eigenschaften bestehen Ähnlichkeiten? Was habe ich von dem bislang Fremden mitbekommen und trägt es dazu bei, mich besser zu verstehen und einzuordnen?

Ihr Treffen ist ein erster Schritt. Wie viel an Wegstrecke indes noch vor ihnen liegt, wenn tiefere Sinn- und Identitätsfragen auftauchen, mag zwischen den Zeilen herausgelesen werden, mit denen Udo und Christoph am nächsten Morgen eine Korrespondenz beginnen. Sie ist freundlich und zukunftsträchtig, braucht vorerst aber noch etwas den jovialen Dekor einer Verlegenheit: »Am Morgen nach dem Besuch schreibt Udo: ›Mein lieber Christoph, ich hoffe, du hast das Treffen mit deinem biologischen Vater einigermaßen unbeschadet überstanden. Ist ja alles nicht so einfach. Die Hauptsache: Bereust du es, mich alten Sack kennengelernt zu haben?‹ Am Abend kommt Christophs Antwort: ›Hey Udo, jupp, ich habe es unbeschadet überstanden. Habe mich nach unserem Treffen richtig gut gefühlt, und dieses Gefühl hält noch immer an. Und ich bereue es überhaupt nicht. Im Gegenteil. Ich bin froh, dass ich es getan habe. Bis die Tage.‹«[155]

TEIL III
»KINDERMACHEN« UND DIE FOLGEN

DIESES BUCH STELLT KEINE WISSENSCHAFTLICHE STUDIE DAR. Unsere Interviews sind nicht repräsentativ. Wir konnten sie natürlich nur mit denen führen, die von ihrer Zeugungsart Kenntnis haben. Laut mehrerer Erhebungen ist das nur jeder zehnte Betroffene. Von den in Deutschland auf über 100.000 geschätzten »Spenderkindern« wären das 10.000. Etwa ein Prozent dieser Aufgeklärten sind Mitglieder im Verein »Spenderkinder«. Ausschließlich über den bekamen wir Kontakt zu den Interviewpartnern. Äußerungen von anderen Betroffenen in den Medien greifen wir ebenfalls vereinzelt auf, um das Spektrum zu erweitern.

DIE SICHT DER BETROFFENEN

FÜHREN WIR UNS NOCH EINMAL die Konstellationen, Meinungen, Haltungen unserer Gesprächspartnerinnen und Gesprächspartner vor Augen. Wie ist ihre subjektive Sicht auf ihr Leben als Kind, das durch eine donogene Insemination entstand? Bis auf eine Abweichung trafen wir die Spenderkinder im Alter zwischen 25 und 35 Jahren an. Drei von ihnen waren verheiratet, vier ledig, die anderen lebten in festen Partnerschaften. Beruflich waren sie überwiegend gut etabliert, sechs hatten ein akademisches Studium abgeschlossen, drei weitere studierten noch. Über die Erfahrung mit eigenen Kindern konnten drei der Befragten berichten.

Das Lebensalter, in dem die Kinder über ihre Zeugungsart informiert wurden, schwankte deutlich. In vier Fällen geschah dies zwischen dem neunten und zehnten Lebensjahr, einmal im Alter von 16 Jahren, viermal im Alter zwischen 23 und 26 Jahren, einmal im Alter von 40 Jahren. Die Aufklärung erfolgte überwiegend durch die leiblichen Mütter und aufgrund deren Initiative. Einmal nahmen es beide Elternteile in die Hand, ein weiteres Mal kam es zu einem verräterischen Affektausbruch des Vaters. Allerdings hatte die Hälfte unserer Gesprächspartner bereits im Vorfeld Adoptions-/Vertauschungsphantasien beziehungsweise Fremdheitsgefühle in der Familie. Die anderen spürten keinen Verdacht und fanden auch keine Hinweise. Über die im Kindesalter üblichen, unspezifischen, äußerlichen Vergleiche unter Geschwistern oder vor dem Spiegel berichteten vier Teilnehmerinnen. Die unangemessenen Reaktionen ihrer Mütter irritierte sie und nährte Fremdheitsgefühle.

Die Reaktionen auf die Information ihrer Zeugungsart wurde von sieben Betroffenen sehr negativ beantwortet, teilweise reagierten sie mit heftigen psychosomatischen Symptomen. Eine Person erlebt die Eröffnung mit Erleichterung, eine andere mit Gleichgültigkeit. Längerfristig konnten die meisten jedoch der erfahrenen Wahrheit positive Seiten abgewinnen, aber immerhin blieb ein Drittel von ihnen weiterhin erheblich negativ belastet.

Zur Zeit der Geburt waren die Eltern – leibliche Mutter und sozialer Vater – sämtlich verheiratet, jedoch ließen sich sechs Paare später scheiden und nur vier Ehen hatten Bestand. In allen Fällen, auch bei den nicht Geschiedenen berichten die Kinder von einer konfliktträchtigen Paardynamik ihrer Eltern. Allerdings wird die donogene Insemination hierfür nicht als Grund gesehen, allenfalls habe sie die Konflikte verschärft und konturiert. Als vermutete Ursachen der elterlichen Paarprobleme werden unter anderem Krankheit/Behinderung des Vaters, biographische Vorbelastungen beispielsweise als Heimkind, allgemeine Farblosigkeit des Vaters, obsessiver Kinderwunsch der Mutter, übermäßige Anpassung eines Partners sowie divergierende Lebensziele des Paares genannt.

Die Familienkonstellationen der von uns befragten Spenderkinder erwiesen sich als heterogen: Drei blieben Einzelkinder, zwei hatten Geschwister von einem anderen Spendervater, einmal gab es eine Schwester vom selben Spendervater, dreimal existierten Halbgeschwister aus früheren oder späteren Beziehungen der Eltern und einmal wurde ein Bruder als leibliches Kind der sozialen Eltern nach voreiliger Zeugungsunfähigkeitsdiagnose des Mannes geboren.

Das Thema Schwangerschaft war auch vor beziehungsweise nach Geburt der von uns befragten »Spenderkinder« ein wichtiges Thema in der Paarbeziehung. In fünf Fällen wird für den Zeitraum von drei Jahren nach der Geburt des Spenderkindes von weiteren assistierten, erfolglosen Zeugungsversuchen berichtet, wobei sie viermal zu Fehlgeburten führten. Treibende Kraft für eine donogene Insemination war nach Auskunft der Kinder in acht Fällen die Mutter, wobei mitunter die Erfüllung ihres Kinderwunsches als Bedingung für den Erhalt der Ehe galt. Die Ursachen für die Zeugungsunfähigkeit des sozialen Vaters waren vielschichtig: In drei Fällen wurden Behinderungen oder Krankheiten sowie Hodenanomalien genannt. In der weiteren Familie wurde das Thema unterschiedlich kommuniziert: Während mütterlicherseits die Großeltern von ihren Töchtern meist über die DI informiert wurden, geschah dies väterlicherseits nur in einem Fall.

Und welche Phantasien, Bedeutung und Rolle sind von Seiten der Spenderkinder mit dem unbekannten Dritten, dem biologischen Erzeuger, verbunden? Alle wünschen zu wissen, wer er eigentlich ist. Dabei schwanken konkrete Kontaktvorstellungen zwischen Kennenlernen und ihn »wenigstens einmal sehen«. Zumindest – so ist der Wunsch – sollte er Kenntnis von der Existenz seiner genetischen Nachkommen haben. Die Kinder wiederum möchten wissen, wie er aussieht, welche Eigenschaften er hat und ob sie ihm ähnlich sind. Nur in einem Fall kam es zu einer positiven Kontaktaufnahme; bei der Hälfte unserer Befragten lässt sich der Spender definitiv nicht mehr ausfindig machen, da die entsprechenden Akten vernichtet wurden. Allerdings laufen in vier Fällen noch Anträge beziehungsweise Klagen auf Kenntnisnahme und Akteneinsicht.

Alle Befragten bekunden, keine rechtlichen oder finanziellen Absichten (Unterhalt, Erbe oder dergleichen) zu hegen, falls der Spender bekannt würde. Die Person des unbekannten biologischen Vaters regt jedoch die Phantasie massiv an. Die Hälfte der von uns interviewten Spenderkinder vermutet, ihn in Alltagssituationen plötzlich zu sehen. Einige überprüfen – phasenweise obsessiv – Gesichter in der Menge nach möglichen Ähnlichkeiten und Hinweisen auf ihre genetische Abstammung. Eine junge Frau hat die Phantasie, in bestimmten Gegenden einer Vielzahl von Halbgeschwistern begegnen zu können. Hingegen kennen vier Betroffene solche Phantasien überhaupt nicht.

Für den unbekannten genetischen Vater existieren eine Reihe von umschreibenden Benennungen, um ihn bei aller Unsicherheit fassbar zu machen: »Gespenst«, »Silhouette ohne Gesicht«, »Vater« in Abgrenzung zu »Papa«, »das Fitzelchen Eiweiß« (so soll eine Mutter über den Anteil des Samenspenders gesprochen haben).

Über ihre Wahrnehmung und die eigene Positionierung in der Familie berichten die »Spenderkinder« irritierende und unsicher machende Eindrücke und Gefühle. Sie finden dafür bildhafte Formulierungen wie: »Fremdheitsgefühl«, ein »Haus ohne Kellerschlüssel«, ein »Mosaik mit fehlendem Puzzleteil«, »Leben in zwei Welten«, »die Wurzeln unter dem anderen Fuß«, »eine Elternschaft zu dritt«, »ein Schatten, der sich über die Familie legt«.

Hinsichtlich der donogenen Insemination wenden sich alle Befragten gegen die Anonymität des Spendervaters und verlangen eine Aufklärung für die Kinder. Ein »Idealalter« dafür nennt keiner, aber fast alle plädieren für eine »frühe« Information vor dem zehnten Lebensjahr. Außerdem halten alle eine fachliche Aufklärung der Eltern vor ihrer Entscheidung zur DI für wichtig, die meisten möchten sie als Verpflichtung nach dem Modell der Adoptionsvermittlung festgeschrieben sehen. Einige betonen die Bedeutung psychologischer Hilfe für den sozialen Vater hinsichtlich seiner Zeugungsunfähigkeit und sehen die Notwendigkeit einer Rechtssicherung für den Samenspender, sodass Zusagen eingehalten und rechtlich abgesichert werden müssten. Als Möglichkeit zur Kinderwunscherfüllung akzeptieren acht der zehn Befragten die DI bei einer entschiedenen Gegenstimme und einer kritischen Einschätzung, dass die Methode eine große Belastung darstellt.

Die in unserer kleinen Gruppe genannten Motive für die Suche nach dem Samenspender entsprechen weitgehend denjenigen, die in einer wesentlich größeren Umfrage genannt wurden. Die Datenbank »Donor Sibling Registry« (DSR, 45.000 registrierte Mitglieder) eruierte unter ihren »Spenderkindern« nachstehende Gründe. Hier werden sie nach deren Wichtigkeit aufgeführt.

Warum suchen die Kinder nach ihren genetischen Erzeugern?

- um zu sehen, wie der Spender aussieht
- um etwas über sich selbst zu erfahren
- um mehr über die eigenen Vorfahren zu erfahren
- um die medizinische Vorgeschichte kennenzulernen (wurde in unseren Interviews kaum genannt)
- damit der Spender weiß, dass es einen gibt
- um eine Beziehung zu ihm aufzubauen[156]

BIOGRAPHISCHE RISIKEN UND »KANNBRUCHSTELLEN« DER REPRODUKTIONSMEDIZIN

FÜR BOULEVARDMEDIEN TAUGEN DIE LEBENSGESCHICHTEN unserer Interviewten nichts. Das große Drama, die pathetische Anklage, der entsetzte Aufschrei – all das fehlt. Ansätze dazu gäbe es genug, doch der spektakuläre Bruch, die entgleiste Biographie findet in den zehn Fällen nicht statt. Marias Reaktion auf die Offenlegung ihrer Zeugungsart erscheint symptomatisch für eine »Spätaufgeklärte«. Unmittelbar reagierte sie mit einer dreimonatigen Krise und war einer Depression nahe. Doch die konnte sie, auch mit therapeutischer Hilfe, abwehren. Indes ist sie überzeugt, dass es auch anders hätte ausgehen können.

Die Konfrontation mit der Wahrheit ist also nicht ohne Risiko, aber sie kann gelingen. Beide Aussagen gehören zu den Resümees der Befragungen. Unsere Gesprächspartner konnten die Information über ihre Zeugung verarbeiten, konnten sie integrieren in ihr Lebenskonzept; einige fühlten sich dadurch auch bereichert. Es wurde aber auch die große Anstrengung deutlich, die diese Integration kostete. Dass sie schließlich fast allen gelang – oder sich noch auf einem konstruktiven Weg befindet –, ist sicherlich der Besonderheit der hier befragten Personen zuzuschreiben.

Bewältigte »Kannbruchstellen«

DIE BETROFFENEN KONNTEN AUF INTELLEKTUELLE und psychosoziale Ressourcen zurückgreifen, die sie zu hoher Selbstreflexion befähigten. Die interviewten »Spenderkinder« stellen eine besondere »Kategorie« dar: Sie gehören sämtlich zu den wenigen, die Kenntnis von ihrem Status haben. Der führte bei ihnen zu dem Entschluss, sich in einem Verein mit Gleichbetroffenen zu engagieren. Sie sind geübt, die Vereinsziele in Binnengruppen, teilweise auch öffentlich zu diskutieren. Durch ihre freiwillige Meldung zum Interview bekundeten sie den Wunsch nach Kontakt und zur Kommunizierung ihres Anliegens. Alle waren gesellschaftlich eingebunden und in anerkannten Beschäftigungs- oder Ausbildungsverhältnissen.

Wer im Frühjahr 2014 die Aufregung um die so unpassende wie unglückliche Formulierung der Schriftstellerin Sibylle Lewitscharoff für die per Samensspende gezeugten Kinder verfolgt hat – sie nannte sie »Halbwesen« –, dürfte die Lebensskizzen der hier zu Wort Gekommenen als recht unspektakulär empfinden. Jegliche Nähe zur »Dämonisierung«, die das kritische Feuilleton seinerzeit aus dem Zitat heraushörte, wäre nicht nur absurd und entehrend, sie überführte den so Denkenden auch der Ahnungslosigkeit und Lächerlichkeit. Vor diesem Hintergrund ist für manche das so offenkundig Normale der »Spenderkinder« eins der meist überraschenden Ergebnisse der Befragungen.

Spezifische Erkenntnisse sind indes subtiler auszumachen. Die Reproduktionsmedizin schickt ihre »Spenderkinder« mit einem gewissen Potenzial an Bruchstellen auf den Lebensweg. Bei Industriegütern gibt es den Begriff der »Sollbruchstelle«. Das sind Präparierungen, die Material ab einem bestimmten Belastungsgrad brechen lassen, um noch größeren Schaden zu verhindern. Bei der Entwicklung von Menschen soll nichts zerbrechen, aber ab einem bestimmten Belastungsgrad und bei bestimmten Konstellationen kann etwas zerbrechen. So gesehen gibt es in der Biographie von »Spenderkindern« einige »Kannbruchstellen«, die ihrer speziellen Konstellation geschuldet sind.

Bevor es in einer Lebensphase zum Bruch kommt, macht sich dies meist als warnendes »Knacken« bemerkbar. Ist die Person über ihre DI nicht informiert, konnte sie zwangsläufig kein Warnsystem entwickeln, das sie sensibilisierte, Zusammenhänge mit ihrer speziellen Zeugungsart zu erkennen. Und selbst wenn Kenntnis vorhanden ist, deren Bedeutung aber nicht erkannt wird oder erkannt werden darf, wird die Person nicht in der Lage sein, auftretende Probleme oder Zweifel mit der Besonderheit ihres Lebensstarts in Verbindung zu bringen.

Hier zeigt sich erneut eine Parallele zu Adoptivkindern. In Therapien werden sie eigentlich nie »wegen der Adoption« vorgestellt, sondern wegen diverser Probleme wie Aufmerksamkeits-, Konzentrations-, Impulskontroll- oder Essstörungen. Dass denen Bindungsunsicherheiten oder Identitätsfindungsprobleme zugrunde liegen können, wird so gut wie nie thematisiert. Zunächst wird der Adoptivstatus nicht für erwähnenswert gehalten. Erst recht nicht bei einem »Traumsstart«, wenn das Kind »aus dem Kreissaal heraus« adoptiert werden konnte. Indes gibt es auch das entgegengesetzte Extrem. Bei Pflegschaftsverhältnissen ist es mehr noch als bei Adoptionsverhältnissen anzutreffen. Dann werden sämtliche Probleme mit dem Status der Ersatzfamilienunterbringung erklärt oder durch eine negative genetische »Mitgift« der leiblichen Eltern begründet.

Auch bei Kindern der Reproduktionsmedizin gibt es dieses gegenpolige Phänomen, wie noch eingehender ausgeführt wird. Wenn die DI bekannt ist, können alle möglichen Probleme auf sie zurückgeführt werden. Beispielsweise werden genetische Einflüsse dann über Gebühr beansprucht. Vorschnell müssen sie als Begründung für Motivationslosigkeit, Essprobleme, Zwänge, ADHS, resignatives Verhalten oder dergleichen mehr herhalten.

SEHNSUCHT NACH FÜLLEN DER LEERSTELLE

DEN MEISTEN DER VON UNS BEFRAGTEN glückte weitgehend die Auseinandersetzung mit ihrer assistierten Zeugungsart; sie söhnten sich mit dieser Tatsache aus. Das fiel den Betroffenen nicht leicht. Es kostete sie erhebliche Seelenarbeit. Manche ließen sich dabei professionell begleiten.

Eine wichtige Rolle bei der psychischen Bewältigung spielt der Umgang mit den empfundenen Leerstellen: Diese wollen gefüllt werden. Vor allem möchten alle den Spender als Namen, als Gesicht und als Stimme wahrnehmbar haben. Wo das aufgrund entsorgter Akten nicht möglich ist, hilft schon die Kenntnis des Zeugungsorts, die Leerstelle ein wenig zu füllen. Ein »Spenderkind« war in der Filmszene einer Fernsehdokumentation mit seiner Mutter beim Besuch der Reproduktionsklinik zu sehen, in der es über dreißig Jahre zuvor gezeugt wurde. Am Gesicht der Tochter war abzulesen, wie sie an der Erinnerungsarbeit ihrer Mutter teilnahm. Das ersetzte ihr zwar nicht den erhofften Namen des Samenspenders, aber der Klinikraum war wenigstens etwas Konkretes. Mutter und Tochter lächelten.

Ein anderes »Spenderkind« recherchierte als erwachsene Frau in einer fernen Stadt. Entsprechend den Erzählungen der Mutter wurden Wege und Gebäude aufgesucht. Der Ort ihrer Zeugung zog die Frau geradezu magisch an. Je weniger bekannt ist, desto bedeutungsvoller können Details wie Straßennamen, Hausnummer, Praxisschild werden. Im religiösen Brauch vermag eine Miniaturreliquie das große Ganze zu symbolisieren. Von Kindern, die anonym in Babyklappen abgegeben wurden, ist bekannt, wie beispielsweise die Decke, in der sie eingewickelt und aufgefunden wurden, später an die »Leerstelle Mama« treten kann. Sensible Mitarbeiter der Notstellen bewahren sie deshalb auf. Sie wissen um den Stellenwert, den kleinste Utensilien im späteren Leben der Betroffenen erlangen können. Hauptsache, da ist nicht nichts!

Ein anderer Vergleich mag an dieser Stelle befremden. Doch in der Dynamik gibt es Gemeinsamkeiten. Denn auch hier geht es um das Füllen einer als unerträglich empfundenen Leerstelle. Traumatherapeuten raten Menschen, deren Angehörige auf mysteriöse Weise ums Leben kamen und deren Leichname noch nicht aufgefunden werden konnten, den Unglücksort zu besuchen.[157] Wenn der Trauer der Körper fehlt, von dem es sich zu verabschieden gilt, kann ein Ort eine Art Platzhalter sein. In vielen Kulturkreisen findet das einen Ausdruck im Errichten von Soldatenfriedhöfen und ähnlichen Memorials. Landmarken oder Gedenkstelen füllen die Leerstelle; die Trauer findet einen Ersatzort. Das hilft, dem Ungewissen die Unruhe zu nehmen.

Der bemühte Vergleich müsste als zynisch zurückgewiesen werden, wenn er Todesopfer und assistiert gezeugte Menschen auch nur entfernt in Beziehung setzen wollte. Er will allein veranschaulichen, welche Bedeutung der Verlust eines Menschen hat, der zu einem anderen Menschen in Beziehung steht. Denn das gehört zu den eher subtilen, gleichwohl erstaunlichen Ergebnissen der Interviews: Alle Spenderkinder stehen zu ihrem genetischen Erzeuger in irgendeiner Art von Beziehung. Als Person haben sie ihn jedoch verloren. Logisch klingt das nicht, weil sie ihn ja nie gekannt haben. Aber sie haben etwas von ihm in sich. Manchmal treten sie damit sogar in einen Dialog, der natürlich immer als Monolog endet.

Von nicht zu unterschätzender Bedeutung für das kompensatorische »Füllen der Leerstelle« ist die Option auf Halbgeschwister. Die Aussicht, über entsprechende Suchprogramme auf Nachkommen desselben Samenspenders zu stoßen, beschäftigte alle Befragten. Die Mehrzahl sprach ausgesprochen freundlich über mögliche oder bereits gefundene Halbgeschwister. Der Gedanke virtueller »Wahlverwandtschaften« war so ganz frei von sonstigen Gedanken an Leere und Verlust. Es klang eher nach einer

»Zugewinngemeinschaft«, in der Erfahrungen und Gefühle unter Gleichen ausgetauscht werden können. Auch die Hoffnung, auf diesem Weg weitere Puzzlestücke für das Bild »Vater« zu finden, schwang mit.

Der unterschätzte »Dritte«

SOFERN DIE KINDER VON IHRER BESONDEREN ART der Zeugung erfuhren, trat der »Spender« in ihre Biographie. Manche versuchen ihn zu benennen. Bei anderen aktiviert der Blick in den Spiegel eine imaginäre Beziehung. Könnte der Spender sich in den Zügen ihres Gesichtes zeigen? Wieder andere sahen sich mit ihm in einer Interessensgemeinschaft, die so ganz anders als die übrige Familie war. Eine Frau fühlte sich ihm vor ihrer Hochzeit innerlich sehr nah. Gerne hätte sie den Unbekannten wissen lassen, dass seine Ahnenreihe sich nun fortsetzt. Eigentlich hätte er zur Festgesellschaft gehört. Welch eine Diskrepanz zur Sicht der Mutter der Braut, die den einstigen Spender auf ein »Fitzelchen Eiweiß« reduzierte!

Offenbar können und wollen die Kinder nicht die gleiche Haltung zum Spender einnehmen, mit der ihre Eltern von vornherein auf Distanz zu ihm gingen. »Adieu und danke«, soll Arthurs Mutter zu Ärzten und Spendern gesagt haben. Um keinem eine Dominanz einzuräumen, wählte sie für die drei Kinder drei verschiedene Samenbanken und Spender: »Ich habe keine Lust, sie wiederzutreffen. Sie waren nützlich, aber sie haben in unserem Leben nichts zu suchen.«[158]

Ist es indes nicht überzogen, wenn erwachsen gewordene Kinder die Klinik oder das Labor aufsuchen, in dem sie einst mit medizinischer Hilfe gezeugt wurden? Der Einwand ist berechtigt, kennen doch wohl die wenigsten Menschen den Ort, an dem sie gezeugt wurden. Unausgesprochen bleibt dies ein elterliches Geheimnis. Über das mögen sie mal – vielleicht in einer Weinlaune – plaudern, aber es gibt keine Verordnung, nach der das Schlafzimmer-Geschehen 30 Jahre lang für die späteren Kinder zur Akteneinsicht dokumentiert bleiben müsste.

Aus zwei Gründen kann die Kenntnis ihres Zeugungsorts für Kinder der Reproduktionsmedizin hingegen eine andere Bedeutung haben. Ein Grund ist, dass in einer »Kinderwunschklinik« Willkürakte vollzogen werden. Idealerweise geht dem das Einverständnis eines einander liebevoll zugewandten Paares voraus. Doch ein Liebesakt wird bei der Zeugung nicht vollzogen.

Liebesakte fallen unter ein Intimitäts-Tabu. Dem kalkulierten Procedere in einer Klinik hingegen kann ein Beigeschmack von »Menschenversuchen« anhaften; erst recht, wenn Kinder sich als Ergebnis solchen Eingriffs sehen. Der Eingriff ist eine Willkürhandlung mit den Rollen Subjekt und Objekt. Und die Kinder sind das Objekt. Indem die Kinder den Ort des Geschehens aufsuchen, werden sie aktiv. Wer handelt, kann seine Objektrolle ein Stück loswerden und sich als autonomes Subjekt erleben. Und das unbekannte, oft überschätzte Wesen »Spendervater« kann in der Banalität des Schauplatzes auf Alltagsmaß schrumpfen. »Damit der Mann, der Gott spielt, nämlich der Spender, wieder ein ganz normaler Mann wird!«, schreibt Arthur Kermalvezen über seine phasenweise besessene Vatersuche.[159]

Der zweite Grund, der den Ort der Zeugung bedeutungsvoll macht, ist, dass er der einzige ist, von dem mit großer Wahrscheinlichkeit angenommen werden kann, dass der Spendervater einmal hier war. Hier wurde er in eine Kabine gebeten, konnte sich mit Bildern und Filmen stimulieren und in einem Becher ein Produkt hinterlassen, ohne das es den neuen Menschen nicht geben würde. Für »Spenderkinder« auf Spurensuche ist hier der »genius loci«. Nirgends können sie dem Gesuchten näher sein – tückischerweise um Jahre zeitversetzt.

Eine Spekulation über Leihmutter-Beziehungen

AN DIESER STELLE DRÄNGT SICH DIE SPEKULATION AUF, um wie viel intensiver eine Spurensuche nach einer Leihmutter geraten kann. Im Gegensatz zu dem auf eine Gewebeweitergabe reduzierten »Kontakt« eines körperlich nie wahrgenommenen Mannes, lebte das Kind mit der es austragenden Frau neun Monate zusammen. Seit den Ergebnissen der Pränatalforschung ist bekannt, dass deren Qualitäten sich nicht auf biologische Prozesse begrenzen. Das in der Frau heranwachsende Wesen wird nicht nur stofflich von ihr versorgt, sondern nicht minder erfährt es durch sie seine ersten psychischen Prägungen. Die Symbiose ist nie dichter als in dieser Phase.

Wir können die emotionale Nähe zwischen Leihmüttern und den von ihnen ausgetragenen Kindern mangels persönlicher Begegnungen nicht belegen. Die zu vermutende Gefühlslage ist aber aus vergleichbaren Situationen gut dokumentiert. Beispielsweise von Kindern aus dem asiatischen Raum, die aus diversen Gründen direkt aus dem Kreissaal heraus zur Adoption freigegeben wurden. Bei ihnen kam es also niemals zu einem körperlichen Kontakt zwischen Kind und Mutter nach der Geburt. Als die adoptierte Studentin Anneli Schinkel mit 21 Jahren ihre leibliche Mutter in Korea gefunden hatte, beschreibt sie diesen Moment so: »Die Nähe, die ich dieser eigentlich doch fremden Frau gegenüber in diesem Moment empfinde, ist unbeschreiblich«.[160]

Annelis biographische Spurensuche, »Seidentochter«, liest sich auch deshalb so überzeugend, weil die junge Frau weder aus Frustration noch aus Sentimentalität heraus recherchiert, sondern aus der Position einer sehr guten Beziehung zu ihren Adoptiveltern. Diese unterstützen Annelie auch nach Kräften bei der Suche. Ohne Eifersucht zu empfinden können sie sich von ihrer Adoptivtochter berichten lassen, was sie empfand, als sie in Korea zu jener Frau unter die Steppdecke kroch, deren Sprache sie nicht verstand: »Ich spüre ihre warme weiche Haut. Ein Strom von Gedanken, den ich nicht mehr steuern kann, bricht in mir los. Wie verrückt ist das alles! Die Frau neben mir, deren Atem ich höre und die so gut riecht, ist die Frau, die mich neun Monate lang in ihrem Bauch getragen hat. … Aber als ich auf der Welt war, hat sie mich nicht einmal gesehen. Sie konnte mich nicht in den Arm nehmen. … Jetzt liege ich, eine junge Frau von 21 Jahren, neben ihr. Ich, ihr Kind, das sie jahrelang für tot hielt.«[161]

Die hier geschilderte Begebenheit ist eindrucksvoll und Annelis Gemütslage erscheint nachvollziehbar. Auch in ihrer Aufgewühltheit bleibt die Studentin ihrer biologischen Mutter zugewandt, weil, wie sich herausstellte, die koreanische Mutter einst fehlinformiert worden war und sie keinerlei Schuld an der Wegnahme des Neugeborenen trifft. Vorstellbar ist, dass die warmherzigen Empfindungen eines Kindes hingegen irritiert und zwiespältig werden, wenn es bei seiner Spurensuche feststellen müsste, dass seine damalige Weggabe weder aus Tragik noch aus Not erfolgte, sondern allein aus vertraglich geregelten Geschäftsbedingungen.

Das Beispiel der »Seidentochter« lässt ahnen, dass den sozialen Eltern einiges an Souveränität und Größe abverlangt wird, wenn ihre Kinder sich auf genealogische Spurensuche begeben. Dies birgt ein hohes Kränkungspotenzial. Wird das nicht thematisiert, kann das »Knirschen« sich zur »Kannbruchstelle« ausweiten. »Spenderkinder« Stina und Jule erwähnten ausdrücklich, dass ihr genealogisches Interesse an der Familie des sozialen Vaters erlosch, sobald sie erfahren hatten, dass sie nicht blutsverwandt mit ihm sind.

Solch schwindendes Interesse muss keineswegs Zeichen eines schlechten Verhältnisses zum sozialen Vater sein. Auch in Patchworkfamilien können sich Stiefkinder und Stiefeltern bestens verstehen, doch die erste »Ahnentafel«, die die Kinder anfertigen, wird in den meisten Fällen mit den blutsverwandten Herkunftsfamilien des inzwischen getrennt lebenden Elternteils beginnen. Dem sozialen Elternteil mag das einleuchten, und dennoch verlangt diese innere Akzeptanz von ihm Souveränität und Größe. Unausgesprochen wird da ein »fremder Dritter mit Gefolge« ins Haus geholt. Erst wenn der soziale Vater auch innerlich »Ja« zu diesem sagen kann, wird der »Gast« wirklich willkommen sein.

Zwischen Selbstverunsicherung und Selbstüberhöhung

IM VERHÄLTNIS ZWISCHEN »SPENDERKINDERN« UND ELTERN sind für das Knirschen oder Knacken bei »Kannbruchstellen« weniger Fakten und Handlungen ausschlaggebend, sondern die alles einbettende Atmosphäre. Letztlich geht es um die Haltung der Beteiligten. Diese kann von diffusen Fremdheitsgefühlen in der Familie erheblich belastet sein; die meisten Interviewten berichteten davon.

Mehr noch als die für das Kindesalter typischen Adoptions- und Vertauschungsphantasien können unspezifische Fremdheitsgefühle verunsichern. Die Kinder fragen sich: »Bin ich hier richtig?« Auch stellt sich der Eindruck ein: »Hier stimmt was nicht.«

Aber die Betroffenen mögen das kaum laut sagen. Nicht aus Angst vor möglicher Strafe, sondern weil sie spüren, dass sie ihre Eltern damit in eine Situation bringen würden, die sie möglicherweise unverhältnismäßig reagieren lassen könnte.

Für Kinder ist solches »Feuerlegen« nicht ungefährlich. Es kann sich zum »Flächenbrand« ausdehnen, wenn der Gedanke sich ausweitet und sich Misstrauen einstellt: »Was stimmt hier sonst noch nicht?« Arthur Kermalvezen diagnostizierte bei sich selbst eine »Art von chronischer Paranoia«, als er zugeben musste: »So sind alle Erwachsenen seit meiner Kindheit Lügner für mich.«[162]

Dieses generelle Misstrauen ist auch Folge der Enttäuschung über die Unzuverlässigkeit der eigenen Wahrnehmung. Die wird erschüttert, wenn sich herausstellt, dass sich bislang für wahr Gehaltenes als unwahr erweist. Es ist einleuchtend, dass die »Spenderkinder«, die erst im Erwachsenenalter über ihre Zeugung aufgeklärt wurden, von der Erschütterung besonders betroffen sind. Bei ihnen kommt oft das Gefühl der Selbstbeschämung hinzu, so lange nichts gemerkt zu haben. »Je später die Aufklärung erfolgt, umso stärker wird die Beziehung belastet«, sagt Stina, die als Mitbegründerin des Vereins »Spenderkinder« die unterschiedlichsten Konstellationen bei der Aufklärung ihrer Mitglieder kennt.

Eine sehr frühe Aufklärung kann hingegen eine andere Variante der Wahrnehmungsverzerrung hervorbringen: die Selbstüberhöhung. In diesem Fall fühlen sich Kinder phasenweise als Auserwählte, etwa weil sie sich von der Mutter in ein Geheimnis eingeweiht wissen. Zeitweise macht es gute Gefühle, »über der Familie zu stehen«. Doch Selbstüberhöhung wie Selbstverunsicherung sind gleichermaßen geeignet, die Kommunikation in den Familien zu verzerren; auch so können »Kannbruchstellen« entstehen.

Die Verletzbarkeit der sozialen Väter

ERSCHWERT WIRD DIE KOMMUNIKATION auch dadurch, wie die Spenderkinder ihre sozialen Väter wahrnehmen. Nahezu alle Befragten erlebten sie als manchmal regelrecht stumm und im Familiensystem überwiegend nur reagierend.[163] Eine benannte explizit, was bei anderen nur indirekt anklang, dass der soziale Vater die Erwartungen seiner Ehefrau nicht erfüllen konnte. Allerdings wurde nie seine Unfruchtbarkeit als Grund genannt. Diese geriet eher zum Symbol für die schwache Rolle des sozialen Vaters insgesamt. Hans-Geert Metzger skizziert dies aus psychoanalytischer Sicht so: »In neuen, unter Beihilfe der Reproduktionsmedizin entstandenen Familienformen wird die Bedeutung des Dritten (gemeint ist die ›klassische‹ Vaterrolle) immer häufiger infrage gestellt. Vor dieser Entwicklung ziehen sich viele Männer in ein zunehmendes Vermeidungsverhalten zurück.«[164]

Der Rückgang der konventionellen Vaterrolle hat den Verlust einer strukturierenden, auch begrenzenden Instanz zur Folge. Stattdessen findet »Vaterschaft seit einigen Jahren in einer Kultur statt, die durch die Ideologie einer unbegrenzten Verfügbarkeit geprägt ist. Diese Kultur ist durch das Ausleben von Omnipotenzphantasien und die Manipulation von Grenzen gekennzeichnet.«[165]

Unsere Interviewpartner waren zu lebenserfahren und abgeklärt, als dass sie Allmachtsphantasien kommuniziert hätten. Das Wissen um »ihr anderes genetische Material« motivierte und beflügelte indes einige, sich in Ausbildung oder Beruf weiter vorzuwagen, als sie es sich ohne den unbekannten Spender je zugetraut hätten.

Offen bleibt vorerst, wie die zunehmenden »vaterlosen Mutter-Kind-Verhältnisse« sich entwickeln werden. Alleinerziehende Frauen, wie die Mutter der zweieinhalbjährigen Klara,[166] halten den Vater als »Dritten im Bunde« bewusst draußen; sie reduzieren Vaterschaft auf die Mitgabe eines genetischen Potenzials. Es bedarf aber einer konkreten väterlichen Präsenz, um späteren kindlichen Allmachtsphantasien Grenzen zu setzen, an denen ein Kind reifen kann. Die Augenhöhe, auf der Klaras Mutter ihre kleine Tochter in ihren »Briefen an die Zukunft« anspricht, könnte omnipotente Selbstpositionierungen des Kindes eher noch beflügeln. Riskant werden solche Konstellationen durch Versagenserlebnisse in der ganz normalen Realität, die links und rechts solch schmalen Höhengrats als Abgrund lauern.

Auffallend ist die von mehreren Interviewten geäußerte Erleichterung, vom sozialen Vater nichts Negatives geerbt zu haben, wie beispielsweise psychische Auffälligkeiten oder Erkrankungen, unter denen einige soziale Väter litten. Solcherart verursachte Begrenzungen würden sich tatsächlich nur destruktiv bemerkbar machen können. Andererseits ist vorstellbar, dass das Wissen um einen »zweiten Vater in der Reserve« zu Wunschphantasien (»wie ich es gerne hätte«) verlocken kann.

Der als schwach erlebte soziale Vater mag den Kindern Höhenflüge erlauben. Er ist jedoch möglicherweise nicht in der Lage, übliche und notwendige Provokationen von Jugendlichen auszuhalten. Auch wenn diese entwicklungstypischen Verhaltensweisen oft mit zerstörerischer Attitüde einhergehen, will sich ein junger Mensch letztlich der »Unzerstörbarkeit« der Eltern vergewissern. Es gehört zu den Ambivalenzen und Paradoxien des Heranwachsens, dass »Jugendliche ihre Eltern brauchen, um jemand zu haben, dem sie sagen können: ›Ich brauche dich nicht.‹«[167]

Wenn die Samenspende zum Lebensthema wird

BIOGRAPHISCHE LÜCKEN SIND NICHT LEICHT AUSZUHALTEN. Tückischer aber kann es werden, wenn sie übereilt gefüllt werden. Die Verlockung dazu ist groß. Wer als Kind ein diffuses Fremdheitsgefühl in seiner Familie verspürte – in den Interviews wurde das überwiegend berichtet –, sieht sich befreit durch die Erklärung, dass ein bislang unbekannter genetischer Elternteil für seine Existenz mitverantwortlich ist. Mag der Gedanke auch befremden, so erleichtert er auch. Denn nun glaubt man den Schlüssel für weitere Ungereimtheiten im bisherigen Leben zu haben. Die einstige Lücke ist nun so weit geöffnet, dass vieles in sie hineinströmt; eine Sogwirkung kann sich entwickeln.

Die Information ein »Spenderkind« zu sein, kann zur reflexhaften Begründung für mancherlei Probleme werden. Es kann zum monokausalen Modell werden beispielsweise für Schul-, Ess-, Beziehungs- oder Gesundheitsprobleme. Tückisch ist, dass dies alles durchaus zutreffen kann, aber längst nicht zutreffen muss.

Ähnliche Begründungsreflexe sind aus verschiedenen gesellschaftlichen Zusammenhängen bekannt. Wer Kriege erleiden musste, für den ist es naheliegend, den Grund für viele Probleme in seinem späteren Leben in den erlittenen Traumata auszumachen. Bei Migranten ist ein »Kulturschock«, bei Alleinerziehenden ein prekärer Sozialstatus, bei gewaltbereiten Fußball-Hooligans Arbeitslosigkeit schnell zur Hand. Alles nicht falsch, manches wahrscheinlich, aber längst nicht immer zutreffend. Die biographische Belastung kann Ursache, Begleiterscheinung, aber ebenso ganz ohne Relevanz sein. Von den Betroffenen verlangt es ein hohes Maß an Reflexion, hier zu unterscheiden. Außenstehende getrauen sich oft nicht, in den plakativen Fakten nicht die Ursache für dieses oder jenes Problem zu sehen. Sie müssten fürchten, ihre Zweifel gelten als herzlos oder zynisch.

Laut Medizinjargon kann man »Läuse *und* Flöhe haben«. Dieser Hinweis ist kein Vorwurf an Adoptiv-, Leihmutter- oder »Spenderkinder«, dass sie sich vorschnell aus der Verantwortung stehlen würden, indem sie ihren besonderen Status als Generalbegründung anführten. Eine solche Neigung war jedenfalls bei keinem unserer Befragten zu erkennen. Keiner verschanzte sich bei Krisen hinter dem »Zeugungsstatus«. Der flapsige Hinweis auf ein Sowohl-als-auch will die Betroffenen eher vor einer Selbstblockade bewahren.

Beispielsweise schätzt eine Frau sich seit Vorschulzeiten als mathematisch schwach begabt ein. Dass sie weniger logisch denken kann als Vater und Schwester war ein Grund, sich in der Familie anders, auch fremd zu fühlen. Seit sie von ihrem unbekannten Erzeuger weiß, glaubt sie den Grund in dessen Genen gefunden zu haben. Seitdem problematisiert sie das Thema nicht weiter. Die Frage, ob es andere Gründe geben könnte, stellt sich nicht mehr. Dabei wäre es lohnenswert, nach einer Rivalität zur großen Schwester zu fragen. Vielleicht war die gar nicht so viel »schlauer«. Vielleicht honorierte der Vater nur den üblichen Altersvorsprung des vier Jahre älteren Kindes, das schon in die Schule ging. Jüngere Geschwister, zumal gleichgeschlechtliche, können das so erleben, als gebe der Vater der einen etwas mit, was er der anderen vorenthält. Inzwischen hat sie selbst ein Gegenargument für ihr angeblich mangelhaftes naturwissenschaftliches Denken geliefert: Sie absolvierte erfolgreich ein Medizinstudium, inklusive Physikum.

FAMILIE IM UMBRUCH – DAS GENERATIONENBAND WIRD BRÜCHIG

IM APPELL DES VEREINS »SPENDERKINDER« zu Aufklärung, Offenlegung, Wahrheit finden wir wieder, was uns in jahrzehntelanger Arbeit mit Kindern, Jugendlichen und ihren Eltern zur Überzeugung wurde. In den allermeisten Fällen waren es kohärente Elternschaften, das Eltern-Kind-Verhältnis war biologisch und sozial unstrittig identisch. Doch die Frage nach der Herkunft tauchte auch hier auf. In der individuellen Entwicklung der Menschen scheint sie ein geradezu archetypisches Thema zu sein.

Auch aus unserer speziellen Erfahrung mit Familien in Adoptionsverhältnissen können wir die Ziele des Vereins »Spenderkinder« nur bestätigen. Unter anderem fordert er ein Verbot der Anonymität des Spenders, eine möglichst frühe Aufklärung der Kinder sowie eine fachlich qualifizierte Vorbereitung aller Beteiligten. Vergleichbares ist im Adoptionswesen auch als notwendiges Vorgehen inzwischen gut etabliert.

Unsere Interviews mit nur einigen wenigen »Spenderkindern« lassen keine Verallgemeinerungen für die gesamte Gruppe der Betroffenen zu. Mit Gewissheit lässt sich eigentlich nur sagen, dass die Frage nach der Herkunft immer gestellt werden wird – auch von den nichtaufgeklärten »Spenderkindern«. Davon sind wir überzeugt; naturgemäß können wir das nicht beweisen, doch alle Untersuchungen und Erfahrungen weisen in diese Richtung. Da den meisten Betroffenen ihre Zeugungsweise nicht bekannt ist, können sie die Fragen nicht zielgerichtet stellen. Manchmal kommen sie verklausuliert; auch Fragen können sich »verstecken und verkleiden«.

Ob bewusst oder unbewusst – die Art, wie mit den Fragen, auch in ihren Verstellungen, umgegangen wird, wie sie wahrgenommen, zugelassen, beantwortet werden, beeinflusst die Qualität der Beziehungen. Mehr als die verbalen Antworten auf die Fragen der Kinder wird die Reaktion der Eltern die Kinder beeindrucken. So wie Maria im Kapitel »Frühe Aufklärung«. Deren Mutter antwortete auf die Frage ihrer Tochter, ob sie adoptiert sei, korrekt mit »Nein«. In Gestik und Tonfall signalisierte sie jedoch, dass Maria mit dieser Frage eine »verbotene Tür« durchschritten hatte.[168]

Dieses Buch will für die Sicht und die Situation der Kinder sensibilisieren: Sie werden Fragen stellen und auf ehrliche Antworten hoffen. Einige Reproduktionsmediziner empfehlen immer noch, Stillschweigen zu bewahren: »Was ich nicht weiß, macht mich nicht heiß.« Das ist eine persönliche Haltung, die man einnehmen kann. Für jemand anderen kann man dies jedoch nicht beschließen. »Spenderkind« Arthur mahnt: »Manche Befürworter betonen den Vorrang des Familienfriedens vor dem Zugang zur eigenen Herkunft. Mit dieser Haltung um des sozialen Friedens willen wird somit vor allem der Frieden der Erwachsenen aufrechterhalten.«[169] Und auch diesen Satz des Franzosen können wir unterschreiben: »Das Leiden der unfruchtbaren Eltern darf nicht dazu führen, dass das Kind dabei vergessen wird.«[170]

Lebensprozesse bleiben ergebnisoffen

DIE BESCHRIEBENEN LEBENSSKIZZEN SIND BEISPIELHAFT. Sie lassen Phantasien und Analogien zu, jedoch keine Verallgemeinerungen. Es gibt keinen voraussagbaren Wenn-dann-Effekt. Beziehungskonstellationen können Entwicklungen einerseits blockieren. In anderem Zusammenhang und anderen Lebensphasen kann die gleiche Konstellation hingegen Entwicklungen anschieben; pädagogische Prozesse bleiben ergebnisoffen.

Wer Kindern optimale physische und psychische Versorgung angedeihen lässt, erhöht die Wahrscheinlichkeit, dass sie ein gelingendes Leben führen. Garantieren lässt sich dies nicht. Im umgekehrten Fall gerät nicht jeder, der unter schwierigsten sozialen wie emotionalen Bedingungen aufwächst, zwangsläufig auf die schiefe Bahn oder wird depressiv. Unter dem Begriff Resilienz gerät in den letzten Jahren immer mehr in den Fokus, dass Menschen über Ressourcen verfügen, die sie allen Widrigkeiten zum Trotz einen guten Weg gehen lassen. Die Kenntnis ihres Status als »Spenderkind« ließ einige der Betroffenen traurig, vorübergehend fast depressiv werden, andere beflügelte die Information zu einer Art Bildungsoffensive.

Wir wollen die heute mögliche medizinische Vielfalt von »Kindermachen«, wie Andreas Bernard seine umfassende Darstellung nennt, nicht werten, jedenfalls nicht moralisch. Als Vertreter einer Generation, die am Ende eines Berufslebens steht, wird man es uns nachsehen, dass wir mit Vorstellungen von Zeugungs- und Kindschaftsverhältnissen aufgewachsen sind, die umgangssprachlich »natürlich« oder »normal« genannt werden. Aus diesem Denken kommen wir, selbstverständlich. Doch wer geneigt ist, allem »Natürlichen« pauschal den Vorzug zu geben, dem sei in Erinnerung gerufen, dass in der Menschheitsgeschichte Kinder millionenfach auch unter den scheußlichsten »natürlichen« Umständen gezeugt wurden.

Vorhersagen können wir ebenso wenig treffen wie die Fachleute, die im 19. Jahrhundert über die etwaigen Belastungen durch höhere Geschwindigkeiten auf den menschlichen Organismus zu befinden hatten. Damals galt einzig das Tempo einer Pferdekutsche als »natürlich« und »normal«. Wenn es stimmt, was aus jenen Jahren kolportiert wir, dass die Reisegeschwindigkeit einer Dampflokomotive für gesundheitlich absolut unverträglich gehalten wurde, dann möchten wir nicht zu den Fachleuten gehören, die meinen, heute ein Urteil über die seelischen Folgen für Kinder aus der modernen Reproduktionsmedizin fällen zu können.

Doch wir glauben, dass Kinder Fragen haben. Und wir wünschen uns, dass alle, die bei der Kinderwunscherfüllung mittels assistierter Methoden beteiligt sind, sich später diesen Fragen stellen werden.

Unsere Interviewpartner zeichnete eine besonnene Sichtweise aus. Nur sehr verhalten schrieben sie bestimmte Belastungen in ihrem bisherigen Leben der Samenspende zu. Am meisten nannten sie die langjährige Verunsicherung in ihren Wahrnehmungen.

Offen blieb bei allen, inwieweit es ungenannte Beschwerden gibt. Solche wurden in den Interviews nicht eruiert, dies aus gutem Grund. Die Lebensthemen, in die uns Einblicke gewährt wurden, können nicht ausschließlich im Hinblick auf die Samenspende gesehen werden. Monokausale Begründungsmuster wären unseriös. Wer etwa mit einem behinderten, mit einem alkoholabhängigen oder psychisch kranken Elternteil aufwuchs, wird Probleme erlebt haben, die unabhängig von seiner Zeugungsart sind. Mitunter war ja die Erkrankung des Elternteils der Grund für die Fertilitätsmaßnahme.

Unter diesem Blickwinkel erweisen sich auch viele Studienergebnisse als weniger erkenntnisreich, als ihre plakativen Darstellungen zunächst glauben machen wollen. So ist laut der groß angelegten Untersuchung von Svahn und Mitarbeitern[171] das Risiko von Kindern, wegen irgendeiner psychischen Störung aufzufallen, im Mittel um 23 Prozent größer, wenn deren Eltern

Fertilitätsprobleme hatten, die behandelt wurden. Psychische Erkrankungen wie Schizophrenie oder affektive Störungen, ADHS oder Abweichungen in der psychischen Entwicklung zeigten sich bei diesen Kindern signifikant häufiger als bei den Kindern der Vergleichsgruppe von Eltern ohne Fertilitätsprobleme.

Die Zahl des ausgewerteten Kollektivs dieser Studie besticht mit 2.412.721 zwischen 1969 und 2006 in Dänemark geborenen Personen. Erhellend ist die Feststellung, dass davon rund 5 Prozent ihre Existenz einer Fertilitätsbehandlung verdanken. Doch es bleibt offen, welchen Zusammenhang es geben könnte zwischen der Art der durchgeführten Fertilitätsmaßnahme und der Form später möglicher psychischer Störungen. Auch ist aus der Untersuchung nicht zu erfahren, welchen Gründen die Fertilitätsprobleme geschuldet waren, auf welche Persönlichkeitskonstellationen von Eltern und auf welche Dynamik der Paarbeziehung die Unfruchtbarkeitsdiagnose traf. Mitunter sind es aber gerade diese besonderen Eigenarten und Merkmale, die sich auch in der Beziehung zwischen Kindern und Eltern als problematisch erweisen. Vielleicht waren sie in einigen Fällen gar Ursache der Infertilität. Es ist Vorsicht geboten, von solchen Studien Zusammenhänge abzuleiten, die diese gar nicht herauszufinden versuchten.

Von Adoptivkindern ist bekannt, dass sie häufiger in psychotherapeutischer Behandlung sind als nicht adoptierte Kinder.[172] Die Begründungen dafür können allerdings höchst verschieden ausfallen, mögliche Ursachen liegen in:

- **einer in der Tat erhöhten seelischen Verletzbarkeit dieser Kinder,**
- **einer erhöhten Sensibilität von Adoptiveltern für behandlungsbedürftige Befindlichkeiten der Kinder,**

- einer niedrigeren Hemmschwelle für therapeutische Interventionen aus intellektuellen und/oder materiellen Ressourcen der meist gut situierten Adoptiveltern oder
- ebenfalls einer niederen Hemmschwelle, aber aus einem Motiv der Distanziertheit heraus, weil der Gang zum Psychotherapeuten weniger schambesetzt ist, wenn er nicht »das eigene Fleisch und Blut« betrifft.

Wer um die zahlreichen Fehlversuche, um die Dramen zwischen Hoffen und Bangen von Eltern weiß, deren sehnlicher Kinderwunsch sich nicht erfüllen will, wer sich deren materielle Opfer, deren Bereitschaft zu Einschränkungen in privater wie beruflicher Lebensführung vergegenwärtigt, wird ermessen, welch großes Augenmerk der »Kostbarkeit Kind« gelten wird. Auch das allein sagt noch nichts aus. Elterliche Sensibilität in Höchstdosis kann einerseits Entwicklungsstörungen provozieren. Doch ebenso gut kann sie segensreich sein, wenn drohende Fehlentwicklungen im Ansatz wahrgenommen und durch frühzeitige Intervention abgewendet werden können. So manchen überaus unbekümmerten Eltern wäre etwas von dieser Haltung geradezu zu wünschen.

Studien sind wichtig, um Trends im Blick zu behalten, in deren gesellschaftlichem Kontext Menschen agieren. Sie sind auch hilfreich, um zu wissen, welche Dynamik sich entwickelt, um zu spüren, wo das Allgemeine sich im Speziellen spiegelt. Aber solche Studien sind untauglich, wenn erhofft wird, darin Erklärungsmuster für individuelle Konstellationen zu finden, die Probleme schnell aufklären und am liebsten ebenso schnell auch lösen. Zur Ableitung monokausaler Begründungszusammenhänge taugen die in besagter Studie festgestellten 23 Prozent höherer Erkrankungswahrscheinlichkeit jedenfalls nicht.

Schweifende Aufmerksamkeit

WIR ERFRAGTEN DIE BIOGRAPHIEN unserer Interviewpartner ohne Fokussierung auf Ursachensuche, wenn sie problematische Seiten ihrer Persönlichkeit oder ihrer Lebenskonstellation schilderten. Die Interviews waren selbstverständlich keine Therapiesitzungen, und unsere Gesprächspartner waren keine Patienten. Niemand hatte uns wegen möglicher Symptome aufgesucht. Unsere Erwartungen galten nicht plausiblen Erklärungen. Statt einer geradlinigen Zielansteuerung galt es, einen offenen Blickwinkel einzunehmen.

Unsere Haltung in den Interviews ist mit »schweifender Aufmerksamkeit« zu umschreiben. Das ist ein Begriff aus der Psychoanalyse; doch er ist nicht deren Monopol. Wir bedienten uns der »schweifenden Aufmerksamkeit« hier eher in einem Verständnis, wie es neuerdings Historiker propagieren. Deren aktuelle Forschung nähert sich der Vergangenheit nicht mehr mit dem Anspruch, den »mythischen Urgrund« der Ereignisse herauszuschälen. Die Retrospektion verfolgt eher die Absicht, Optionen des Möglichen vorstellbar zu machen: »Es hätte eben alles auch ganz anders kommen können.« Diesen und den folgenden Satz schrieb keine Psychologin, sondern eine Historikerin: »Unsere Geschichten haben viele Anfänge und – meistens – lose Enden. Wir fragen weniger danach, warum etwas passiert ist, sondern wie.«[173]

»Schweifende Aufmerksamkeit« ruft Assoziationen und Einfälle hervor. Es lohnt zu diskutieren, wie die aussehen können, wenn erwachsen gewordene »Spenderkinder« über ihr Leben berichten. Es handelt sich zwangsläufig um Überlegungen im Nachhinein. Die fragliche Lebensstrecke wurde ja bereits gegangen. Doch eine noch größere ist zu erwarten. Da mag ein Blick auf die Entscheidungen an den zurückliegenden Hauptkreuzungen interessant sein. Hätte es andere als die eingeschlagenen Richtungen geben können? Wenn ja, warum wurden sie nicht gewählt? Waren sie zu unscheinbar? Waren die Markierungen der Haupt- und Schnellstraßen zu dominierend? Waren mit der assistierten Zeugung – vielleicht versteckt – schon Richtungsblinker gesetzt? Was ist vom Hoffen und Bangen der Eltern zu hören? Was ging dem labortechnischen Akt voraus? In etlichen Familien waren es mehrere dramatisch verlaufene Fehlschwangerschaften. Wie prägte all das die spätere familiäre Dynamik? Was verblieb davon im Denken und Agieren, Reden und Schweigen der Beteiligten?

Solche Vorgehensweise wird im Ergebnis keine wissenschaftliche Studie sein. Doch manche der in den Gesprächen zutage tretenden Denkweisen, Erwartungen und Dynamiken scheinen exemplarisch. Sie sind aus Adoptionsverhältnissen und vielen »natürlichen, normalen« Eltern-Kind-Verhältnissen vertraut. Von ihnen sollten alle wissen, die sich für eine Kindwunscherfüllung mittels medizinischer Assistenz entscheiden. Sie sollten darüber Bescheid wissen, wenn sie Kinder wirklich ernst nehmen.

Kinder, die ernst genommen wurden, die aufrichtig behandelt und ehrlich aufgeklärt wurden, können lernen, mit den besonderen Umständen ihrer Zeugung und mit ihrer Biographie gut umzugehen. Selbst, wenn manche erst spät, auf Umwegen oder beim zweiten Anlauf in ein faires Fahrwasser gerieten, scheinen reflektierte Menschen die Umstände annehmen und in ihr Leben integrieren und sich damit aussöhnen zu können. Diesen Eindruck hinterließen jedenfalls unsere Interviewpartner. Bis auf einen sprachen sich alle für die Möglichkeit einer donogenen Insemination aus, wenn ein Kinderwunsch anders nicht zu erfüllen ist. Oft fiel noch der Zusatz: »Schließlich verdanke ich der mein Leben.«

Zu Leihmutterschaft und Embryonenspende konnten wir, da hierzulande illegal und deshalb meist inkognito, keine Betroffenen befragen. Da vermuten wir eine virulentere, kontroversere Dynamik bei den Fragen der späteren Kinder. Im Gegensatz zum Samenspender, der nicht zwangsläufig sichtbar wird, findet zwischen Leihmutter und Fötus über ein Dreivierteljahr lang ein intensiver körperlicher und, wie die Pränatalforschung aufzeigt, auch psychischer Austausch statt.

WERDENDES LEBEN – IM TREND EINER »ENTSUBJEKTIVIERUNG«?

DIE NEUEN REPRODUKTIONSTECHNOLOGIEN werden nicht nur die Biographien der zukünftigen Kinder beeinflussen. Auch die bisherigen familiären Strukturen und gesellschaftlichen Muster werden sich auf ungeahnte Weise verändern. Dabei stehen die Methoden der synthetischen Biologie erst am Anfang, werden sich in absehbarer Zeit jedoch vermutlich beträchtlich erweitern. Alle Entwicklungen der vergangenen Jahre deuten darauf hin, so Daniel Deckers in der *Frankfurter Allgemeinen Zeitung*, dass »das werdende Leben mehr und mehr zum Objekt instrumentalisierender Eingriffe wird und immer weniger als Subjekt mit je eigenen Begabungen und Gegebenheiten angenommen wird«.

Dieser Prozess der »Entsubjektivierung« verändert das Band zwischen den Generationen und wirkt sich auf Bindungsverhalten, Identitätsfindung und die sozialen Bezugssysteme aus. Wir müssen uns darauf einstellen, dass Prägung weniger durch Herkunft erfolgt und die biologischen Wurzeln uns weniger verorten. Sie werden uns weniger Sicherheit, aber auch weniger Hypotheken mitgeben, wenn sie an Bedeutung verlieren.

Nicht weniger werden indes auch die Fragen der Kinder. Sie werden anders. Die »Spenderkinder« stellen sie bereits heute. Sie stellen sie indirekt auch schon für zukünftige Generationen, die vermehrt ihre Existenz Methoden zu verdanken haben werden, die heute verpönt oder verboten sind. Und sie werden sich nicht mit Antworten abspeisen lassen, wie sie ein verärgerter Reproduktionsmediziner einer Journalistin gab: »Die Kinder sollen froh sein, dass sie am Leben sind.« Die Journalistin hatte ihn nach der ethischen Vertretbarkeit gefragt, »verwaiste« Embryonen einer fremden Frau zu übertragen und den Kindern somit andere als die leiblichen Eltern zuzuteilen.[174]

Wenn Eltern von käuflich erworbenen Embryonen meinen, »wir verbrennen die Unterlagen, bevor unsere Tochter lesen kann«,[175] dann ist treffend der Personentyp benannt, vor dem die heute erwachsenen »Spenderkinder« warnen. Wer glaubt, mit der Vernichtung der Unterlagen sei es getan, unterschätzt nicht nur das zukünftige Kind. Er unterschätzt vor allem, dass auch er selbst dann ein anderer ist. »Ein gespendeter Embryo ist kein eigenes Kind, nicht das Kind, das Eltern sich gewünscht haben. Die Eltern müssen um das Kind, das sie nie haben werden, trauern«, so wird mahnend ein Hinweis der Familientherapeutin Petra Thorn in diesem Zusammenhang zitiert.[176]

Akzeptanz der eigenen Grenzen, deren Zulassung und Verarbeitung, sind eine Basis, auf der »Elternschaften zu dritt oder viert« gelingen können. Das bedeutet, »die anderen« Eltern in die eigene Familie hineinzulassen. Als »Leben mit der Schattenfamilie« hat diese Dynamik im Adoptionswesen bereits eine lange Tradition. Es könnte Eltern helfen, wenn sie im Vorfeld ihrer Überlegungen die Ressourcen der Fachkräfte aus der Adoptionsvermittlung für sich nutzten. Entsprechende Erfahrungen könnten in den gesellschaftlichen Diskurs über die Bedeutung von Herkunft und Familienstrukturen aufgenommen werden.

Die Eltern der im Verein »DI-Netz« zusammengeschlossenen »Deutschen Vereinigung von Familien nach Samenspende«[177] sehen Analogien zum Adoptionswesen nicht gerne mit dessen Beratungs- oder gar Aufsichtsinstanzen verbunden. Das ist aus ihrer Sicht verständlich; zu sehr genießen sie das Familienglück mit ihren meist noch recht jungen Kindern. Allerdings ähneln sie genau darin Adoptiveltern mit jungen Kindern.

Moderne Eltern verschweigen ihren Kindern nicht, wenn sie biologisch andere Wurzeln haben. Weder tun das Adoptiveltern, noch propagieren das die Eltern im »DI-Netz«. Im Gegenteil: Sie setzen sich für gesetzlich geregelte Erfassung und Aufbewahrung der Spenderdaten ein und erstellen Ratgeber, die in kindgerechter Sprache aufklären.[178] Vergleichbares gibt es bei Adoptionsfamilien; und in beiden Fällen dürfte dies hilfreich sein für Kind wie Eltern.

Die Aufklärung durch die Eltern ist im guten Fall sachgerecht und fair. Dennoch wird sie mit der Attitüde einhergehen: »Kind, wir wissen schon, was für dich gut ist.« In einer ganz anderen emotionalen Dimension werden sie sich indes herausgefordert sehen, wenn ihr erwachsen gewordenes Kind »Herr des Verfahrens« sein will; wenn es die Subjektrolle einnimmt. Intensität und Dimension der Kontaktaufnahme zum Spender, den es als Person entdecken will, wird sich das Kind dann nicht vorschreiben lassen.

Wie eine vorausahnende Beschwörung mutet es an, wenn die »Empfängereltern« bei ihren politischen Initiativen formulieren: »Es ist definitorisches Kernmerkmal des Konzepts Samenspende, dass die Rechtsposition des Vaters von vornherein für den Samenspender ausgeschlossen ist.« Als Konzept ist das stimmig, und aus Sicht der sozialen Eltern ist solche Denkweise verständlich. Es fragt sich allerdings, wie sie Jahrzehnte später ihren Kindern begegnen werden, wenn die womöglich sagen: »Ihr habt Konzepte gemacht – entstanden aber bin ich. Und ich bin, auch Dank eurer Förderung, sehr lebendig, neugierig, sehnsüchtig.«

Die Gesellschaft wird sich auch entscheiden müssen, wie sie mit Antworten umgeht, die sich dem »Anything goes« widersetzen. »Spenderkind« Arthur meint dazu: »Mag das Bemühen, die Unfruchtbarkeit zu besiegen, auch noch so lobenswert sein, das Bestreben, ihre Existenz um jeden Preis zu negieren, spiegelt vielmehr das gesellschaftliche Unbehagen dabei wider, sie zu akzeptieren, auch auf die Gefahr hin, die unfruchtbaren Paare stärker zu stigmatisieren«.[179]

Nur eine unserer Befragten lehnt heterologe Insemination entschieden ab. Nachträglich zum Interview schrieb sie uns: »Meine Position habe ich mich so radikal erst zu formulieren getraut, nachdem ich ein Interview mit einem französischen Wissenschaftler gelesen hatte. Der setzte seine Hoffnung auf den wissenschaftlichen Fortschritt. Er meinte damit die Insemination mit Eigensperma des sozialen Vaters. Er formulierte ganz ruhig, es hätte ja immer wieder Irrwege der Medizin gegeben und diese aus der Rinderzucht übernommene Methode sei nach seiner Meinung offensichtlich nicht geeignet für Wesen, die über sich, ihre Herkunft und ihre Identität nachdenken können. Da habe ich gedacht, in Wahrheit denke ich das auch.«

Möglicherweise ist solch eine Auffassung nicht unerheblich davon geprägt, dass die Betroffene beziehungsweise ihre Eltern zu den Pionieren der heterologen Insemination gehören. Ein halbes Jahrhundert später finden Eltern auch aussöhnende Möglichkeiten, um mit dem Thema umzugehen. Einen stolperfreien Königsweg wird es dennoch nicht geben, weil es in Beziehungsfragen nie Garantien geben kann.

Das Einzige, was sich mit Sicherheit nicht verändern wird, sind die Fragen nach der Herkunft. Kinder werden sie – offen oder versteckt – immer stellen. Das führt zu einem Fazit, das sich paradox anhören mag. Für die Lebensläufe der Betroffenen ist es indes bestimmend: Die Bedeutung der genetischen Herkunft darf nicht unterschätzt werden, wenn sie nicht zu wichtig werden soll. Dies gilt gleichermaßen für Eltern wie Kinder.

»SPENDERKINDER« BEKOMMEN DAS LETZTE WORT – METAPHERN UND ZITATE

EILIGE LESER BEDIENEN SICH BEI DER LEKTÜRE der Zusammenfassung oder Inhaltsangabe, um einen schnellen Überblick zu erhalten. Wir bieten hier einen noch kürzeren Weg an. Er ist nicht akademisch, dafür umso bildhafter und direkter. Es sind Metaphern und Zitate aus den Gesprächen mit unseren Interviewpartnern sowie aus der Literatur, die sich uns als bemerkenswert einprägten. Wie ein Bild mitunter mehr zu sagen vermag als viele Worte, so gibt die Anschaulichkeit der Zitate Auskunft über die Befindlichkeiten der betroffenen Menschen.

Die »Spenderkinder« bekommen somit das letzte Wort. Das ist zum einen Ausdruck unseres Danks für ihre Bereitschaft zu den Interviews und der darin gezeigten Offenheit und reflektierenden Unterstützung unserer Arbeit. Zum anderen sind ihre Selbstzeugnisse die vielleicht nachhaltigste Botschaft dieses Buches. Mögen sie jene zukünftigen Eltern erreichen, die sich ihren Wunsch nach Nachkommenschaft nicht allein erfüllen können. Und mögen sie auch diejenigen erreichen, die ihnen bei der Kinderwunscherfüllung helfen werden. Vielleicht entdecken auch Kinder, die sich bislang eher sprachlos mit Fragen ihrer Herkunft auseinandersetzten, sich in der einen oder anderen Formulierung wieder.

Wir erweitern die Zitatesammlung aus den Interviews um solche, die wir in anderen Kontexten sammeln konnten, etwa aus Medien. Breiten Raum wird darin jemand einnehmen, den wir persönlich nie trafen, jedoch recht gut zu kennen glauben: Arthur Kermalvezen, 25-jähriger Student aus Paris. Ihn zu interviewen wäre reizvoll gewesen. Er hat jedoch über sein Leben als »Spenderkind« so detailliert und anschaulich geschrieben, dass er Lesern durch sein Buch »Ganz der Papa« sehr vertraut wird. Es sei allen empfohlen, die sich in die Thematik vertiefen wollen. Zitate von Arthur daraus[180] mögen dazu motivieren.

Die anderen Zitaturheber sind mit jenen Namen wiedergegeben, unter denen sie im Buch als Interviewpartner erscheinen.

»Ja doch, ich bin durchaus für Samenspenden! Schließlich verdanke ich solcher mein Leben. Gute Eltern bekam ich durch sie auch!«

Maria, 27

»Hier gehöre ich nicht hin.«

Jule, 32, über ihre Gefühle als Kind im Elternhaus

»Gerne würde ich einfach alles von Anfang an erzählen. Aber von welchem Anfang? Meine Geschichte ist, wenn man so will, ohne Anfang, weil ich meine genetische Herkunft nicht kenne.«

Arthur, 25

»Das Schlimmste ist die Ohnmacht, wenn man nichts über seine Wurzeln weiß.«

Stina, 35

»Mein Leben ist ein Haus, in dem ich mich sehr wohl fühle. Zu allen Räumen habe ich auch einen Schlüssel, nur zum Keller nicht.«

Sunny, 35, über ihre Unkenntnis des Spenders

»Da ist ein Mosaik. Das Bild ist gut zu erkennen. Nur unten rechts fehlt ein Puzzlestück. Nur ein Detail, kein zentrales Stück wie etwa ein Auge.«

Sunny, 35, über ihre Biographie

»Durch die DI habe ich einen lieben, kreativen Papa bekommen, musste aber nicht dessen kranke Gene erben.«

Sunny, 35, über ihren sozialen Vater

»Im Falle der DI-Kinder gibt man ihnen sozusagen eine Leerstelle mit auf den Weg.«

Pauline Tiberghien, Gynäkologin, zitiert bei Arthur

»Die Informationen gehören den Betroffenen!«

Stina, 35

»Lange Zeit lebte ich wie in zwei Welten.«

Frank, 25, über sein Elternhaus

»Ich suche die Wurzeln unter dem anderen Fuß.«

Lea, 30, über ihre Suche nach der genetischen Herkunft

»Mir fehlt der Ausgangspunkt meiner Geschichte. Und damit ein Ast meines Stammbaums.«

Arthurs Schwester Estelle, zitiert bei Arthur

»Alles, was ich an mir entdecke und nicht von meiner Mutter oder von meinem sozialen Vater ableiten kann, projiziere ich auf den fremden Spender.«

Sunny, 35

»Ich gehe um eine Ecke in die eine Richtung, er um eine andere Ecke in die andere. Man verpasst sich in schmerzlicher Weise und begegnet sich – leider – nicht.«

Franziska, 48, über ihre Phantasie, dem Vater oder einem Blutsverwandten im Straßenbild einmal zu begegnen

»Bist du mein Papa?«

Die dreijährige Jana zu einem Fahrgast in der Straßenbahn

»Ein Gespenst ging um.« »Eine Silhouette ohne Gesicht.«

Anja, 25, über den unbekannten Spender

»DI ist immer eine ›Elternschaft zu dritt‹.«

Anne, 31

»Manchmal möchte ich meine Aktivitäten nach der Spendersuche einstellen, um meinen herzensguten sozialen Vater nicht traurig zu stimmen.«

Johanna, 32

»An das Kind haben wir dabei gar nicht gedacht.«

Anjas Vater über die Entscheidung des Ehepaares zur DI

»›Wunschkinder‹ ist eine Formulierung, die die ausschließliche Elternsicht entlarvt.«

Stina, 35

»Ein Fremdheitsgefühl war immer da.«

Anja, 25, über die Beziehung zu ihrem sozialen Vater, mit dem sie als Jugendliche häufig stritt

»Vom Papa habe ich eigentlich gar nichts.«

Lea, 30, über ihr Spiegelbild als Kind

»So wie die muss ich nicht werden.«

Jule, 32, über ihre Eltern, vor allem ihren Vater, als sie erfuhr, dass er nicht der genetische Vater ist

»Mit diesem Foto vermittelt sich mir ein Schweigen, von dem ich nicht sagen kann, ob es eher ergriffen, andächtig oder vorwurfsvoll ist.«

Arthur, 25, beim Betrachten eines Fotos im Familienalbum, das ihn mit Vater und Großvater (väterl.) zeigt und das beschriftet ist mit: »Drei Generationen«

»Gespürt habe ich diese andere Seite an mir immer schon. Seit ich sie mit meiner Herkunft in Verbindung bringen kann, ist sie mir nicht mehr fremd.«

Adoptivkind Sabine, 16

»Eigentlich empfinde ich eine Dankbarkeit für meine genetische Ausstattung, denn eigentlich mag ich die.«

Franziska, 48

»Die Samenspende ermöglichte meinem schwerbehinderten Vater, ein Familienleben mit Nachwuchs zu führen. Er konnte sich als Vater und Ehemann erleben.«

Maria, 28

»Ich lebte völlig in meiner Phantasie, dass ich irgendwo einen zweiten Vater hatte. ... Ich war also eine Prinzessin, und mein zweiter Vater war ein König, den ich in meinen Träumen traf. Papa (gemeint ist der soziale Vater) war für mich mein Adoptivvater, aber er war nicht mein Vater.«

Arthurs Schwester Justine, zitiert bei Arthur

Einmal sagte sie trotzig zu ihrem Bruder: »Mein Spender ist Gott, es ist Jesus!«

»Drei Männer nehmen bei mir Vaterrollen ein. Doch keinen von ihnen mag ich ›Vater‹ nennen. Dazu fehlt immer was.«

Stefanie, 28

»Das ist mein Mann, das ist mein Sohn. Ab hier stimmen die Verhältnisse wieder.«

Franziska, 48, beim Anblick ihrer Familie

»Es ist schwierig, andere Menschen von der Bedeutung der Abstammung zu überzeugen, ohne den Stellenwert des sozialen Vaters herabzusetzen.«

Stina, 35

»Die ewige Angst beim Arzt vor der Frage nach Vorgeschichten in der Familie.« »Die Apothekerin sagte mir: ›Allergien sind angeboren.‹«

Arthur, 25

»Ist ›manisch-depressiv‹ vererbbar?«

Patchworkkind Rebecca, 22, beim Gedanken an ihren genetischen Vater

»Ich finde das schlimm, dass Kinder so mal eben verkauft werden. Ich finde, das ist 'ne Sauerei.«

Adoptivkind Ruana, 18

»So sind alle Erwachsene seit meiner Kindheit Lügner für mich, ausnahmslos.«

Arthur, 25

»Ich bin wie aus der Zeit geworfen, und zwar aufgrund des zeitlichen Auseinanderklaffens zwischen der Geschichte des Spenders und der konservierten Spermaprobe.«

Arthur, 25, über die Möglichkeit der langjährigen Konservierung des Spermas

»Ich verbrachte also meine Kindheit im Umfeld des Nichtausgesprochenen, der Lüge.«

Dirk Rossmann, 68, Gründer der gleichnamigen Drogeriemärkte.
Er ist kein Spenderkind. Doch seine Raktion auf die spät erfahrene Wahrheit erhellt deren Situation. Rossmann erfuhr an seinem 16. Geburtstag, dass sein biologischer Vater der Patenonkel seines älteren Bruders ist

»Nur durch Empathie für die Kinder und deren spezielle Situation können Kinder auch das Fremde in sich akzeptieren lernen. Dann verliert es seinen ›Schatten‹, der sich sonst lähmend über die Familie legt.«

Stina, 35

ANMERKUNGEN

1 sogenanntes Samenspenderurteil des OLG Hamm, 6. Februar 2013, AZ I-14U7/12
2 BGH-Urteil vom 28.1.2015, AZX XII ZR 201/13
3 RTL II 2013 ff.
4 Kanada 2011
5 »Super-Dad«, SAT 1, 26.5.2015
6 Altertümliches Denken gegen die Neue Welt, FAZ, 18.3.2015, S. 9
7 s. Leseempfehlung auf www.spenderkinder.de vom 18.8.2015
8 s. Kommentare zur »Leseempfehlung« auf www.spenderkinder.de vom 18.8.2015
9 Holl, 2014, S. 5
10 Kilitz u. Plewitza, 2014
11 Eiden, 2014, S. 5
12 Arditti et al., 1985, S. 7
13 Greiner, 2014
14 Greiner, 2014
15 Oelsner u. Lehmkuhl, 2008
16 Wischmann, 2012
17 Bernard, 2014, S. 466
18 Dörwald et al., 2013
19 Kunze, 2013
20 Kuhlmann, 2015, S. 115
21 Bernard, 2014, S. 88
22 ebd., S. 96
23 ebd., S. 95

24 *Frankfurter Allgemeine Zeitung*, 2015
25 Lenzen-Schulte, 2014 a, S. 10
26 s. Schmitt, 2015
27 Müller-Jung, 2015, S. 11
28 Greiner, 2014, S. 55
29 Zeller-Steinbrich, 1995, S. 103
30 Lindner, 2014
31 Geyer, 2014, S. 11
32 Lenzen-Schulte, 2014 b, S. 9
33 Spiewak, 2015
34 s. Kapitel »Was über Spenderkinder und ihre Eltern bekannt ist«
35 *Kölner Stadt-Anzeiger* Nr. 83, 8.4.2014
36 s. a. Bubrowski, 2014
37 Beck-Gernsheim, 2014
38 Oelsner u. Lehmkuhl, 2008
39 s. »Das Pippi-Langstrumpf-Prinzip«
40 Janus, 2005
41 Chamberlain, 2014
42 Krüll, 1990, S. 9
43 Janus, 2000, 2005
44 Brisch, 1999, S. 37
45 Zelenko et al., 2013
46 Brisch, 1999, S. 107
47 Beim sogenannten Stockholmsyndrom bleibt dies erkennbar. Gemeint ist, dass bei einer Geiselnahme sich die Geisel mit dem Peiniger »anfreundet«. Wer den Verbrecher anlächelt, stimmt ihn womöglich milde und mindert die Todesangst vor ihm.
48 Anthropomorphisieren, das »Vermenschlichen«, ist ein Phänomen, das auch bei Erwachsenen noch anzutreffen ist. Ungeheuern, Übermächtigem wird nicht nur ein – verniedlichender – Name (z. B. »Nessie«), sondern auch ein Profil gegeben. Je menschenähnlicher die Züge sind, desto weniger unheimlich wirkt das Fremde.
49 Sigmund Freud sieht im Bannen frühester Ängste vor Abhängigkeit das Entstehen von Religion begründet. Freud, 1927: Die Zukunft einer Illusion.
50 Eine ähnliche Dynamik zeigt selbstverletzendes Handeln (»Ritzen«) von Jugendlichen.
51 beispielsweise Maria, Jule, Anja
52 Dabei können u. a. so ulkige Wortverdrehungen herauskommen, wie »Der weiße Neger Wumbaba« (eigentlich: »Der weiße Nebel wunderbar« aus dem Volkslied »Der Mond ist aufgegangen«); Axel Hacke hat ein »Kleines Handbuch des Verhörens« mit solchen Beispielen zusammengestellt.
53 Kermalvezen, 2009, S. 103
54 gleichlautender Titel seines Standardwerks
55 Bernard, 2014, S. 120
56 Mitscherlich, 1963
57 Mitscherlich, 1963, S. 214
58 u. a. in der Stellungnahme beider Vereinigungen auf die Gesetzesinitiative zur Donogenen Insemination durch die Bundestagsfraktion Bündnis 90/Grüne, 12.10.2015
59 Jessen, 2014
60 Genmutationen, deren Auswirkungen vor allem Organe mit einem hohen Energieverbrauch (u. a. Gehirn, Nervensystem, Herz, Skelettmuskulatur) betreffen können.
61 Greiner, 2014, S. 55
62 Stellungnahme »Deutsche Vereinigung von Familien nach Samenspende« auf die Gesetzesinitiative zur Donogenen Insemination durch die Bundestagsfraktion Bündnis 90/Grüne, 12.10.2015
63 www.spenderkinder.de/news

64 Golombok et al., 1996, 2002
65 Lycett et al., 2005; Readings et al., 2011, Casey et al., 2013
66 Riley, 2013
67 Turner u. Coyle, 2000
68 Jadva et al., 2009
69 Scheib et al., 2005
70 Scheib et al., 2005; Blake et al., 2013
71 Blyth, 2012
72 Golombok et al., 2002; Gameiro et al., 2011
73 Casey et al., 2013
74 Lalos et al., 2007
75 Owen u. Golombok, 2009
76 Golombok et al. 2002; Lycett et al. 2005
77 Daniels et al., 2011
78 Solomon et al., 1996
79 Rumball u. Adair, 1999; Scheib et al., 2003. Über mögliche »Nebenwirkungen« einer frühen Aufklärung s. Kapitel »Frühe Aufklärung – ein Königsweg mit Stolperstellen«.
80 Wischmann, 2012
81 Wischmann, 2008, 2012, S. 98
82 Svahn et al., 2015
83 s. auch Kapitel »Familie im Umbruch – Das Generationenband wird brüchig«
84 AZ 1BvL 17/87, NJW 1989, 891 f.
85 AZ I–14U7/12
86 Kersten, 2015
87 OLG Stuttgart – Urteil vom 4. September 2014 – AZ 13U30/14, Pressemitteilung des Bundesgerichtshofs vom 23.9.2015
88 Fortpflanzungsmedizingesetz (FmegG) für die Bundesrepublik Österreich in der Fassung vom 31.1,2015.
89 Anselm, 2015, S. 149
90 ebd., S. 158
91 Fischer, 2012, S. 122
92 ebd., S. 122
93 ebd., S. 123
94 Woopen, 2002, S. 237
95 Laut Goldberg und Wolkind (1992) verhalten sich Adoptionsmütter häufig überprotektiv und ängstlich. Sie neigen zu einem weniger konsequenten und inadäquaten Erziehungsstil.
96 Bewerbungsfragebögen der Adoptionsvermittlungsstellen der Landesjugendämter und freien, kirchlichen Träger sind weitgehend einheitlich formuliert.
97 Aussagen über Zeitgeistbeeinflussungen ergaben sich aus den Befragungsprotokollen früherer Jahre, die Dörwald et al. (2013) auswerteten. Tauchten dort in den unmittelbaren Nachkriegsjahren nach 1945 noch Elternwünsche auf wie »kein Negerblut«, verbinden manche Paare in den Nach-68er-Jahren mit der Adoption eine Demonstration für eine entgegengesetzte Haltung und wünschen sich ausdrücklich »Kinder aus anderen Kulturen«.
98 Hans-Peter Eiden im Interview mit dem »Magazin« des *Kölner Stadt-Anzeiger,* Nr. 166, 21.7.2015, S. 4
99 Funk, 16.6.2015, Nr. 22431, S. 27
100 »Gekauftes Glück? Von Auslandsadoptionen und Kinderhandel«. Ein Feature von Egon Koch, WDR/NDR/SR/D-Radio, 23.2.2007
101 Steck, B., 2007, S. 339, berichtet von »unbewussten Phantasien, die biologischen Eltern getötet zu haben, wie auch von den Adoptiveltern gestohlen worden zu sein«.
102 vgl. Oelsner u. Lehmkuhl, 2005, S. 69 ff.: »Schuldgefühl und Wiedergutmachung«

103 Marquard, 1988/2000
104 Wolfram Weimer im Handelsblatt vom 16.9.2013
105 *DIE ZEIT* vom 17.3.2008
106 Grünewald, 2015
107 Brüder Grimm, KHM 136
108 »Eisenhans« ist eher ein Entwicklungsmärchen. Es zeigt Hürden und Aufgaben der Ich-Entwicklung, die zu bestehen sind, ehe die per Herkunft zugedachte Rolle ausgefüllt werden kann.
109 Brüder Grimm, KHM 29
110 u. a. Franziska, Maria
111 gleichlautender Artikel von Evelyn Finger in *DIE ZEIT*, Nr. 17, 16.4.2014, S. 56, »Glauben & Zweifeln«. Auch die Folgezitate entstammen diesem Artikel.
112 s. Kapitel »Spenderkind – na und?«
113 »Zusammenleben«, 1978, Text des von Milva interpretierten Schlagers, Musik: Mikis Theodorakis
114 s. Anja im Kapitel »Die stummen Josef-Väter«
115 s. »Spenderkind« Franziska im Kapitel »Göttliche Kinder …«
116 Kermalvezen, 2009, S. 69
117 Zeller-Steinbrich, 1995, S. 45
118 O-Ton Reproduktionsmediziner in WDR Dokumentation vom 5.3.2015
119 protokollierte Filmausschnitte des WDR-Beitrags »Menschen hautnah«, Erstausstrahlung 5. März 2015, 22.15–23.00, Autoren: Michaela Bruch/Klaus Bergner
120 Kermalvezen, 2009, S. 43
121 ebd., S. 139
122 Spiegel online, 19.1.2015
123 Erika Mann, 1996
124 ebd.
125 Bernard, 2014
126 ebd., 2014, S. 16
127 ICSI = Intrazytoplasmatische Spermieninjektion, heute ein Standardverfahren bei künstlicher Befruchtung in »Kinderwunschzentren«. Samenzelle und Eizelle werden außerhalb des weiblichen Körpers unter dem Mikroskop zusammengeführt.
128 Bernard 2014, S. 16
129 Janus, 2000
130 vgl. Kapitel »Die Josef-Väter«
131 Kermalvezen, 2009
132 Gemeint ist die Geschichte »Der zwölfjährige Jesus im Tenpel« aus dem Lukasevangelium, Kapitel 2, Verse 41 bis 52. *»Die Eltern Jesu gingen jedes Jahr zum Paschafest nach Jerusalem. Als er zwölf Jahre alt geworden war, zogen sie wieder hinauf, wie es dem Festbrauch entsprach. Nachdem die Festtage zu Ende waren, machten sie sich auf den Heimweg. Der junge Jesus aber blieb in Jerusalem, ohne dass seine Eltern es merkten. Sie meinten, er sei irgendwo in der Pilgergruppe, und reisten eine Tagesstrecke weit; dann suchten sie ihn bei den Verwandten und Bekannten. Als sie ihn nicht fanden, kehrten sie nach Jerusalem zurück und suchten ihn dort. Nach drei Tagen fanden sie ihn im Tempel; er saß mitten unter den Lehrern, hörte ihnen zu und stellte Fragen. Alle, die ihn hörten, waren erstaunt über sein Verständnis und über seine Antworten. Als seine Eltern ihn sahen, waren sie sehr betroffen, und seine Mutter sagte zu ihm: Kind, wie konntest du uns das antun? Dein Vater und ich haben dich voll Angst gesucht. Da sagte er zu ihnen: Warum habt ihr mich gesucht? Wusstet ihr nicht, dass ich in dem sein muss, was meinem Vater gehört? Doch sie verstanden nicht, was er damit sagen wollte. Dann kehrte er mit ihnen nach Nazareth zurück und war ihnen gehorsam.«*
133 Kermalvezen, 2009, S. 69
134 vgl. Kapitel »Aspekte der Entwicklungspsychologie«

135 s. Kapitel »Fallenlassen ist nicht Loslassen«
136 s. Kapitel »Wenn Kinder früh Verantwortung übernehmen«
137 Kermalvezen, 2009, S. 103
138 ebd., S. 118
139 Freud, 1909, S. 226
140 Kermalvezen, 2009, S. 124
141 www.spenderkinder.de
142 Kermalvezen, S. 77
143 ebd., S. 38
144 vgl. »Leas Geschichte« im Kapitel »Die stummen Josef-Väter«
145 vgl. Kapitel »Fallenlassen ist nicht Loslassen«
146 s. Kapitel »Aspekte der Entwicklungspsychologie«
147 s. Kapitel »Göttliche Kinder«
148 Borngässer, 2014
149 Im Kapitel »Grübeln über Gene« bestätigt Stefanies »Spendervater« genau diese Einschätzung.
150 s. Kapitel »Spenderkind – na und?« und »Die stummen Josef-Väter«
151 Kermalvezen, 2009, S. 129
152 Biskup, 2014
153 ebd.
154 Kapitel »Grübeln über Gene«
155 Becker, 2014, S. 38
156 zitiert nach Kuhlmann, 2015, S. 116
157 Nach dem Zerschellen der »Germanwings«-Maschine in den französischen Alpen im Frühjahr 2015, das offenbar einem Suizidakt des Copiloten geschuldet war, wurde in den Tagen danach für die Angehörigen der zahlreichen Opfer ein Besuch in der Unglücksregion arrangiert. Kenntnis der Region kompensierte ein wenig die Ungewissheit über die mysteriöse Ursache und die Zweifel, ob Leichenteile zu finden wären.
158 Kermalvezen, 2009, S. 23
159 ebd., S. 124
160 Schinkel, 2007, S. 82
161 ebd., S. 120
162 Kermalvezen, 2009, S. 70 f.
163 vgl. auch Kapitel »Die stummen Josef-Väter«
164 Metzger, 2015, S. 291
165 ebd., S. 293
166 s. Kapitel »Allen soll es gut gehen«
167 Auchter, 2015, S. 119
168 s. Kapitel »Frühe Aufklärung – ein Königsweg mit Stolperstellen«
169 Kermalvezen, 2009, S. 49
170 Kermalvezen, S. 141
171 Svahn et al., 2015
172 vgl. Oelsner u. Lehmkuhl, 2008, S. 123 f.
173 Franka Maubach in *DIE ZEIT* 1/2015, S. 20
174 Ahr u. Hawranek, 2014, S. 18
175 ebd.
176 ebd.
177 gegründet Februar 2013, derzeit 85 Mitglieder mit 110 Kindern
178 Ratgeberreihe »Offen gesprochen« des DI-Netz e. V.
179 Kermalvezen, 2009, S. 107 f.
180 zitiert in *Focus*, Nr. 23, 2014 vom 4.8.2014, S. 108

LITERATUR

AHR, N., HAWRANEK, CH. (2014) Die gespendeten Kinder. In: *DIE ZEIT*, Dossier, Nr. 40, 25.9.2014, S. 17–19

ANSELM, R. (2015) Unvermeidliche Ambivalenzen. Eine güterethische Perspektive auf die Frage nach dem Umgang mit dem Herkunftsrecht des Kindes. In: Mayer-Lewis, B., Rupp, M. (Hrsg.): Der unerfüllte Kinderwunsch. Interdisziplinäre Perspektiven, S. 149–159. Opladen; Budrich

ARDITTI, R., DUELLI-KLEIN, R., MINDEN, S. (Hrsg., 1985) Retortenmütter. Frauen in den Labors der Menschenzüchter. Reinbek; Rowohlt

AUCHTER, TH. (2015) Adoleszenz und Gewalt. *Jahrbuch der Psychoanalyse*, Heft 70, S. 109–140.

BACHINGER, E. M. (2015) Kind auf Bestellung. Ein Plädoyer für klare Grenzen. Wien; Deuticke

BECK-GERNSHEIM, E. (2014) Reproduktionsmedizin: Die neuen Weltbürger. *FAZ*.net vom 5.8.2014

BECKER, J. (2014) Bist du mein Vater? In: *DIE ZEIT* Nr. 46, 6.11.2014, Wissen, S. 37f.

BERNARD, A. (2014) Kindermachen – Neue Reproduktionstechnologien und die Ordnung der Familie. Frankfurt am Main; S. Fischer

BISKUP, H. (2014) Papa Ed. In: *Kölner Stadt-Anzeiger.* Magazin. Nr. 222, 24.9.2014, S. 1–3

BLAKE, L., CASEY, P., JADVA, V., GOLOMBOK, S. (2013) »I Was Quite Amazed«: Donor Conception and Parent-Child Relationships from the Child's Perspective. Children & Society, S. 10

BLYTH, E. (2012) Genes r us? Making sense of genetic and non-genetic relationships following anonymous donor insemination. *Reproductive BioMedicine Online* 24, 719–726

BORNGÄSSER, A. (2014) Das öffentliche Meinungsbild von Online-Nutzern zum Samenspender-Urteil. Eine Inhaltsanalyse der Medienberichterstattung und Leserkommentare von Online-Nachrichtenportalen. Bachelor-Arbeit im Fachgebiet Medienpsychologie/Medienkonzeption am Institut für Medien und Kommunikationswissenschaft der TU Ilmenau (Prof. Dr. Nicola Döring)

BRISCH, K. H. (1999) Bindungsstörungen. Von der Bindungstheorie zur Therapie. Stuttgart; Klett-Cotta

BUBROWSKI,H. (2014) Körper zu vermieten. *FAZ* 29.12.2014, S. 1

BUBROWSKI,H. (2015) Wer denkt an die Kinder? *FAZ* 5.6.2015, S. 1

BÜSCHMANN, T. (2008) Psychosoziale Aspekte der Spendersamenbehandlung – Eine Übersicht. Geburtshilfe und Frauenheilkunde 68, 1147–1153

CASEY, P., JADVA, V., BLAKE, L., GOLOMBOK, S. (2013) Families Created by Donor Insemination: Father – Child Relationships at Age. 7. *Journal of Marriage and Family* 75, 858–870

CHAMBERLAIN, D. (2014) Woran Babys sich erinnern. Über die Anfänge unseres Bewusstseins im Mutterleib. München; Kösel

DANIELS, K., GRACE, V., GILLETT, W. (2011) Factors associated with parents' decisions to tell their adult offspring about offspring's donor conception. *Human Reproduction* 26, 2783–2790

DECKERS, D. (2015) Behinderung als doppeltes Stigma. *FAZ* 13.6.2015, S. 1

DEUTSCHER ETHIKRAT (2014) Auswertung der Vorabbefragung zur Jahrestagung 2014 »Fortpflanzungsmedizin in Deutschland« http://www.ethikrat.org/veranstaltungen 19.9.2014

DÖRWALD, Y., WALGER, P., OELSNER, W., LEHMKUHL, G. (2013) Adoptionsmotive und -wünsche im gesellschaftlichen Wandel. Ergebnissse einer Längsschnittbetrachtung. In: *Praxis der Kinderpsychologie und Kinderpsychiatrie* 62/2013. S. 459–472.

EIDEN, H.-P. (2014) »Kinder entstehen, die keine Chance hatten«. *SZ* 11/12.11.2014, S. 5

FAZ (2015). 8.9.2015, S. 7

FAZ (2015) Die Psyche leidet nach schwieriger Zeugung. 5.8.2015, Nr. 1

FINGER, E. (2014) Geliebtes Halbwesen. In: *DIE ZEIT* 17, S. 56

FISCHER, T. (2012) Ethische Aspekte der Donogenen Insemination. Kassel; university press

FREUD, S. (1909) Der Familienroman der Neurotiker. In: Psychologische Schriften. Studienausgabe Bd. IV, S. 221–226. Frankfurt am Main; S. Fischer

FUNK, G. (2015) »Die meisten Frauen leben eine Work-Work-Balance«. L. Penny im Interview. *Der Tagesspiegel* 16.6.2015, S. 27

GAMEIRO, S., CANAVARRO, M.C., BOIVIEN, J., MAURER-RAMOS, M., SOARES, I., ALMEIDA-SANTOS, T. (2011) Parental investment in couples who conceived spontaneously or with assisted reproductive techniques. Human Reproduction (5)26, 1128–1137

GEYER, CH. (2014) Gefrorene Zeit. Der kaltgestellte Kinderwunsch: Finanzspritze gefällig? *FAZ* 16.10.2014, S. 11

GOLDBERG, D., WOLKIND, S. N. (1992) Patterns of Psychiatric Disorders in Adopted Girls: A Research Note. In: *Child Psychology Psychiatry* 33, S. 935–940

GOLOMBOK, S., BREWAEYS, A., COOK, R., GIAVAZZI, M.T., GUERRA, D., MANTOVANI, A., VAN HALL, E., CROSIGNANI, P. G., DIXEUS, S. (1996) The European Study of Assisted Reproduction Families: Family Functioning and Child Development. *Human Reproduction* 11, 2324–2331

GOLOMBOK, D., GIAVAZZI, M. T., MACCALLUM, F., RUST, J. (2002) The European Study of Assisted Reproduction Families: The Transition to Adolescence. *Human Reproduction* 17, 830–840

GREINER, U. (2014) Die Herstellung des Menschen. In: *DIE ZEIT* 25.9.2015, S. 55

GRIMMS MÄRCHEN (1837/1985) Vollst. Ausgabe der Kinder- und Hausmärchen. Frankfurt am Main; Deutscher Klassiker Verlag

GRÜNEWALD, K. (2015) Glückliche Stiefmütter. Freiburg; Kreuz.

HOLL, E. (2014) »Entspannt Euch! ist kein guter Rat«. *SZ* 11./12.10.2015, S. 5

HYATT, M. (2012) Ungestillte Sehnsucht. Wenn der Kinderwunsch uns umtreibt. Berlin; Christoph Links-Verlag

JADVA, V., FREEMAN, T., KRAMER, W., GOLOMBOK, S. (2009) The experiences of adolescents and adults conceived by sperm donation: comparisons by age of disclosure and family type. *Human Reproduction* 24(8), 1909–1919

JANUS, L. (2000) Der Seelenraum des Ungeborenen. Düsseldorf; Walter

JANUS, L. (2005) »Wir lernen vor der Geburt, was wir von der Welt zu erwarten haben«. Die seelische Dimension der vorgeburtlichen Entwicklung und der Geburt. BZgA Forum 2, 13–16

JESSEN, J. (2014) Der neue Mensch. *DIE ZEIT.* 17.12.2014, S. 43

KERMALVEZEN, A. (2009) Ganz der Papa. Samenspender unbekannt. Düsseldorf; Patmos

KERSTEN, J. (2015) Rechtliche Herausforderungen der Gameten- und Embryonenspende sowie der Leihmutterschaft. In: Mayer-Lewis, B., Rupp, M. (Hrsg.) Der unerfüllte Kinderwunsch. Interdisziplinäre Perspektiven, S. 107–127. Opladen; Budrich

KILITZ, S., PLEWNIA, U. (2014) Leiden für's Wunschkind. Focus 44, S. 44–49

KONERSMANN, R. (2015) »Es prickelt wie Kohlensäure in unseren Adern« Interview in *DIE ZEIT,* Christ & Welt Nr. 28, 9.7.2015, S. 5

KRÜLL, M. (1990) Die Geburt ist nicht der Anfang. Die ersten Kapitel unseres Lebens – Neu erzählt. Stuttgart; Klett-Cotta

KUHLMANN, K. (2015) Die genetische Sehnsucht. In: *DER SPIEGEL* 8/2015, S. 114–117

KUNZE, J. (2013) Geschenkte Wurzeln – Warum ich mit meiner wahren Familie nicht verwandt bin. München/Zürich; Pendo

LALOS, A., GOTTLIEB, C., LALOS, O. (2007) Legislated right for donor-insemination children to know their genetic origin: a study of parental thinking. Human Reproduction (6)22, 1759–1768

LAMPE, A., SCHÜSSLER G. (2015) Psychosoziale Aspekte in der Fortpflanzungsmedizin. *Zeitschrift für Psychosomatische Medizin und Psychotherapie* 61(4), 309–326

LENZEN-SCHULTE, M. (2014 a) Eine gute Mutter macht ein WOMB-Selfie. 5.11.2014, S. 10

LENZEN-SCHULTE, M. (2014 b) Der Fetisch mit den Frischzellen. 7.11.2014, S. 9

LEWITSCHAROFF, S. (2014) Von der Machbarkeit. Die wissenschaftliche Bestimmung über Geburt und Tod. www.deutschlandfunk.de/dresdner-rede-von-der-machbarkeit

LINDNER, R. (2014) Wenn der Arbeitgeber das Einfrieren von Eizellen zahlt. *FAZ,* 16.10.2014, S. 26

LYCETT, E., DANIELS, K., CURSON, R., GOLOMBOK, S. (2005) School-age children conceived by donor insemination: a study of parents's disclosure patterns. *Human Reproduction* 20(3), 810–819

MANN, E. (1999) »Mein Vater, der Zauberer«. Herausgegeben von Irmela von der Lühe und Uwe Naumann. Reinbek; Rowohlt

MANN, TH. (1901/2008) Buddenbrooks. Verfall einer Familie. Frankfurt am Main; S. Fischer

MARQUARD, O. (1988) Zukunft braucht Herkunft. In: Marquard, O. (2000) Philosophie des Stattdessen, S. 66–78. Stuttgart; Reclam

MAUBACH, F. (2015). Blick zurück im Kreis. In: *DIE ZEIT,* 1, S. 20

METZGER, H.-G. (2015) Chancen und Konflikte der Vaterschaft. *Analytische Kinder- und Jugendlichenpsychotherapie,* XLVI. Jg., Heft 167, 3/2015, S. 291–312.

MITSCHERLICH, A. (1963) Auf dem Weg zur vaterlosen Gesellschaft. München; Piper

MÜLLER-JUNG, J. (2015). Programmieren wir den Menschen. *FAZ,* 20.3.2015, S. 11.

OELSNER, W., LEHMKUHL, G. (2008) Adoption. Sehnsüchte, Konflikte, Lösungen. Düsseldorf; Patmos

OWEN, L., GOLOMBOK, S. (2009) Families created by assisted reproduction: Parent-child relationships in late adolescence. *Journal of Adolescence* 32, 835–848

READINGS, J., BLAKE, L., CASEY, P., JADVA, V., GOLOMBOK, S. (2011). Secrecy, disclosure and everything in-between: Decision of Parents of Children Conceived by Donor Insemination, Egg Donation and Surrogacy. *Reproductive BioMedicine Online* 22, 484–495.

RIEMANN, F. (1961) Grundformen der Angst. München; Reinhardt

RILEY, H. (2013) Confronting the conspiracy of silence and denial of difference for late discovery adoptive persons and donor conceived people. *Australian Journal of Adoption* (2)7

RUMBALL, A., ADAIR, V. (1999) Telling the story: parents' scripts for donor offspring. *Human Reproduction* (5)14, 1392–1399

SCHEIB, J., RIORDAN, M., RUBIN, S. (2003) Choosing identity-release sperm donors: the parents' perspective 13–18 years later. *Human Reproduction* (5)18, 1115–1127

SCHEIB, J., RIORDAN, M., RUBIN, S. (2005) Adolescents with open-identity sperm donors: reports from 12–17 year olds. *Human Reproduction* (1)20, 239–252

SCHINKEL, A. (2007) Seidentochter. Ein Adoptivkind aus Korea findet seine leiblichen Eltern. Bergisch Gladbach; Ehrenwirth/Lübbe

SCHMITT, S. (2015) Das Band der Generationen. *DIE ZEIT* 19.3.2015, S. 37

SOLOMON, G., JOHNSON, S., ZAITCHECK, D., CAREY, S. (1996) Like Father, like Son: Young Children's Understanding of How and Why Offspring Resemble Their Parents. *Child Development* (1), 151–171

SPIEWAK, M. (2002) Wie weit gehen wir für ein Kind? Im Labyrinth der Fortpflanzungsmedizin. Frankfurt am Main; Eichborn

SPIEWACK, M. (2015) Früh beginne, wer Kinder haben will. *DIE ZEIT* 17.9.2015, S. 29

STECK, B. (2007) Adoption – ein lebenslanger Prozess. Basel; Karger

SVAHN, M. F., HARGREAVE, M., NIELSEN, T. S. S., PLESSEN, K. J., JENSEN, S. M., KJAER, S. K., JENSEN, A. (2015). Mental Disorders in Childhood and Young Adulthood among Children born to Women with Fertility Problems. Human Reproduction 2015-08-19. DOI: 10.1093/aumrep-dev. 172

THORN, P. (2006). Die Geschichte unserer Familie. Ein Buch für Familien, die sich mit Hilfe der Spendersamenbehandlung gebildet haben. Mörfelden; FamART

TURNER, A., COYLE, A. (2000) What does it mean to be a donor offspring? Human Reproduction 15(9), 2041–2051

WDR FERNSEHEN SENDEREIHE »MENSCHEN HAUTNAH«, Erstausstrahlung 5. März 2015, 22.15, Autoren: Michaela Bruch/Klaus Bergner

WINNICOTT, D. W. (1974) Reifungsprozesse und fördernde Umwelt. München; Kindler

WISCHMANN, T. (2008) Psychosoziale Aspekte der Spendersamenbehandlung – eine Übersicht. *Geburtshilfe und Frauenheilkunde* 68, 1147–1153

WISCHMANN, T. (2012). Einführung Reproduktionsmedizin. München; Reinhardt

WOLF, CH. (2007) Kindheitsmuster. Frankfurt am Main; S. Fischer

WOOPEN, CH. (2002) Fortpflanzungsmedizin zwischen Natürlichkeit und Künstlichkeit. Zur ethischen und anthropologischen Bedeutung individueller Anfangsbedingungen, *Reproduktionsmedizin* 5, S. 233–240

ZELENKO, M., GSCHWENDT, M., PFEIFFER, E., LEHMKUHL, U. (2013) Bindung. In: Lehmkuhl, G., Poustka, F., Holtmann, M., Steiner, H. (Hrsg.) Lehrbuch der Kinder- und Jugendpsychiatrie, Bd. 1 Grundlagen, S. 110–126; Göttingen; Hogrefe

ZELLER-STEINBRICH, G. (1995) Wenn Paare ohne Kinder bleiben. Freiburg; Herder

ADRESSEN

Informationen zu den im Buch angeschnittenen Themenfelder finden Interessierte unter folgenden Adressen:

»Spenderkinder«
Ein »Verein von durch Samenspende gezeugter Erwachsener«
info@spenderkinder.de · www.spenderkinder.de

International vernetzt sind die erwachsenen »Spenderkinder« unter: Donor Offspring Europe«(nur als englischsprachige Seiten aufzurufen)

Ein Blogg von durch Samen-, Eizellenspende oder Leihmutterschaft entstandener Menschen ist im Netz zu finden unter Anonymous Us
anonymousus.org

»DI-Netz e. V. – Familiengründung mit Spendersamen«
»DI-Netz e. V. ist die deutsche Vereinigung von Familien nach Samenspende und von Menschen, die diesen Weg für sich erwägen«
Postfach 100966 · 33509 Bielefeld · 0521/9679103
www.di-netz.de

»BKiD – Beratungsnetzwerk Kinderwunsch Deutschland«
c/o Institut für medizinische Psychologie
Bergheimer Str. 20 · 69115 Heidelberg
info@bkid.de · www.bkid.de

Reproduktionsmediziner sind zusammengeschlossen

in Deutschland:
»DVR – Dachverband Reproduktionsbiologie und -medizin e.V.«
www.dv-r.de

in Österreich:
»Österreichische Gesellschaft für Reproduktionsmedizin und Endokrinologie«
www.oegrm.at

in der Schweiz:
Schweizerische Gesellschaft für Reproduktionsmedizin
www.sgrm.org

Die Homepages der Verbände und Gesellschaften geben Querverweise zu den angeschlossenen Arbeitskreisen, Gesellschaften und Institute. Querverweise im Netz lassen auch erkennen, inwiefern Beratungseinrichtungen organisatorisch und inhaltlich unabhängig arbeiten oder ob es mögliche Nähen zu »Kinderwunschzentren« gibt.

STELLEN FÜR ADOPTIONSVERMITTLUNG in öffentlicher oder kirchlicher Trägerschaft sind im Vorfeld elterlicher Kinderwunsch-Entscheidungen unbefangene Ratgeber. Traditionell und inhaltlich können sie nicht Teil des Geschäftsmodells von Anbietern der Reproduktionsmedizin sein. Rechtlich und in vielen anderen Aspekten sind Adoptionsverhältnisse zwar nicht gleichzusetzen mit Verwandtschaftsverhältnissen, die sich aus der Reproduktionsmedizin ergeben. Psychodynamisch gibt es indes vergleichbare Prozesse. Die Verarbeitung eigener Unfruchtbarkeit und das Bewusstsein, dass Elternschaft dank »Dritter« ermöglicht wurde, ist für Paare hier wie dort ein Thema. Ebenso ist die innerpsychische Präsenz eines »dritten« oder eines noch weiteren Elternteils für die heranwachsenden Kinder ein Thema, das im Adoptionswesen erforscht und mit praktischem Erfahrungswissen belegt ist.

PROF. DR. DR. CHRISTIAN SCHUBERT

WAS UNS KRANK MACHT – WAS UNS HEILT

AUFBRUCH IN EINE NEUE MEDIZIN

DAS ZUSAMMENSPIEL VON KÖRPER, GEIST UND SEELE BESSER VERSTEHEN

14 x 22 cm, ca. 240 Seiten
ISBN 978-3-903072-17-6

GRIPPEZEIT, JEDER SCHNIEFT UND HUSTET. Man hofft, heil über die Runden zu kommen. Doch wer bleibt verschont – und wer landet mit Fieber im Bett?

Wie die noch junge Disziplin der Psychoneuroimmunologie beweist: Psyche, Gehirn und Immunsystem wirken aufs engste zusammen. Unser Immunsystem steht in ständiger Wechselwirkung mit unseren Gedanken, unserem Verhalten, unseren Gefühlen. Neueste Studien zeigen: Chronischer Stress, z. B. in Beziehungen oder im Job, macht uns nicht nur anfälliger für Infektionen, sondern kann unser Leben erheblich verkürzen; ja langfristig zu schweren Leiden wie Krebs und Autoimmunkrankheiten führen. Umgekehrt – so die gute Nachricht – sind positive Gedanken, seelische Ausgeglichenheit, inneres Wohlbefinden Selbstheilungskräfte, die Krankheiten verhindern.

Christian Schubert plädiert für ein neues Denken in Medizin und Forschung, das den ganzen Menschen im Blick hat – und einen radikalen Wandel unseres Gesundheitswesens erfordert.

ANDREA SEDELMAIER
STERBEN VERBOTEN

DIE LÜGE VOM NEUEN LEBEN

ERFAHRUNGSBERICHT DER TOCHTER EINES ORGANEMPFÄNGERS

14 x 22 cm, ca. 260 Seiten
ISBN 978-3-903072-19-0

ALLES BEGINNT MIT EINER HÜFTOPERATION: im Krankenhaus wird Robert Sedelmaier mit Hepatitis C infiziert, Leberkrebs ist die Folge. Eine Organtransplantation erscheint als der einzige Ausweg, eine fatale Entscheidung. Denn ihm wird eine kranke, minderwertige Leber eingepflanzt. Kein Einzelfall, wie sich später zeigt.

Andrea Sedelmaier erzählt aus Sicht der Tochter die beispiellose Leidensgeschichte ihres Vaters, der sich in blindem Vertrauen in die Hände der Transplantationsmedizin begab. Eine Behandlung, die Heilung bringen soll, wird zum Trauma – für die ganze Familie.

Was heißt es wirklich, sich ein fremdes Organ einpflanzen zu lassen? Ohne Tabus rekonstruiert sie die Krankengeschichte ihres Vaters und sie klagt an. Ins Visier gerät eine Medizin, die neues Leben verspricht und dabei den Menschen in seiner Würde aus dem Blick verloren hat.